湖南省教育厅优秀青年项目——基于深度学习的命案尸表检验图像特征提取与识别（21B0851）阶段性成果

湖南警察学院智慧侦查系列教材

法医学实验指导

陈瑶清　李剑波　主编

（公安机关内部发行）

中国人民公安大学出版社

·北　京·

图书在版编目（CIP）数据

法医学实验指导／陈瑶清，李剑波主编 . —北京：中国人民公安大学出版社，2022.9
湖南警察学院智慧侦查系列教材
ISBN 978-7-5653-4567-8

Ⅰ.①法…　Ⅱ.①陈…②李…　Ⅲ.①法医学—实验—高等学校—教学参考资料
Ⅳ.①D919-33

中国版本图书馆 CIP 数据核字（2022）第 139504 号

法医学实验指导

陈瑶清　李剑波　主编

出版发行：中国人民公安大学出版社
地　　址：北京市西城区木樨地南里
邮政编码：100038
印　　刷：天津盛辉印刷有限公司

版　　次：2022 年 9 月第 1 版
印　　次：2024 年 1 月第 2 次
印　　张：13.5
开　　本：787 毫米×1092 毫米　1/16
字　　数：328 千字

书　　号：ISBN 978-7-5653-4567-8
定　　价：78.00 元（公安机关内部发行）

网　　址：www.cppsup.com.cn　www.porclub.com.cn
电子邮箱：zbs@ cppsup.com　zbs@ cppsu.edu.cn

营销中心电话：010-83903991
读者服务部电话（门市）：010-83903257
警官读者俱乐部电话（网购、邮购）：010-83901775
教材分社电话：010-83901837

法医学实验指导

主　　编：陈瑶清　李剑波

副主编：吴　婷　朱　密　辛彩蕊　曾惠方

撰稿人：陈瑶清　李剑波　辛彩蕊　曾惠方

　　　　吴　婷　朱　密　李　伟　冯　锐

　　　　李鹏飞　罗美凤　关俊明　王金换

　　　　李文展　高　省　张尔力　孙佳胜

　　　　李序迎

前言

法医学是医学的分支学科，是应用医学、生物学及其他有关的自然科学的理论和技术，研究并解决司法领域中有关医学问题的一门医学科学，是一门实践性非常强的课程。要求学生在学习过法医学的理论知识后，能运用法医学知识解决实际案例中的问题，为案件的侦破、审判提供线索和依据。

随着我国法治建设的不断加强、法律制度的不断完善，公安与司法实践对法医学提出了更高的要求；而科学技术的飞速发展，又进一步拓展了法医学应用领域的广度和深度。为了培养出法医学的合格人才，我们紧贴公安实践，每一个实验都由一名院校法医学教师与实战部门的法医学专家共同编写，同时对一些实验内容进行了修改，增加了生前伤与死后伤的鉴别、模拟现场的血迹分析，结合当前教学中常见的信息化教学手段，引入了虚拟仿真实验，每个实验后增添了相关内容的案例讨论，并附上思考题或拓展内容，旨在开阔学生视野，活跃学生思路，激发学生创新性思维，为学生开展创新性课题研究提供思路。

法医学实验内容是理论知识的延伸与拓展，既有课堂讲授的有关理论内容，又有本身特殊的目的与任务。第一，实验是对科学理论的验证，通过实验可以巩固和加深对本学科理论知识的理解，同时又可获得感性认识。第二，通过实验使学生掌握基本操作技能。第三，通过实验培养学生实事求是的科学态度和独立思考的工作作风，提高学生分析问题和解决问题的能力。第四，通过实验加强创新能力和实践能力的培养，为学生在知识、能力等综合素质协调发展方面奠定基础。

本教材由两部分组成，第一部分为实验基础指南，第二部分为实验内容，实验内容又分为法医病理类实验、法医物证类实验、虚拟仿真类实验、法医临床类实验，共18个实验。第一部分，第二部分实验七、十、十五由湖南省长沙市公安局李剑波、孙佳胜与湖南警察学院陈瑶清编写；第二部分实验一、八由西藏拉萨市公安局李文展与西藏警官高等专科学校辛彩蕊编写；第二部分实验二、三由黑龙江省哈尔滨市公安局关俊明与贵州警察学院王金换编写；第二部分实验四由西藏拉萨市公安局李文展与云南警官学院高省编写；第二部分实验五由郑州警察学院李伟编写；第二部分实验六由湖南省长沙市公安局孙佳胜与湖南警察学院张尔力编写；第二部分实验九由湖南省长沙市公安局李剑波与江西警察学院罗美凤编写；第二部分实验十一由湖南省公安厅曾惠方与湖南警察学院吴婷编写；第二部分实验十二由湖南省公安厅冯锐与湖南警察学院吴婷编写；第二部分实验十三、十四由江苏省苏州市公安局李鹏飞与湖南警察学院吴婷编写；第二部分实验十六由湖南警察学院陈瑶清、李序迎编写；第二部分实验十七、十八由湖南警察学院朱密、张尔力编写。

在编写本书过程中，得到了多地公安机关及多省兄弟院校的大力支持，在此致以衷心的感谢！由于我们的知识水平有限，编写内容难免有不足之处，敬请各位专家和读者予以批评指正，以激励我们不断提高专业水平。

《法医学实验指导》编写组
2022 年 5 月

目　录

第一部分　实验基础指南

第二部分　实验内容

第一部分

实验基础指南

法医学实验室规则

1. 遵守学校纪律，准时到达实验室或实验场所，进入物证实验室应着工作服，实验时因故外出或早退应先经负责教师批准。

2. 实验小组由 2~4 人组成，实验时每人轮换独立承担操作、记录、检验等不同程序的内容。

3. 必须严肃认真地进行实验，实验期间不得进行任何与实验无关的活动。保持实验室安静，不许喧哗，以免影响别人实验。

4. 实验所用器材按计划统一分配，不得随便调换，一般也不互相借用。如有损坏应及时报告负责教师或实验室技术人员修理或更换，不得自行修理。

5. 不许随便动用未经许可使用的非本实验的其他仪器设备。损坏（或丢失）器材应如实登记填写实验记录本，按规定赔偿。实验进行中仪器发生故障，应立即报告指导教师，不允许擅自拆卸仪器。

6. 注意安全，防止事故。在未经检查或不熟悉电路前不可接通电源，使用中如出现电路故障，应迅速切断电源。

7. 爱惜公共财物，注意节约各种实验耗材和用品。

8. 保持实验室洁净，与实验无关的物品不要带进实验室。实验完毕后，应将实验桌（台）擦拭干净，实验器材按规定的方法清洗，认真清点数量，摆放整齐，动物尸体、纸片及废品应放到指定地点，不得随意抛扔。

9. 实验时做好个人防护，必要时严格按照要求戴好手套、口罩等，实验结束后应立即洗手，必要时进行消毒处理。

10. 按组轮流清扫实验室，离开实验室时关好门窗、水源、电源。

法医学实验常用操作技术

一、常用器械的清洗及常用洗液的配制

（一）常用器械的清洗

1. 新购置的玻璃仪器如量杯、玻璃板、载玻片、盖玻片等，其表面常附有游离的碱质，需要先用20%盐酸浸泡过夜，后用清水（自来水）冲洗，再用蒸馏水冲洗，烘干备用。

2. 一切玻璃仪器使用后，应先用清水冲洗后再用热肥皂水反复刷洗，再以清水冲洗数次后，用蒸馏水冲洗2~3次，放入干燥箱内100℃以上烘干备用。有的玻璃器械用肥皂水不易刷洗清洁，需用洗涤液浸泡。然后用清水冲洗，最后用蒸馏水冲洗2~3次后烘干备用。

3. 吸管、滴管等用后应立即用清水冲洗，如附有污物或用后未立即冲洗者，需用清洁液浸泡，然后用清水冲洗，再蒸馏水冲洗，烘干备用。吸管和滴管的冲洗要用流水冲洗，其方法是：用一较粗的胶皮管套在水龙头上，然后将要冲洗的吸管或滴管插入胶皮管内、启动开关放水冲洗10~15分钟即可。

4. 沉淀管的清洗。用毕后的沉淀管应立即放入清洁液中浸泡，然后分别用清水及蒸馏水冲洗干净，烘干即可。

5. 剪刀、镊子、刀子等金属器械，用后必须立即洗净、擦干，置干燥箱内烘干备用。

6. 分离针的清洗。做毛发检验或微量血痕检验时，常常需要用分离针分离纤维，用后立即用清水冲洗、擦干。如果用后不冲不洗，简单用纱布擦拭极易造成污染。最好用新大头针分离纤维，用后丢弃不要，以避免针头的污染。

（二）常用洗液的配制

1. 铬酸洗液：取重铬酸钾80g、水500ml、浓硫酸500ml。先将重铬酸钾置于烧杯内，加水500ml。然后沿烧杯壁缓慢注入浓硫酸，并不停搅拌，充分混合（注意切忌将水注入浓硫酸中，以免爆炸造成化学性烧伤和腐蚀）。配好后置玻璃或陶瓷容器内备用。该液体可反复使用，直至红色的重铬酸钾变为绿色离子为止。注意：铬酸洗液腐蚀性强，操作时应穿好工作服，戴耐酸手套，避免溅至衣物及皮肤上。

2. 10%的氢氧化钠—乙醇液：适于洗涤有油污的器械。

3. 尿素洗涤液：尿素溶液为蛋白质的良好溶剂，因此最适于洗涤沾有血迹、血清蛋白等玻璃器皿，常用浓度为45%。

4. 5%~10%的乙二胺四乙酸二钠溶液：加热煮沸可洗涤黏附在玻璃器皿上的白色沉淀物。

二、活体采血

活体采血方法有毛细血管采血和静脉采血两种。根据实验项目及需要血量来确定采用哪一种，因静脉采血比较复杂，一般较少采用。

（一）器材

一次性采血专用针、75%的酒精棉球、消毒干棉球、医用棉签。

（二）采血部位

1. 耳垂：取耳垂部，优点是疼痛较轻，缺点是出血量少。
2. 手指：一般取左手中指、食指或无名指指端两侧部位，优点是血量多，缺点是疼痛明显。

（三）操作

1. 取合适试管，加 1ml 生理盐水，采血针用 75% 酒精消毒备用，一次性吸管备用。
2. 轻轻按摩采血部位，使局部组织自然充血，用 75% 酒精棉签擦拭采血部位，待干。
3. 用左手拇指和食指固定采血部位使皮肤和皮下组织绷紧，右手持一次性消毒采血针自采血部位刺入，深度 2~3mm，立即出针，使血自然流出。
4. 用一次性吸管吸取 1~2 滴血液于装有生理盐水的试管内、混匀，配成 5% 的红细胞悬液，取血后，用干棉球压迫几分钟除去，如需要血痕，可将血滴直接涂于干净纱布上，置阴凉处晾干后保存。

三、红细胞悬液的制备

（一）50%红细胞悬液的配制

1. 取生理盐水 1.5ml 放入小试管内。
2. 取被检人血液数滴（学生互相采血，方法见上）加入生理盐水中混匀。
3. 把试管放入离心机中（2000 转/分）离心 1 分钟（另用一盛水的小试管平衡用），吸去上清液，取试管底部的压积红细胞 2 滴，加生理盐水 2 滴，即成 50%红细胞悬液。

（二）5%红细胞悬液的配制

取 50%红细胞悬液 1 滴，加生理盐水 9 滴，即得相当于 5%红细胞悬液。

（三）2%红细胞悬液的配制

取 5%红细胞悬液 4 滴，加生理盐水 6 滴，混合即成 2%红细胞悬液。

四、常用染色法

各种涂片及切片需染色镜检时，最常用的染色法是苏木素、伊红染色法（HE 染色法）。碱性染料苏木素和酸性染料伊红分别与细胞核和细胞质发生作用，组织细胞内含有酸性物质和碱性物质，细胞质的酸性物质与碱性染料的阳离子结合，而细胞核的碱性物质与酸性染料的阴离子结合，使其中酸性细胞核被碱性的苏木素染成蓝色，而碱性的胞浆被酸性染料伊红染成红色。其结果胞核呈蓝色，胞浆呈红色。现在精子染色常见的是用改良巴氏法。

（一）HE 染色法

1. 试剂：苏木素 1g，伊红 0.25g，乙醇 50ml，蒸馏水 100ml。
2. 操作：涂片干后滴加苏木素液 2 滴，染 5 分钟，水洗后滴 1% 盐酸酒精 1 滴 5～10 秒后水洗，再加伊红染液 2 滴，染 2 分钟，水洗，自然干燥后覆盖玻片，镜检即可。

（二）改良巴氏法

1. 试剂：核染色液、浆染色液、增色液。
2. 操作：取检材残渣涂片后自然干燥，用 95% 乙醇固定 2~3 分钟，空气中自然晾干，干透后水合 2 分钟，核染色液染色 2 分钟，流水洗净，浆染色液染色 2 分钟，不要倒掉，立即滴加增色液混合作用 5 秒左右，再用增色液冲洗一遍，滤纸吸干镜检即可。

法医学实验报告的撰写

法医学实验报告是如实记录实验的内容、方法与结果，并据此分析归纳作出结论的文字资料。写实验报告是培养文字表达能力，实现实验目的之重要环节。所以，每次示教、实验后，按实验要求完成实验报告。写实验报告时，应注意文字简练、语句通顺、流畅并正确使用标点符号。实验报告内容一般应包括：

1. 姓名、专业、班次、组别、日期、气温、气压。
2. 实验名称和内容。
3. 实验目的和要求。
4. 实验原理。
5. 实验器材。
6. 实验步骤和实验结果：实事求是地写出实验中观察到的现象，实验数据不得随意变动。
7. 实验分析：依据实验原理对实验结果进行解释与分析，如出现非预期的结果，应考虑和分析其原因。
8. 实验结论：从实验结果及实验分析中归纳出一般的概括性判断，也就是对实验所能验证的概念、原则或理论的简明总结，如果实验失败，应分析失败的主要原因。

实验报告的分析和结论，是富有创造性的工作，应该严肃认真、实事求是，忌盲目抄袭书本和他人的实验结果。

附：《法医学实验报告》的一般格式

法医学实验报告

专业：＿＿＿＿＿＿＿＿＿　姓名：＿＿＿＿＿＿　学号：＿＿＿＿＿＿＿＿＿　　　　　年　月　日

实验名称			实验课时数	
组别		实验地点		
实验目的				
实验器材				
实验原理				
实验步骤与原始记录				
实验分析				
实验结论				
教师评语				
实验成绩				

第二部分 实验内容

实验一　尸体现象观察

一、实验目的

人死后受物理、化学及生物学等内外因素的影响，尸体会发生一系列变化，称为死后变化，亦称为尸体现象。其发生和发展过程，受环境温度、湿度、死者体质以及死亡原因等因素影响而异。

本实验通过观察早、晚期各种尸体现象，能准确进行文字描述、记录；结合案例，了解尸体现象的影响因素，熟悉和掌握早、晚期尸体现象的发生发展规律，尤其是与死亡时间的关系；初步掌握法医实践中死亡时间的推断方法。

二、实验方法

（1）观察各种典型尸体现象的大体图片。
（2）案例讨论。

三、实验内容

死后变化从发生、发展到最后消失是一个完整的连续的过程，早期和晚期尸体现象是人为以时间划分的，是相对的。总体来说，尸体现象的发生发展有一定的规律性，认识尸体现象、掌握其发生发展规律并用以解决实际问题，这在法医检验中十分重要。但需注意的是，在公安实践中运用尸体现象解决实际问题时，必须充分考虑尸体内外因素的影响。

（一）早期尸体现象观察

1. 大体图片（见图 1-1）。

（1）案情摘要：一青年男性于中午时分入住某宾馆，次日上午服务员打扫卫生时发现其死于客房内。

（2）观察要点：死者背部可见特征性花纹，呈条纹状，间隔大约相等，由于尸斑已出现，颜色呈红白相间，仔细观察死者体表的压痕，并与死者贴身所穿针织衫的花纹进行比对。

（3）分析与诊断：由于肌肉松弛，死者背部形成了与针织衫花纹相似的压痕，符合尸体仰卧位的停放姿势。

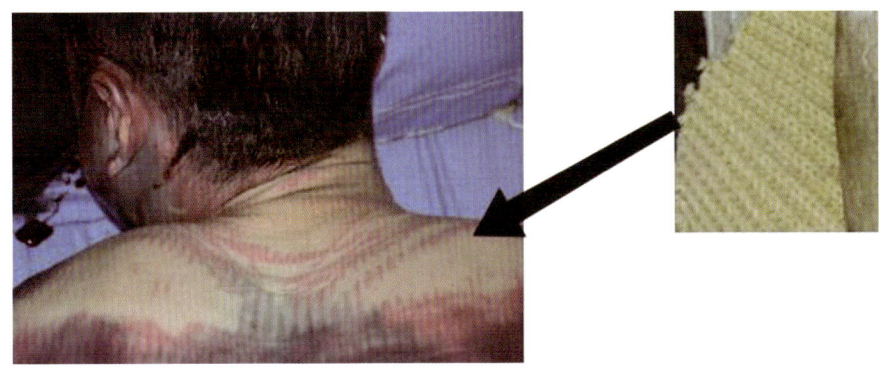

图 1-1

2. 大体图片（见图 1-2、图 1-3）。

（1）案情摘要：报警人张某称其同事王某最近工作不顺，多次拨打电话均无人接听，民警到达现场后发现其租住屋内门窗紧闭，室内煤气罐处于开启状态，煤气味浓烈，王某已死亡，衣着整齐，呈仰卧位，现场留有遗书一份。

（2）观察要点：尸斑分布于尸体低下部位未受压处，与尸体姿势和接触物密切相关。尸斑的颜色受种族、死亡时间、环境温度和死因等多种因素影响。通过观察可见，死者背、腰、四肢背侧面可见尸斑，呈樱桃红色（见图 1-2），臀部受压部位呈苍白色，用手指按压尸斑局部颜色完全消退（见图 1-3），除去压力后，尸斑又重新出现。

（3）分析与诊断：尸斑处于沉降（坠积）期；符合煤气中毒的尸斑颜色；符合尸体仰卧位停放姿势。

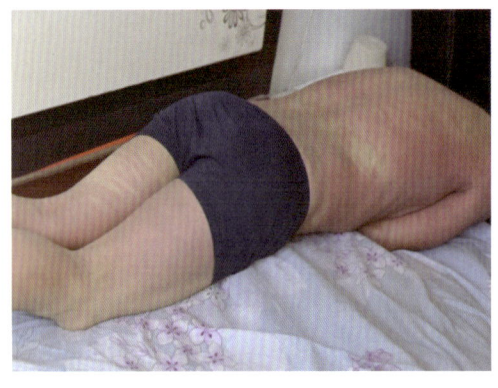

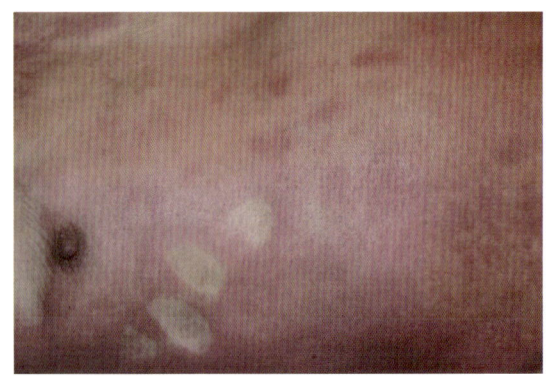

图 1-2　　　　　　　　　　　　　　　　　图 1-3

3. 大体图片（见图 1-4）。

（1）案情摘要：王某报案称晨起发现其室友坐于餐桌前，双侧前臂置于桌面上，肢体僵硬，已无生命体征。

（2）观察要点：尸僵在一定程度上可以推断尸体是否被移动过。死者全身僵硬，四肢屈曲，双上肢及左下肢悬空、体位固定（见图 1-4）。在膝、踝、肘、腕及下颌等关节均可检出尸僵。

（3）分析与诊断：尸僵。

图 1-4

4. 大体图片（见图 1-5）。

（1）案情摘要：某市护城河发现尸体一具，尸体体积增大，胸腹部膨隆，手中紧握水草。

（2）观察要点：尸体痉挛是一种特殊的尸僵现象，多为局部性的，全身性罕见。仔细观察死者右手，紧握水草，用外力很难分开。保留着死者临死时的姿势。

（3）分析与诊断：尸体痉挛，提示生前入水、溺水身亡的可能性大。

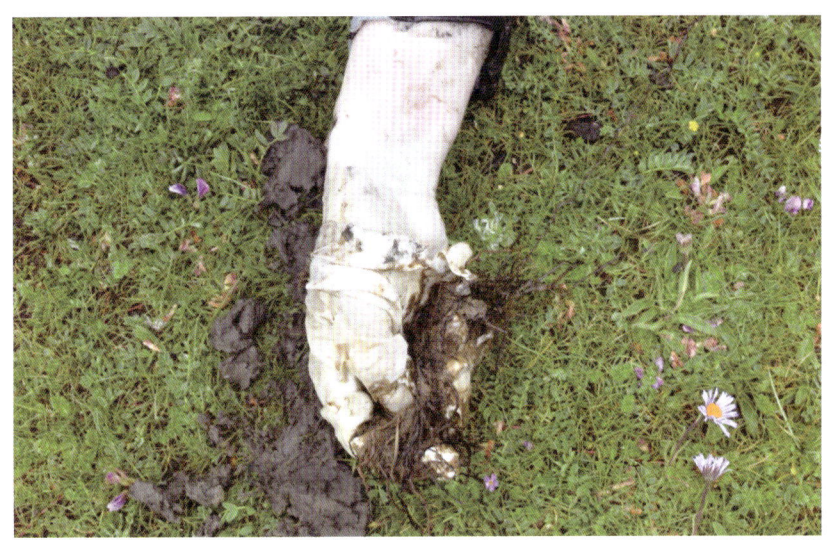

图 1-5

5. 大体图片（见图 1-6 至图 1-8）。

（1）案情摘要：某市公安局刑警支队办理的三起命案中死者眼部照片。

（2）观察要点：角膜混浊受许多因素的影响，其中主要与眼睑是否闭合和周围的温度、湿度有关。一般情况下，角膜混浊程度随时间的延长而增加。图 1-6 所示角膜上可见白色小斑点，尚可透视瞳孔；图 1-7 所示角膜混浊呈云雾状，半透明，尚可透视瞳孔；图 1-8 所示角膜完全混浊，呈灰白色，无法透视瞳孔，为重度混浊。

（3）分析与诊断：图 1-6 所示为角膜轻度混浊；图 1-7 所示为中度混浊；图 1-8 所示为重度混浊。

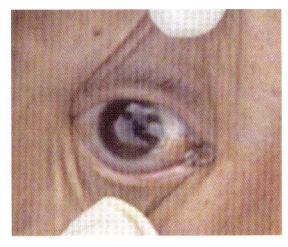
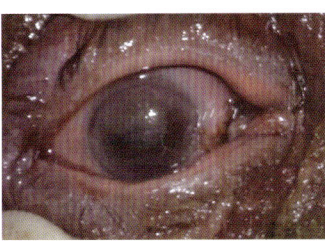
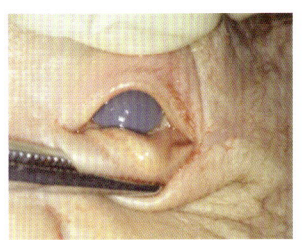

图 1-6　　　　　　　　　图 1-7　　　　　　　　　图 1-8

6. 大体图片（见图 1-9）。

（1）案情摘要：某酒吧内发生一起打架斗殴案件，致一青年男性死亡。

（2）观察要点：死者左侧膝关节处可见一处擦挫伤，游离的表皮干燥、变硬、翘起，颜色变浅。

（3）分析与诊断：皮革样化。

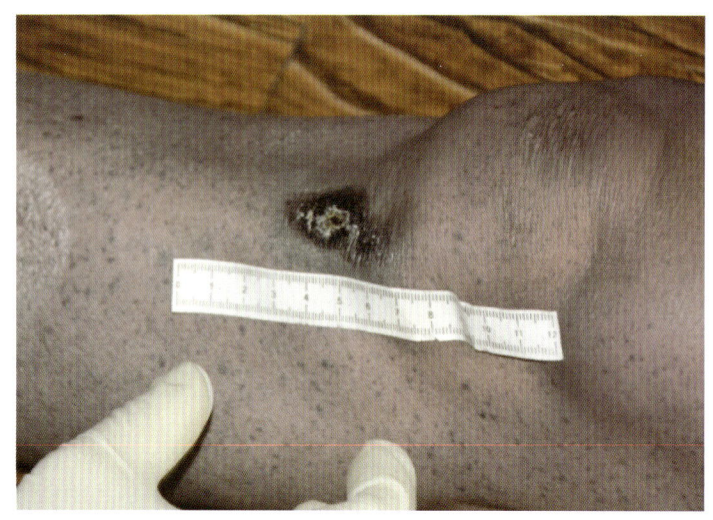

图 1-9

7. 大体图片（见图 1-10）。

（1）案情摘要：贾某，女，31 岁，被人发现自缢在自家卧室内。尸检时见尸斑浅淡，指压褪色；尸僵可在小关节检出，人为破坏后可重新发生；瞳孔清晰可见，角膜上可见白色斑点；尸温为 33.4℃（见图 1-10），余未见其他尸体现象。案发现场的室内温度为 18.5℃。

（2）观察要点：尸体内部温度较尸表温度受环境影响小，所以尸温测量应以内部器官为准，测量直肠温度是目前最普遍采用的方法。尸温下降有一定的规律性，对推断死后经过时间具有一定参考价值。但尸冷发生的速度受尸体本身因素和外界环境因素的影响较大，因此，利用尸温推断死亡时间需综合考虑各种影响因素。

（3）分析与诊断：在本案例中，根据尸温下降规律，结合尸斑、尸僵、角膜混浊程度，推断死亡时间为 4 小时左右。

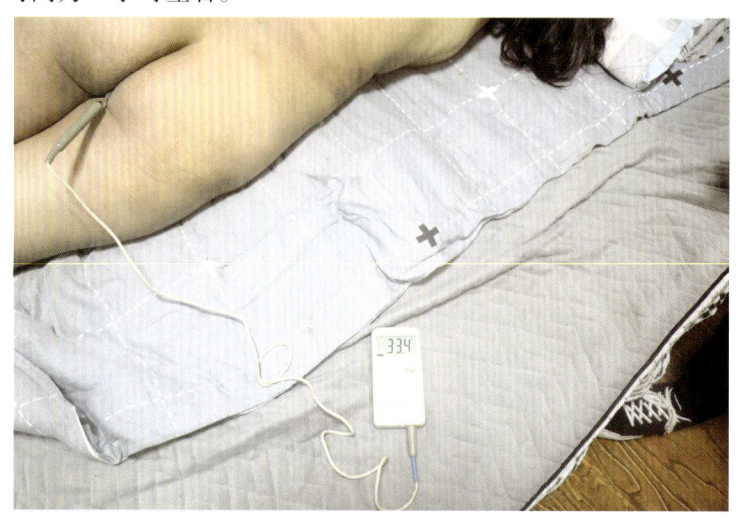

图 1-10

（二）晚期尸体现象观察

1. 大体图片（见图1-11）。

（1）案情摘要：某出租屋内发现一男性尸体，呈腐败征象。

（2）观察要点：死者右侧大腿处可见腐败水疱，水疱内液体呈浅褐色。在公安实践中，腐败水疱破裂后要注意观察液体的性状、颜色，以及表皮剥脱情况等。需要注意的是，腐败气疱和腐败水疱的形成往往同步发生，形成水疱后需要与烧烫伤形成的水疱进行鉴别。

（3）分析与诊断：腐败水疱。

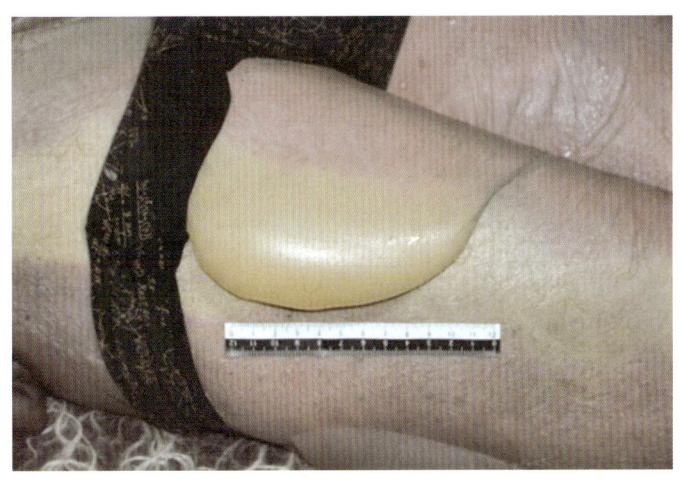

图1-11

2. 大体图片（见图1-12）。

（1）案情摘要：某独居老人被发现死于自家屋内，体表未见明显损伤。

（2）观察要点：死者腹部、颈部、上胸部的皮肤呈深浅不一的污绿色。在公安实践中，需与外伤性的皮下出血进行鉴别。

（3）分析与诊断：尸绿。

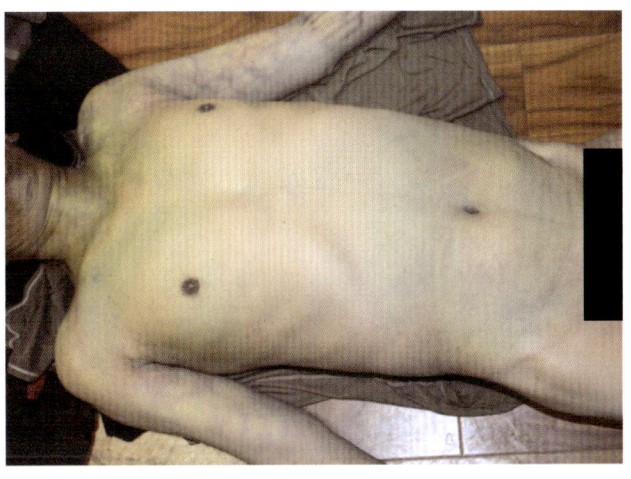

图1-12

3. 大体图片（见图1-13）。

（1）案情摘要：某出租房内见一男性尸体。

（2）观察要点：死者右腿内侧可见暗红色树枝样网状结构，分布与静脉血管的走向、腐败程度相关，在公安实践中应注意与皮下静脉曲张鉴别，静脉曲张为生前病理性的，且隆起如同蚯蚓状，而腐败静脉网多呈扁平扩散、粗细不一，比起静脉曲张更加边界不清。

（3）分析与诊断：腐败静脉网。

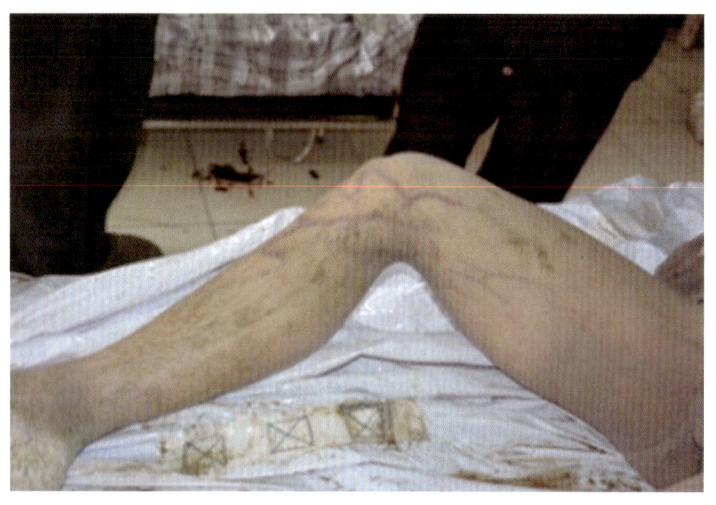

图1-13

4. 大体图片（见图1-14）。

（1）案情摘要：某废弃工厂内见一男性尸体。

（2）观察要点：尸体发生明显的膨胀变形，头部肿大，颈部变粗，胸腹部膨隆，四肢增粗，致使原来容貌不易辨别。因此，在个人识别时，除做好拍照和采集样本外，更应该注意观察其他体表特征，如痣、疤、文身等。

（3）分析与诊断：腐败巨人观。

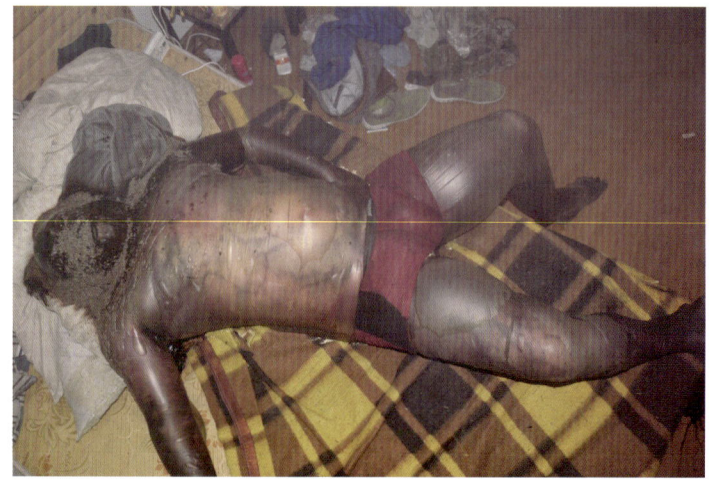

图1-14

5. **大体图片**（见图 1-15）。

（1）案情摘要：某小区见一女性尸体，体表未见明显损伤，尸体呈腐败征象。

（2）观察要点：尸体呈腐败巨人观征象，尸臭明显，尸体肛门、子宫脱垂。在公安实践中，肛门或子宫、阴道脱垂的现象多见于腐败巨人观的尸体。

（3）分析与诊断：肛门、子宫脱垂。

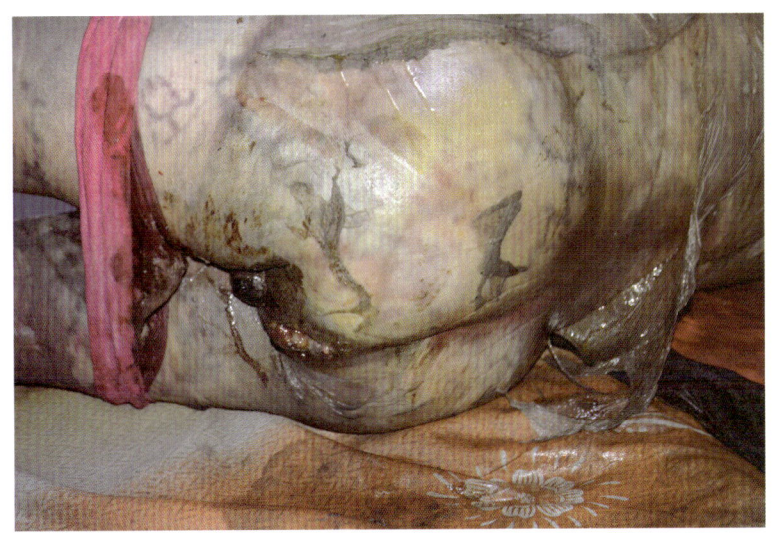

图 1-15

6. **大体图片**（见图 1-16）。

（1）案情摘要：某山洞内发现尸体一具。

（2）观察要点：尸体头面部软组织、毛发脱落，仅剩骨骼、牙齿。在公安实践中还应注意观察骨质是否完全脱脂干涸或是否有动物的啃食痕迹，有助于对死亡时间的推断和对死亡环境的分析。

（3）分析与诊断：白骨化。

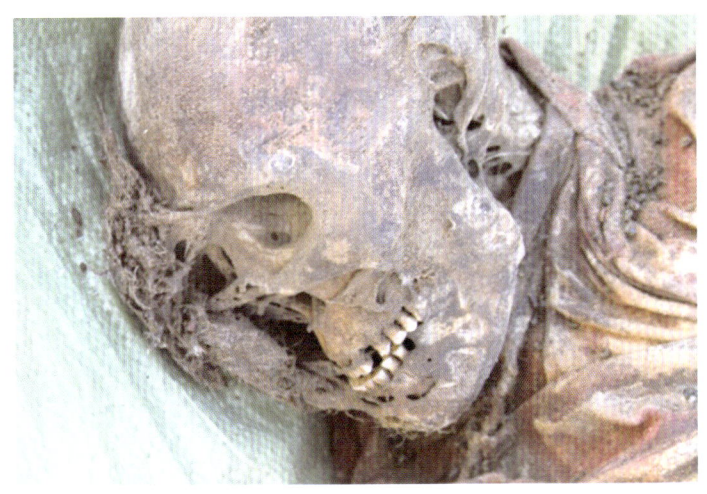

图 1-16

7. **大体图片**（见图 1-17）。

（1）案情摘要：某池塘旁发现尸体一具。

（2）观察要点：尸体腰臀部及下半身衣物上可见白色霉斑和霉丝。霉斑和霉丝的形成会影响对死者容貌的辨别，并且易在体表擦伤部位出现，在公安实践中有利于对案情的分析。

（3）分析与诊断：霉尸。

图 1-17

8. **大体图片**（见图 1-18）。

（1）案情摘要：某山顶上发现婴幼儿尸体一具。

（2）观察要点：尸体皮肤组织干燥失去弹性和韧性，质硬、皱缩，呈灰褐色、暗黑色改变，皮肤、毛发等组织保存较为完整，骨骼未完全脱脂，皮肤肌层略存部分弹性，体重明显减轻。

（3）分析与诊断：干尸（木乃伊）。

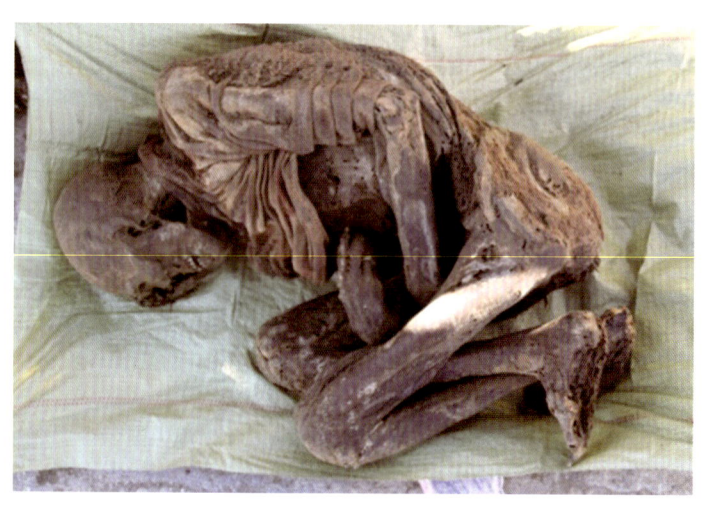

图 1-18

四、案例讨论

(一) 案情摘要

201×年×月××日，在××市某乡镇某村旁偏僻小路上的白色轿车内，发现一男性死者。经勘验车门窗反锁完好，尸体位于驾驶位，已经高度腐败（见图1-19）。

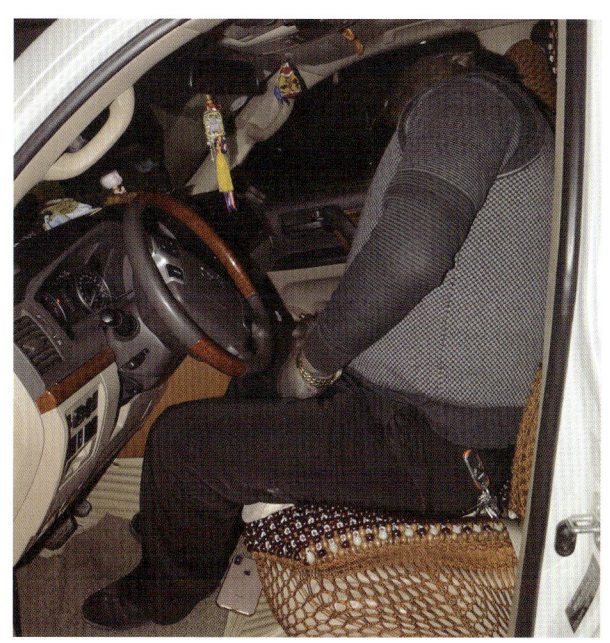

图1-19

(二) 法医学检查

1. *尸表检验*。

尸表检验情况：死者头面部及躯干部呈明显腐败巨人观变化，但双下肢腐败程度较上半身轻（见图1-20），在检验中可观察到诸多的晚期尸体现象，如头面部体积明显增大、口鼻腔可见死后呕吐和血性液体外溢（见图1-21），躯干及四肢部可见腐败气疱、水疱、尸绿、腐败静脉网（见图1-22）。

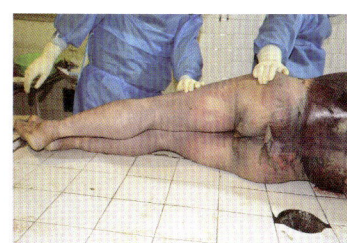

图1-20

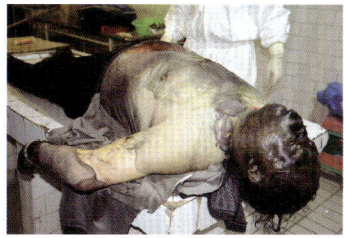

图1-21

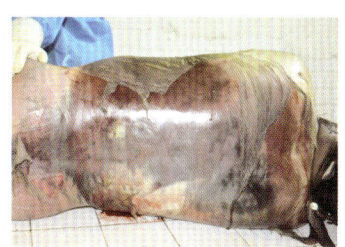

图1-22

2. 解剖检验。

解剖检验情况：脑组织已经自溶不能成形（见图1-23），心、肝、脾、肺、肾等脏器组织均呈泡沫样器官改变，大多数脏器腐败自溶，但肉眼形态可辨，肠管明显腐败胀气（见图1-24）。

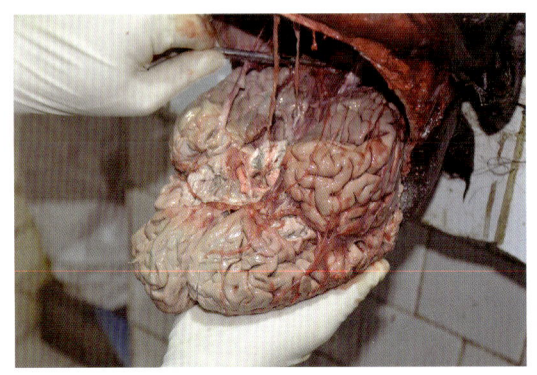 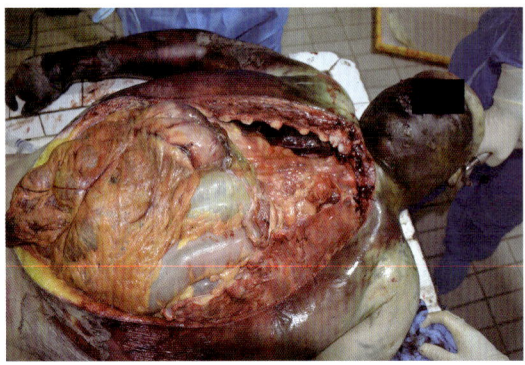

图1-23   图1-24

3. 病理及毒化检验。

死者心血内乙醇含量269mg/100ml，心脏存在冠心病病理基础，未检出其他常规毒物。

（三）分析说明与鉴定意见

经调查，该死者于5天前因和家人发生口角，开车外出至偏僻处，并饮下大量白酒，诱发体内潜在性疾病发作而死亡，家人一直寻找无果，直到发现死者时其尸体已经高度腐败。该案发生时，尸体所处地区昼夜温差较大，日气温2℃～15℃，但车内温度随着阳光的照射会大幅度升高，加上车内空间相对密闭，白天车内温度无法外散，故温度的变化会加速尸体腐败的进程。

结合现场勘验、尸表及解剖检验、病理切片检验、毒化分析等综合分析，死者符合大量饮酒后诱发体内潜在性疾病（有冠心病基础）突然发作而死。尸体分上下两部分出现相对不同的腐败程度，上半身明显超过下半身，是由于太阳光照射进车内，甚至直射在尸体上半身，根据现场尸体的特殊体位和环境，解释了同一尸体上发生不同程度腐败的现象。

【思考题】

1. 死亡时间的推断方法有哪些？

2. 腐败尸体及白骨化尸体如何推断死亡时间？

【参考文献】

［1］林子清，陈霆宇. 法医学. 中国人民公安大学出版社，2014.

［2］丛斌. 法医病理学（第5版）. 人民卫生出版社，2016.

实验二　机械性损伤——钝器损伤特征

一、实验目的

钝器通常是指没有锋利的尖和刃的钝性物体。由钝器作用于人体组织所形成的机械性损伤统称为钝器伤。钝器伤是法医学检验中最为常见的机械性损伤。通过本实验，使学习者：

（1）熟悉常见钝器伤的基本形态和特征。

（2）掌握各种不同类型钝器伤的形态特点，初步学会根据损伤的形状特征推断致伤物。

二、实验方法

（1）观察常见钝器伤的大体图片。

（2）案例讨论。

三、实验内容

1. 大体图片（见图2-1）。

（1）案情摘要：某男，19岁，在多人聚众殴斗中死亡。

（2）观察要点：死者背部有4处斜行中空性挫伤，左上右下方向走行，两条挫伤带呈平行排列，其内为中空苍白区，中空苍白区的宽度比致伤棍棒直径窄。根据损伤形态特征认定系受条形钝性物体快速打击形成。

（3）分析与诊断：背部中空皮下出血，也称"竹打中空"（棍棒类物体快速打击所致）。

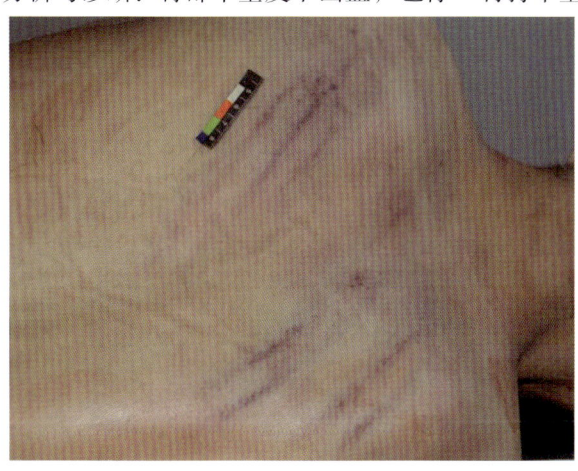

图2-1

2. 大体图片（见图2-2）。

（1）案情摘要：某男，19岁，在多人聚众殴斗中死亡。

（2）观察要点：左颞枕部见一条带状皮下出血，剖验见相应部位有条带状帽状腱膜下出血，根据损伤形态特征认定系受长条形钝性物体打击形成（棍棒类物体可形成上述损伤）。

（3）分析与诊断：左颞枕部皮下出血（棍棒打击所致）。

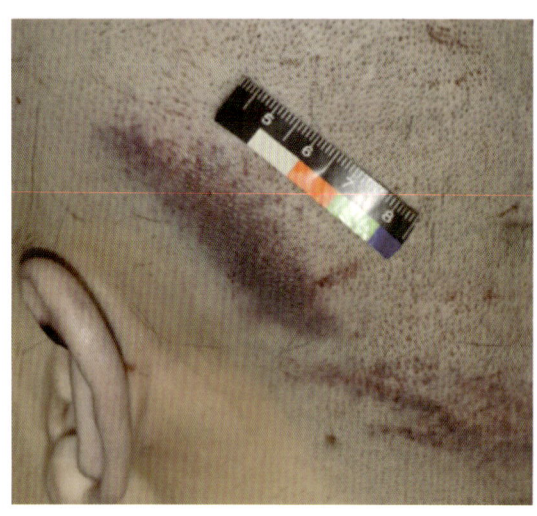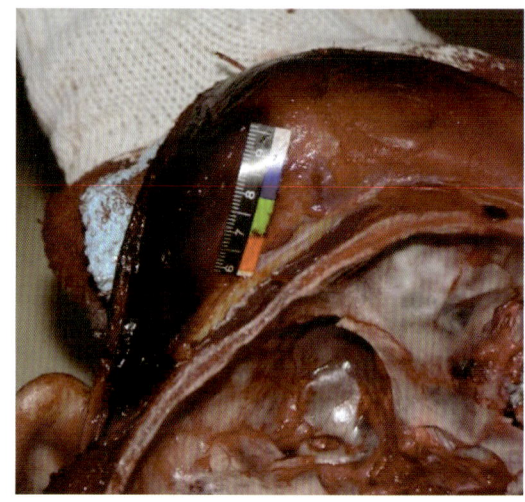

图2-2

3. 大体图片（见图2-3）。

（1）案情摘要：某女，32岁，被他人杀死在某浴池客房内。

（2）观察要点：左面部口角外侧可见一半圆形表皮剥脱伴皮下出血，形态与人类牙列走向、排列一致，生活反应明显。

（3）分析与诊断：左面部咬伤（牙齿形成）。

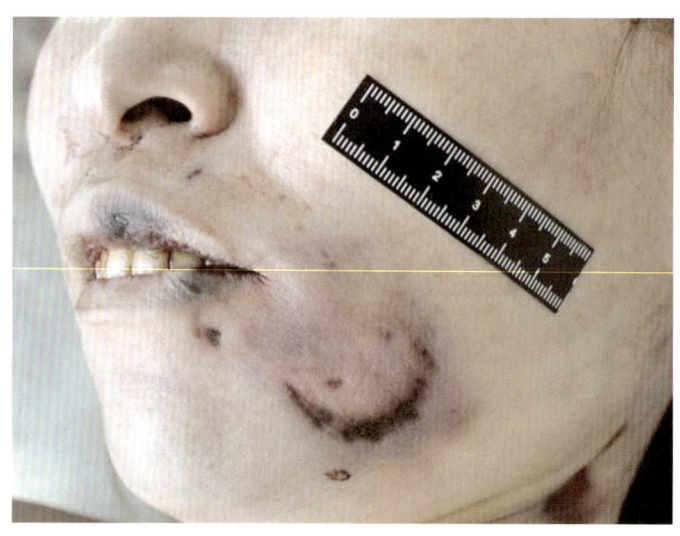

图2-3

4. 大体图片（见图2-4）。

（1）案情摘要：某女，32岁，被他人杀死在某浴池客房内。

（2）观察要点：右髂前上棘内侧及右大腿外侧各见一5.4cm×4.5cm类圆形中空挫伤，生活反应明显，咬痕皮下出血的内径与外径之间宽度为0.4cm（受害人为女性，提示可能遭受性侵犯）。

（3）分析与诊断：右髂前上棘内侧及右大腿外侧咬伤（牙齿形成）。

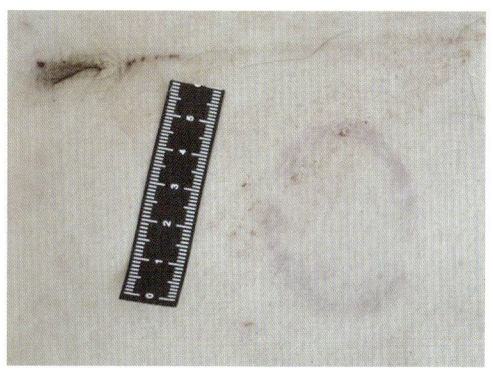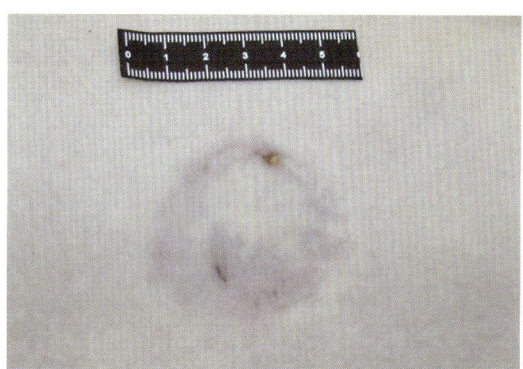

图2-4

5. 大体图片（见图2-5）。

（1）案情摘要：某男，32岁，被人用斧背打击头部致死。

（2）观察要点：左顶部可见凹陷性骨折，中心骨折区呈类三角形（与方形对应），骨折线呈环形分布并向外延展，致伤物为斧背。

（3）分析与诊断：凹陷性骨折（类方形斧背打击所致）。

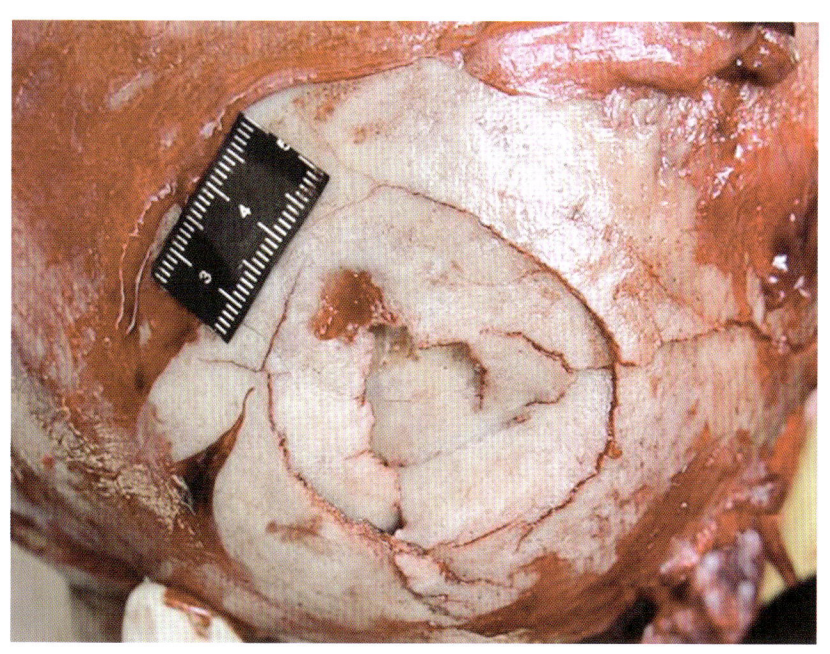

图2-5

6. 大体图片（见图 2-6）。

（1）案情摘要：某男，32 岁，被人用方形锤面打击头部致死。

（2）观察要点：头皮可见角形挫裂创，创缘不整齐，创壁不光滑，一个创角呈撕裂状（见图 2-6 箭头），其余两个创角钝，创底不平整，创腔内有组织间桥，创周伴有表皮剥脱及皮下出血，为方形锤面的角、棱边和面打击所致。

（3）分析与诊断：头皮挫裂创（方形锤面打击头部所致）。

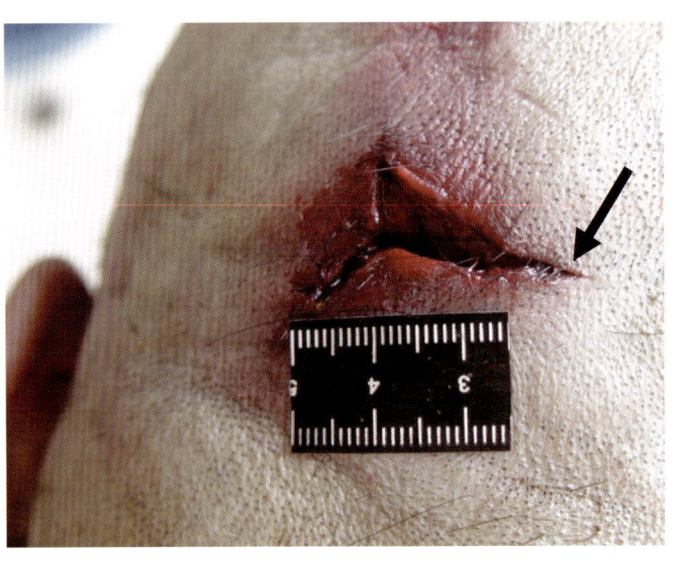

图 2-6

7. 大体图片（见图 2-7）。

（1）案情摘要：某男，25 岁，被人用方形锤面打击头部致死。

（2）观察要点：头皮可见四处角形、条形和弧形挫裂创，创口特征为创缘不整齐，创壁不光滑，创角钝，创腔内有组织间桥，创底不平整，伴有表皮剥脱及皮下出血，角形挫裂创（见图 2-7 箭头）创口形态与方形锤面相吻合，致伤物为方形锤面。

（3）分析与诊断：头皮挫裂创（方形锤面打击所致）。

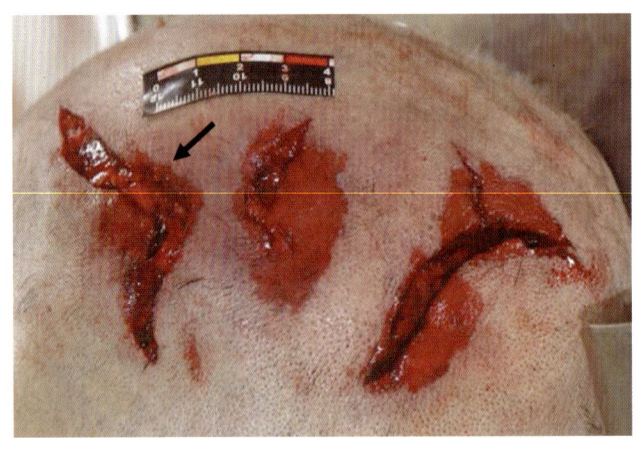

图 2-7

8. 大体图片（见图 2-8）。

（1）案情摘要：某男，31 岁，死于厂区门口保安室内。

（2）观察要点：左颞顶部及左耳郭背侧可见散在分布 12 处头皮创口，创口呈条形、弧形或星芒状，弧形创口形态与羊角锤圆形锤面形态吻合（见图 2-8 箭头），其余多种不规则创口可由羊角锤不同面形成；上述创口共同特征为创缘不整齐，创壁不光滑，创腔内见组织间桥，创角钝或呈撕裂状，创周伴擦挫伤带。

（3）分析与诊断：头皮挫裂创（羊角锤打击所致）。

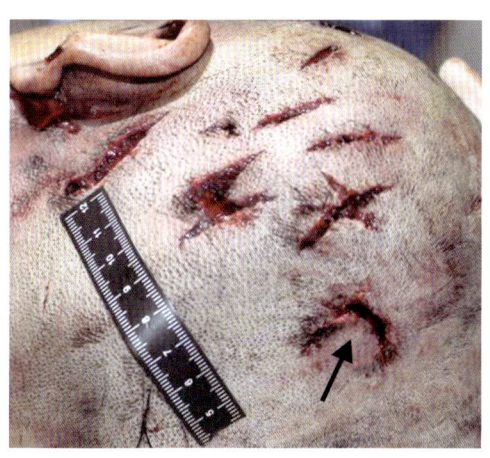

图 2-8

9. 大体图片（见图 2-9）。

（1）案情摘要：某男，35 岁，被人用螺纹钢打击头部致死。

（2）观察要点：头皮可见条形挫伤，伴规则排列表皮剥脱，方向与条形挫伤长轴方向近似垂直，条形损伤间隔与螺距宽度基本一致，挫伤形态与致伤物（螺纹钢）打击面的形态相吻合。

（3）分析与诊断：头皮挫伤伴表皮剥脱（螺纹钢打击所致）。

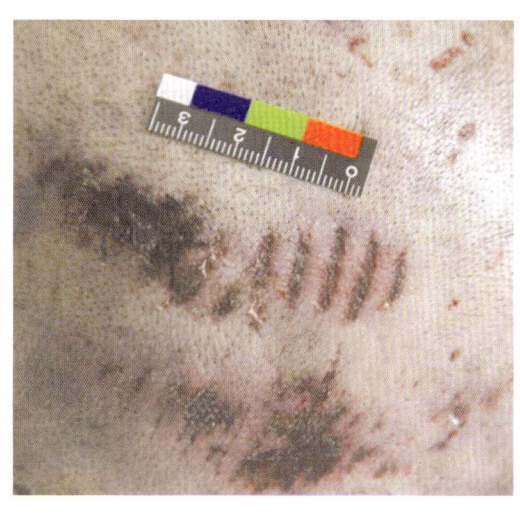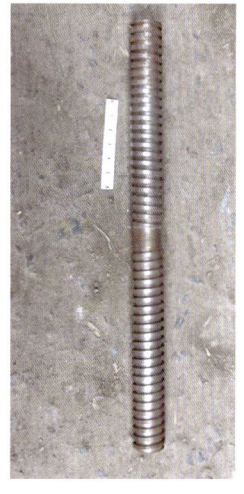

图 2-9

10. 大体图片（见图2-10）。

（1）案情摘要：某男，25岁，被人用铅球打击头部致死。

（2）观察要点：右颞部可见较小面积的擦伤伴边界不清的皮下出血，不能清楚反映致伤工具整体特征；解剖检验见颞骨有一较大范围类圆形塌陷骨折区，数条骨折线自中心向周围放射状延伸，能较好反映致伤工具球形面特征。

（3）分析与诊断：颅骨凹陷性骨折（铅球打击所致）。

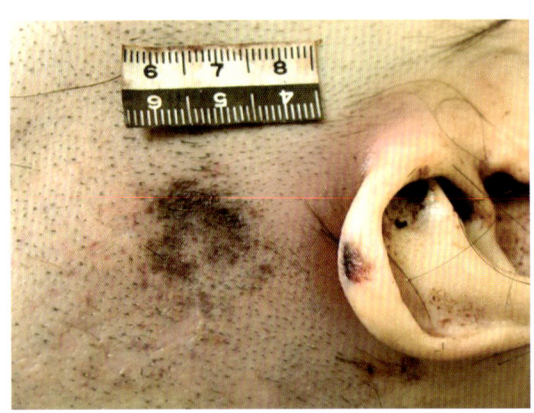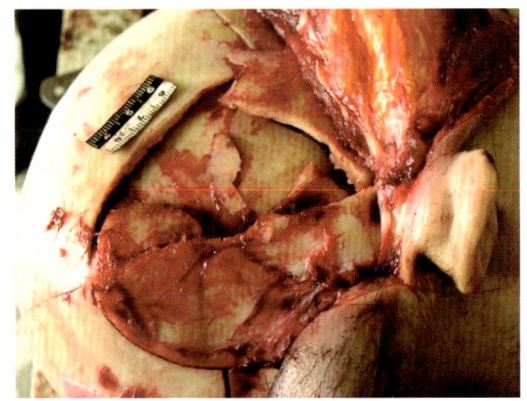

图2-10

四、案例讨论

（一）案情摘要

据委托书记载：某男，19岁，因钝性外力致死。

（二）法医学检查

1. 尸表检验。

身长173cm，发育正常，营养一般，尸斑呈暗紫红色，分布于体背部非受压处，指压褪色，尸僵存在于各大关节。左顶部有3.5cm×7cm头皮挫伤（见图2-11），其内有一三角形创口和多处点片状擦伤，创口边长分别为0.7cm、0.6cm、0.3cm，创缘不整，创壁不光滑，创角钝，创周伴擦伤，创深达皮下，点片状擦伤大小为0.1cm×0.1cm~0.3cm×0.2cm。右枕及枕中部有15cm×8cm挫伤，其内散在10处点片状擦伤（见图2-12），大小在0.8cm×0.7cm~2.2cm×1.3cm间，可触及头皮下颅骨骨折。右顶部有一处右前左后斜行创口（见图2-13），长4.2cm，深达帽状腱膜，创缘不整，创周伴挫伤带，宽0.3~0.4cm，两创角钝，左后创角伴0.7cm撕裂，创壁不光滑，可见组织间桥，创口左前形成囊腔，囊腔深3.5cm。右顶部向内3cm处有一长1.3cm不规则创口，创口特征同前。左颞部及耳后有6.5cm×4cm头皮挫伤，右颞顶部有9.8cm×2.5cm头皮挫伤伴条状擦伤（见图2-14）。

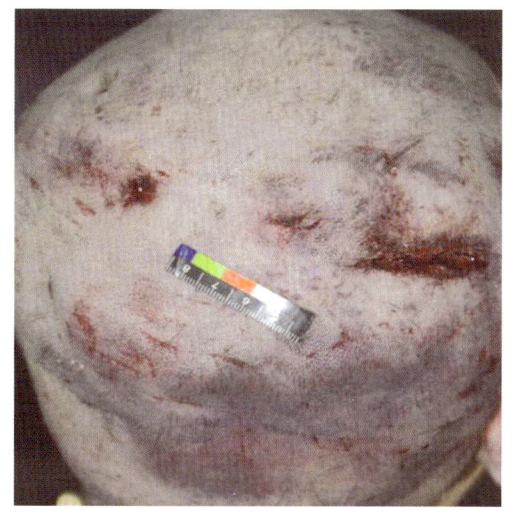

图 2-11

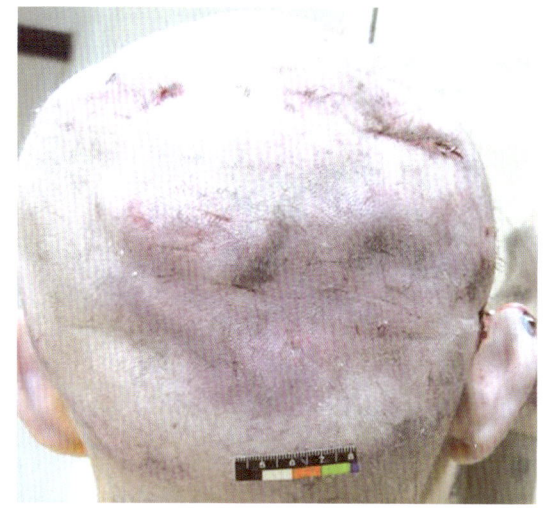

图 2-12

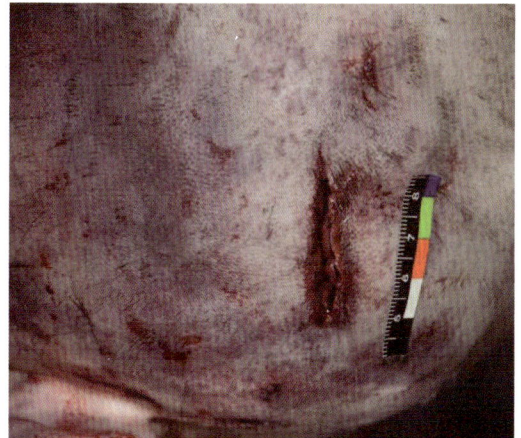

图 2-13

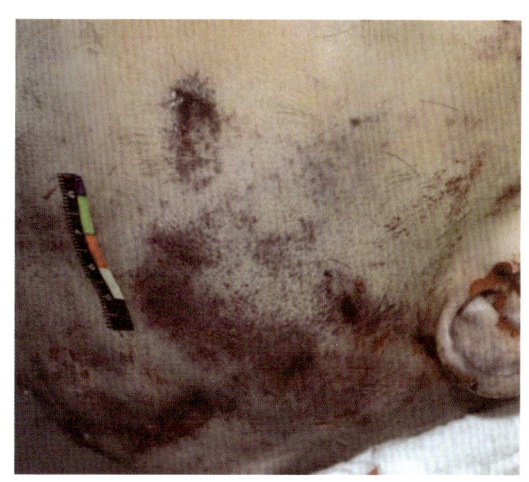

图 2-14

2. 解剖检验。

冠状切开头皮，帽状腱膜下广泛性出血，左颞肌出血，枕骨、顶骨、右颞骨粉碎性骨折伴骨碎片移位，并有两处骨折线经顶骨延伸至额骨，顶部硬脑膜有 10cm×5cm 破裂口，左枕部硬脑膜有 6cm×2cm 破裂口，左顶叶有 12cm×3cm 脑挫裂伤伴部分脑组织挫灭，右枕叶有 6cm×2cm 脑挫裂伤伴部分脑组织挫灭、蛛网膜下腔广泛性出血，左枕骨经颅后窝至左颞骨岩部有 7cm 骨折线，右枕骨经右颞骨岩部、蝶鞍部至左额部有 15cm 骨折线，（见图 2-15 至图 2-18）。

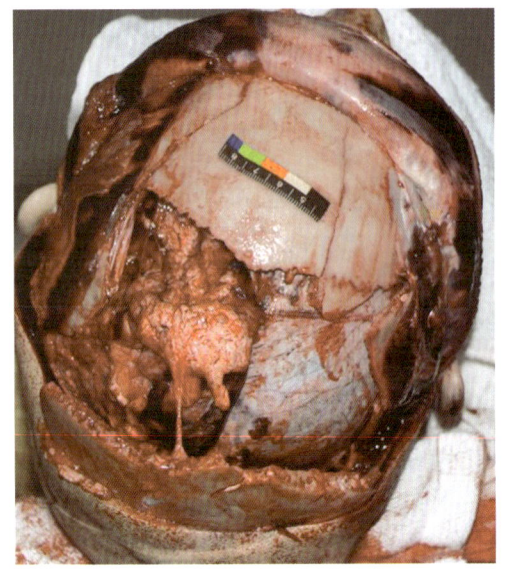

图 2-15

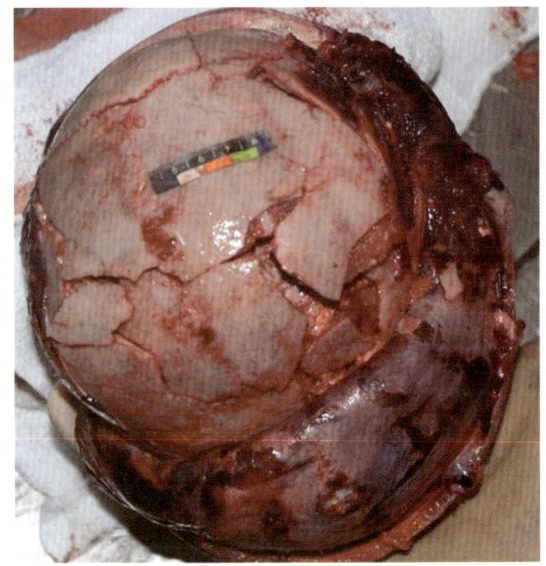

图 2-16

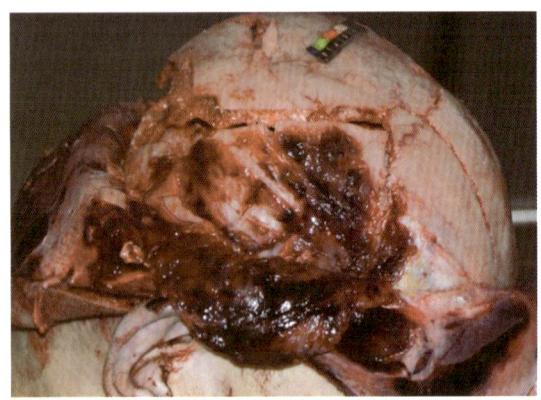

图 2-17

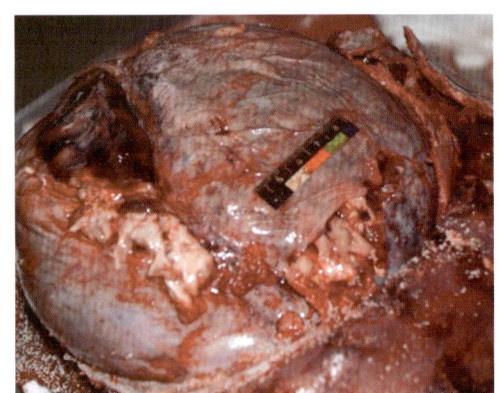

图 2-18

（三）分析说明与鉴定意见

根据尸体检验所见，顶部、枕部及颞部有多处融合头皮挫伤，其内可见多量点片状擦伤及创口，创口共同特征为形态不规则，创缘不整，创壁不光滑，创角钝，创内可见组织间桥，创周伴有擦伤，创下帽状腱膜弥漫性出血，颅骨多处粉碎性骨折，根据损伤形态特征推断系受表面粗糙，形态不规则钝性物体打击形成（砖石类工具可形成上述损伤，见图 2-19）。死者系生前头部受钝性物体打击致颅骨骨折、脑组织挫灭，中枢神经系统严重受损死亡。

图 2-19

（四）案例点评

砖石伤，是指砖石打击人体形成的损伤。砖、石类是常见的建筑材料，容易获取，因此，在钝器损伤的案件中较为常见。砖、石损伤多见于头面部，所致的损伤形态较为复杂，损伤形态特征、损伤程度差别甚大，可造成挫伤、挫裂创和骨折。犯罪嫌疑人多为就地取材，作案后，犯罪嫌疑人常将染有被害人血迹、毛发的砖石遗留在现场附近。多见于室外或野外他杀或伤害案件。山石表面凸凹不平，并有不规则的棱边和棱角，其大小和重量不等，硬度不同，故形成的损伤形态多样。山石打击头部所致的挫裂创，可表现为多种形状，但大多数为不规则形，有多个创口，创腔内可见石屑，并且创口周围伴有多种形态、程度不一的擦伤和挫伤。山石的边缘常呈不规则的条形，打击在头部形成不规则的挫裂创，打击重时则可能形成不规则线形骨折或凹陷性骨折，甚至脑损伤。本例中死者头部见有多处融合头皮挫伤，可见多处点片状擦伤及钝器创口，创周伴有擦伤，创下帽状腱膜弥漫性出血，颅骨多处粉碎性骨折，根据损伤形态特征推断系受表面粗糙、形态不规则钝性物体打击形成，结合现场勘查情况见犯罪嫌疑人遗留在现场带血和毛发的山石，可综合推断致伤物为山石。此外，因有些山石易碎，故有时在创内可检见碎石屑。

【思考题】

1. 在法医学鉴定中，钝器伤鉴别的难点是什么？

2. 砖石伤的一般形态特征有哪些？

【参考文献】

［1］ 成建定. 法医病理学实验指导（第 2 版）. 人民卫生出版社, 2020.

［2］ 武彦, 陈丽琴. 法医学实验指导. 北京大学医学出版社, 2016.

［3］ 赵子琴. 法医病理学（第 4 版）. 北京大学医学出版社, 2010.

［4］ 法医学 机械性损伤尸体检验规范（GA/T 168—2019）.

［5］ 法医学 尸体检验技术总则（GA/T 147—2019）.

实验三　机械性损伤——锐器损伤特征

一、实验目的

锐器，通常是指具有锐利的刃缘和（或）锋利尖端的工具或器械。锐器的尖或刃作用于机体所形成的损伤，统称为锐器伤。锐器伤在法医实际工作中十分常见，尤其多见于他杀案件。通过本实验，使学习者：

（1）熟悉常见锐器创的基本形态和特征。

（2）掌握各种不同类型锐器伤的形态特点，能区分单刃刺创与双刃刺创，初步学会根据损伤的形态特征推断致伤物。

二、实验方法

（1）观察常见锐器伤的大体图片。

（2）案例讨论。

三、实验内容

1. 大体图片（见图 3-1）。

（1）案情摘要：某女，19 岁，在家中自杀死亡。

（2）观察要点：腕部可见一长棱形创口，创口呈舟状，创缘整齐，创壁光滑，两创角锐，一侧创角伴有拖刀痕，创腔内无组织间桥，创周无挫伤；在主创口上缘和下缘可见数条长短不一、深浅不等并与主切口基本平行的浅表切口，即试切创（见图 3-1 箭头所示）。

（3）分析与诊断：腕部自杀切创及试切创。

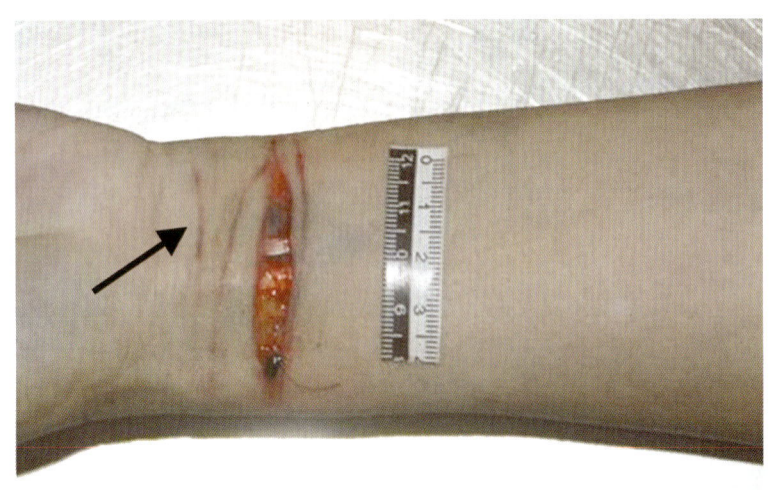

图 3-1

2. 大体图片（见图 3-2）。

（1）案情摘要：某男，35 岁，被他人用锐器致死。

（2）观察要点：创口特征为，创口呈舟状，创缘整齐，创壁光滑，两创角锐，一侧创角伴有拖刀痕，创腔内无组织间桥，创周无挫伤。他杀切创多在手指、手掌、前臂等处，多系被害人抵挡袭击或争夺凶器时形成，如由于夺刀所致手掌切划创（见图 3-2 黑色箭头），被害人前臂抵挡袭击所致砍创（见图 3-2 红色箭头）。

（3）分析与诊断：抵抗伤（防卫伤）。

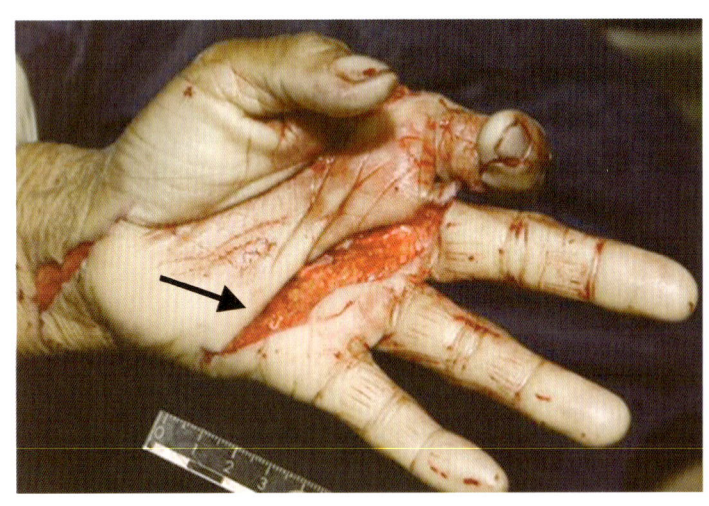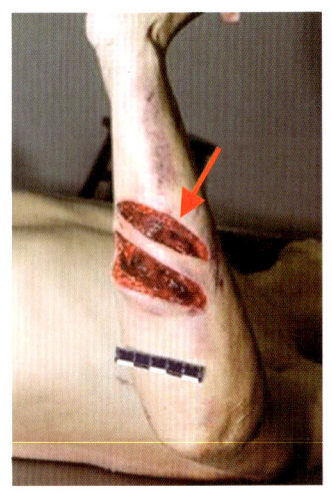

图 3-2

3. 大体图片（见图 3-3）。

（1）案情摘要：某男，19 岁，在餐馆内被他人刺死。

（2）观察要点：左胸部见一梭形创口，两侧创缘合拢后呈条状，创角上锐下钝，创缘整齐，创壁光滑，创腔无组织间桥。

（3）分析与诊断：左胸部刺创（单刃刺器所致）。

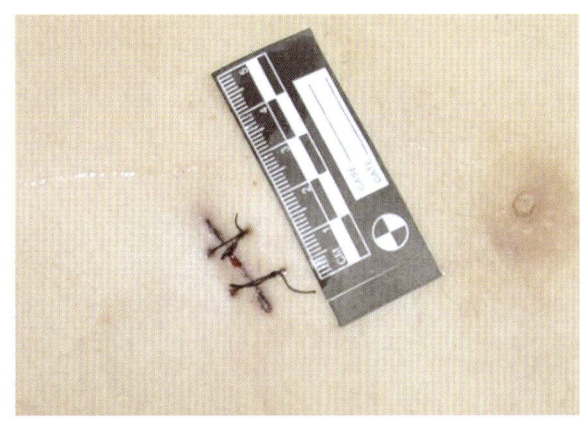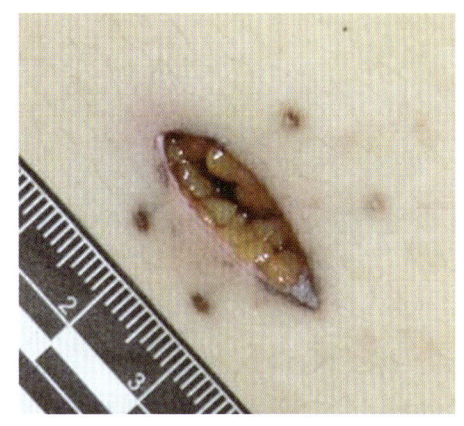

图 3-3

4. 大体图片（见图 3-4）。

（1）案情摘要：某男，19 岁，在餐馆内被刺死。

（2）观察要点：刺创的表现特点是体表创口较小，体内创道较深，常伤及内脏器官而危及生命，如图 3-4 所示心脏可见一锐器刺创，创角一钝一锐，创缘欠整齐，符合刺入时心脏搏动这一特点，创壁光滑，创腔无组织间桥。因心脏破裂出血死亡。

（3）分析与诊断：心脏刺创。

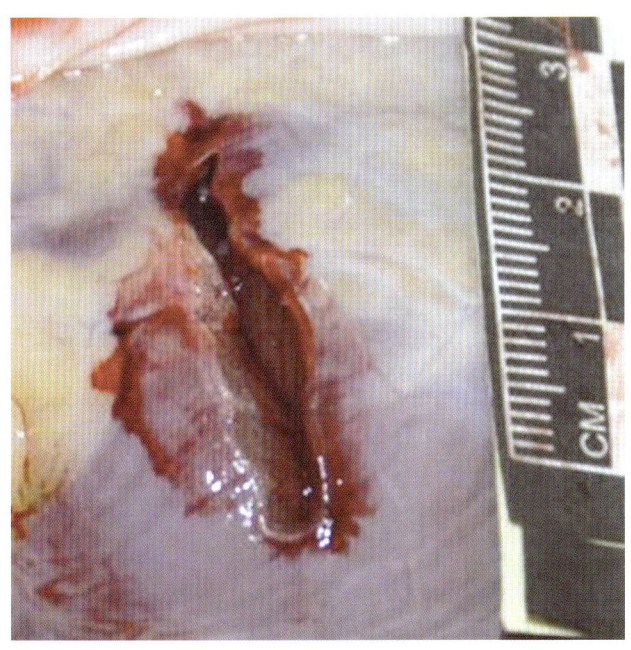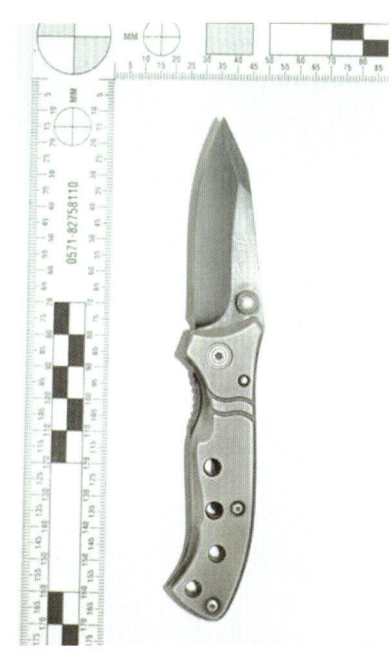

图 3-4

5. 大体图片（见图 3-5）。

（1）案情摘要：某男，24 岁，被他人用锐器刺死。

（2）观察要点：创口呈梭形，因皮肤弹性回缩牵拉使创口哆开明显；合拢创口后可见创角锐，创缘整齐，无表皮剥脱及皮下出血，创壁光滑，创腔无组织间桥。

（3）分析与诊断：刺创（双刃刺器所致）。

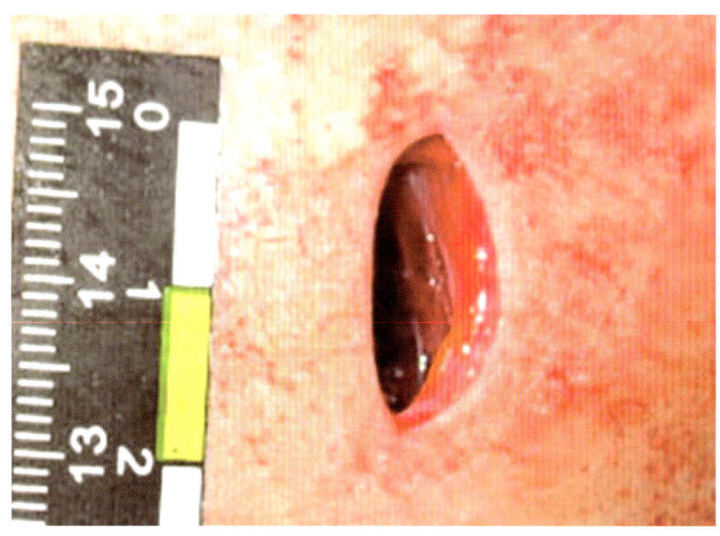

图 3-5　刺创

6. 大体图片（见图 3-6）。

（1）案情摘要：某女，被他人用螺丝刀刺伤致死。

（2）观察要点：右颞部可见多处条形创口，呈长方形或"Ⅰ"形，创口特征为创缘较整齐，创壁较光滑，两创角钝，创腔内无组织间桥，创周伴挫伤。创口形态与螺丝刀截面形状吻合。因此，刺入口的形态能反映刺器横断面的形状。

（3）分析与诊断：右颞部刺创（螺丝刀所致）。

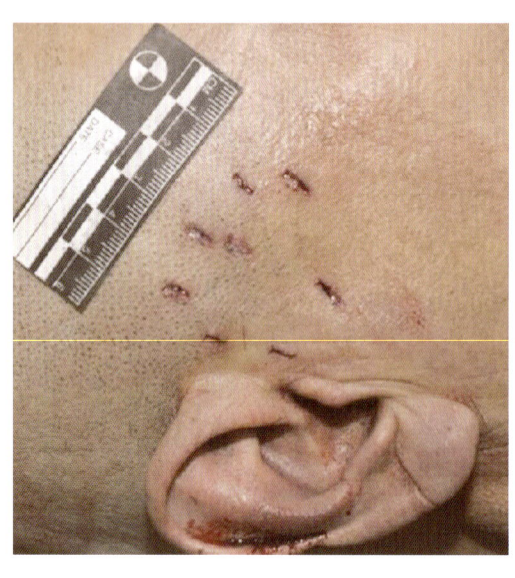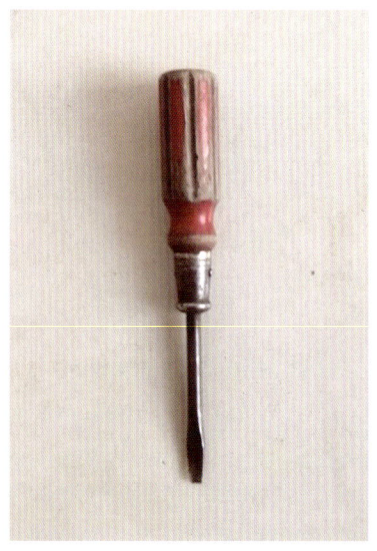

图 3-6

7. 大体图片（见图3-7）。

（1）案情摘要：某女，被他人用破裂酒瓶刺切颈部致死。

（2）观察要点：颈部侧可见一不规则、长短、深浅不一的刺创，创口不规则，部位相对集中，有多个创角，创角锐，创壁光滑，创缘较整齐，创底不平整。

（3）分析与诊断：颈部侧刺切创（破裂酒瓶所致）。

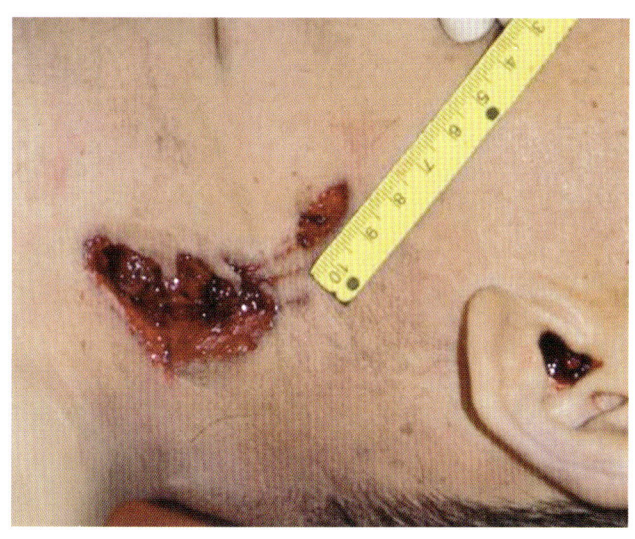

图 3-7

8. 大体图片（见图3-8）。

（1）案情摘要：某女，被他人用菜刀砍击头部致死。

（2）观察要点：右手背可见一长形创口，创口哆开明显，创腔深，深达骨质。

（3）分析与诊断：右手背砍创（菜刀所致）。

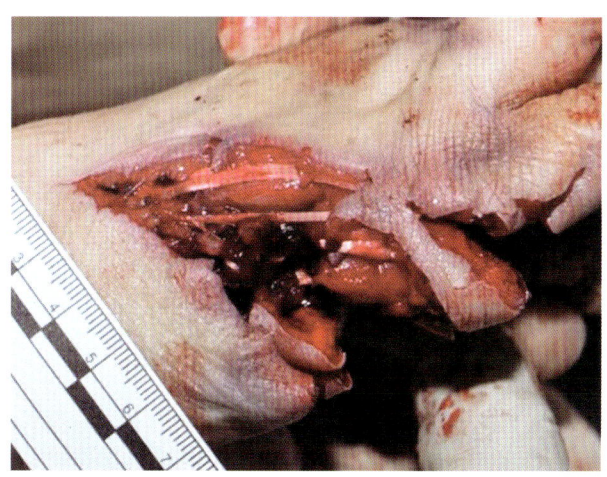

图 3-8

9. 大体图片（见图3-9）。

（1）案情摘要：某男，被他人用剪刀刺中颈部死亡。

（2）观察要点：颈部可见一不规则菱形创口，创口形态与剪刀双叶合拢后的横断面形态吻合；创腔深，伤及颈部的大血管和气管，因气管损伤及血液吸入呼吸道致窒息死亡。

（3）分析与诊断：颈部刺创（剪刀合拢所致）。

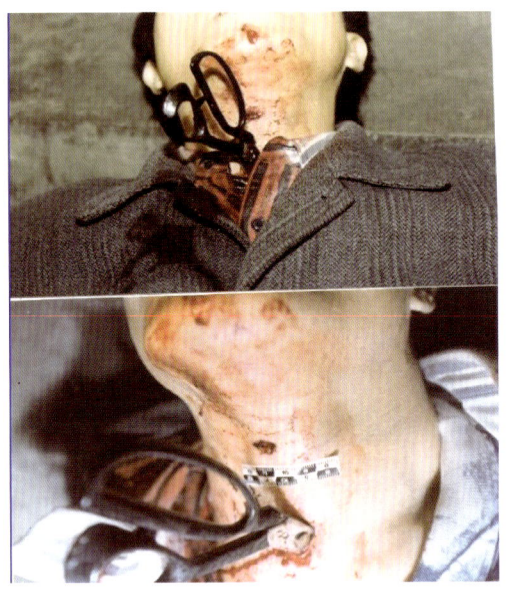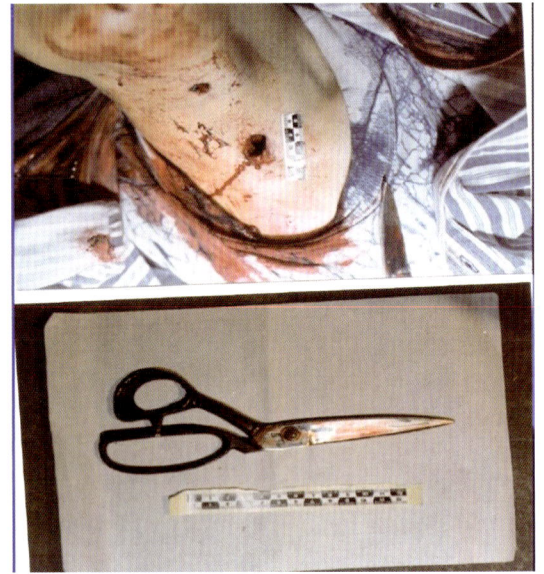

图 3-9

10. **大体图片**（见图 3-10）。

（1）案情摘要：某男，25 岁，被他人用剪刀致伤。

（2）观察要点：剪刀双股合拢刺入人体形成菱形创口，可见创缘整齐，创壁光滑（见图 3-10①箭头）。剪刀两刃边朝外合拢一起刺入人体所造成的创口，可见创缘整齐，创壁光滑，创角锐，创口中间可见皮肤嵴形成（见图 3-10②箭头）。当剪刀两刃边朝外分开同时刺入人体时则可形成平行刺剪创（见图 3-10③箭头），成对出现，创角外锐内钝，创缘整齐，创壁光滑，创腔内无组织间桥。

（3）分析与诊断：剪创（剪刀所致）。

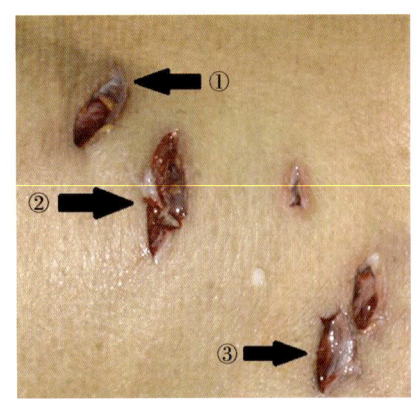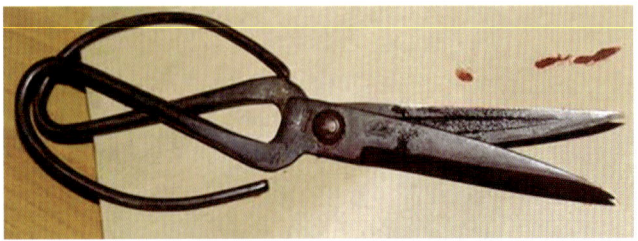

图 3-10

四、案例讨论

（一）案情摘要

据调查，某日接到报案，某地发生一起杀人案。经核实，死者某男，55 岁。

（二）法医学检查

1. 尸表检验。

尸长 173cm，发育正常，营养一般。尸斑呈暗红色，分布于体背侧，指压不褪色。尸僵存在于全身各关节。皮肤呈土黄色，尸体无腐败。颈前正中喉结上 0.5cm 处至左下颌体中部有一类三角形的创口，长约 7cm，高约 5.5cm，创口右侧创缘可见皮瓣内卷，创缘整齐，创壁光滑，下创缘有一 5cm×2.5cm 皮瓣形成，深达肌层（见图 3-11）。左乳上 3cm 处有一 11cm×4.5cm 的创口，露出深部肌肉，创口下创缘较整齐，创壁光滑，上创缘呈弧形，可见两处大小约 1cm×0.5cm 皮瓣，创壁较光滑，深达胸腔（见图 3-12）。右胸前壁第 2 肋间有一斜行长约 3cm 创口（见图 3-13）。

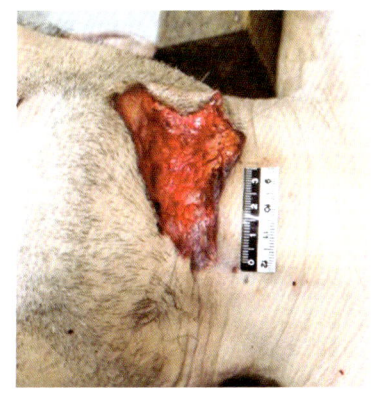 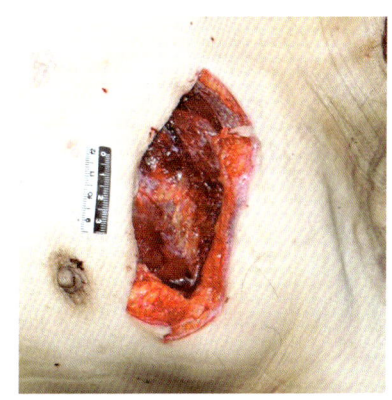

图 3-11 　　　　　　　　　　　　图 3-12

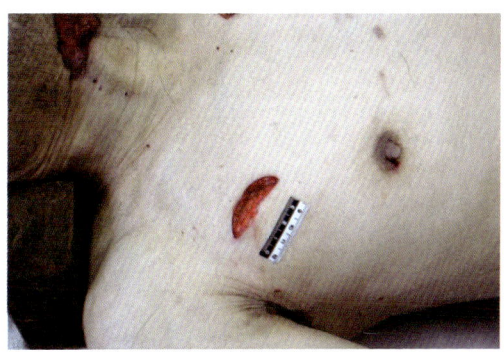

图 3-13

2. 解剖检验。

左胸腔积血约 1000ml，右胸腔积血约 500ml。心包前侧壁有一长约 9cm 创口。右心室至主动脉有一纵行长约 9cm 创口（见图 3-14），对应体表创口创道全长约 10cm。右肺上叶距前缘 3cm、距叶间裂 4.5cm 处有一长约 1.2cm 创口，深达肺实质。

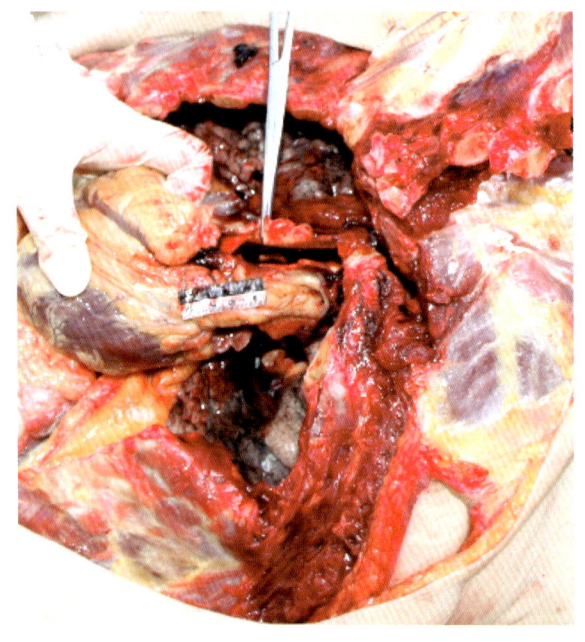

图 3-14

（三）分析说明与鉴定意见

尸表检验见头面部、颈部、胸背部多处创口，一侧创缘伴有皮瓣形成，一侧创缘较整齐，创壁光滑，根据损伤的形态及特征，推断为有刃锐器刺切形成，刃长不小于 10cm（现场遗留带血镰刀可以形成上述损伤，见图 3-15）。死者系生前胸部被有刃刺器刺切创致心脏、主动脉损伤失血性休克死亡。

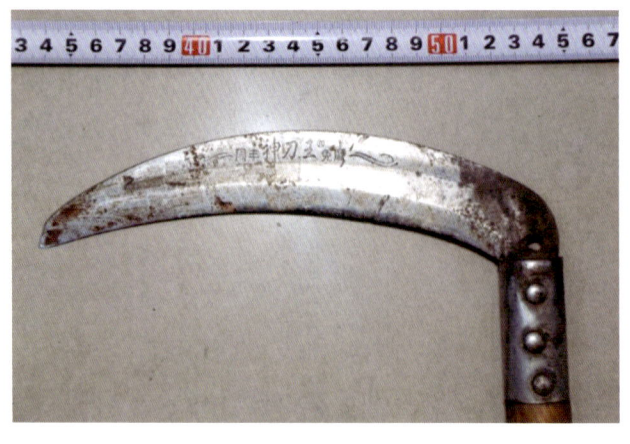

图 3-15

（四）案例点评

具有体长和锋利尖端，或同时具有锐利刃缘的致伤物均称为刺器。刺器有长有短、有宽有窄。在法医学实际案件中所见的刺器多具有重量轻、体积小及便于携带的特点。刺器所致皮肤刺创口的大小与刺器横断面大小有一定关系。刺创的死亡原因多为失血性休克，尤其是伤及心脏或大血管时。正如本案中，根据尸检见全身多处创口，根据其形态及特征，推断为有刃刺器形成，刃长不小于 10cm，现场遗留的带血镰刀可以形成上述损伤。死者的死亡原因系心脏、主动脉损伤致失血性休克死亡。

【思考题】

1. 请结合实验二钝器损伤特征，试述钝器创与锐器创的基本特征各有哪些？
2. 如何区分自杀创与他杀创？

【参考文献】

［1］成建定 . 法医病理学实验指导（第 2 版）. 人民卫生出版社，2020.
［2］武彦，陈丽琴 . 法医学实验指导 . 北京大学医学出版社，2016.
［3］赵子琴 . 法医病理学（第 4 版）. 北京大学医学出版社，2010.
［4］法医学　机械性损伤尸体检验规范（GA/T 168—2019）.
［5］法医学　尸体检验技术总则（GA/T 147—2019）.

实验四　机械性损伤——高坠损伤特征

一、实验目的

人体从高处以自由落体运动坠落，与地面或某种物体碰撞发生的损伤称为高坠伤。高坠伤在自杀、意外事件中多见，偶尔见于他杀案件中。

本实验通过高坠损伤图片的观察和高坠死亡典型案例讨论，让学生掌握高坠死亡的损伤特点及死亡原因，并能够根据尸体检验结果、结合现场勘查和案情，综合分析高坠死亡的案件性质。

二、实验方法

（1）观察高坠损伤的大体图片。
（2）案例讨论。

三、实验内容

高坠伤属钝性暴力损伤，主要特点为：体表损伤较轻、内部损伤重；损伤常较广泛，多发生复合性骨折，内部器官破裂；损伤多由一次性暴力所形成；损伤分布集中，如损伤集中于身体的某一侧、头顶或腰骶部；损伤重、出血少，易发生多发性肋骨或四肢长骨骨折，甚至肢体横断，一般人为用工具打击难以形成，且损伤处出血较少，常被怀疑为死后伤。

1. 大体图片（见图4-1至图4-3）。
（1）案情摘要：某女，意外从高处跌落死亡。
（2）观察要点：体表右侧胸腹部、右上肢均未见明显表皮剥脱、皮下出血，右下肢见轻微擦伤（见图4-1），左侧腰臀部、背部及左上肢尤其是左肘见大片状挫擦伤（见图4-2），左上肢肿胀畸形（见图4-3）。
（3）分析与诊断：体表损伤集中于身体的左侧，符合高坠伤损伤分布集中的特点。

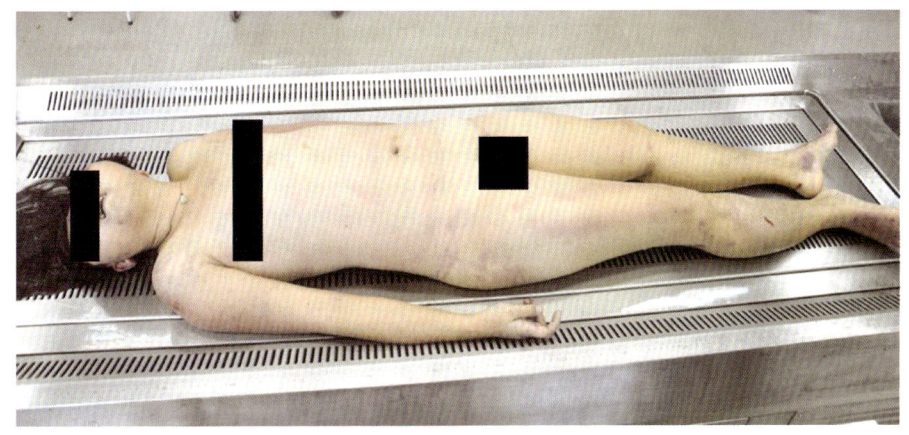

图 4-1

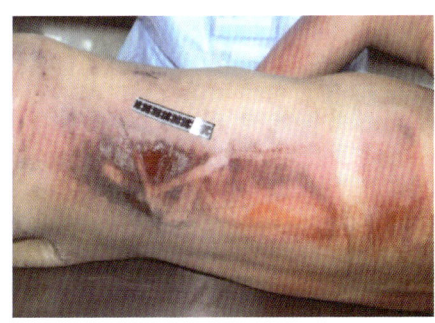

图 4-2

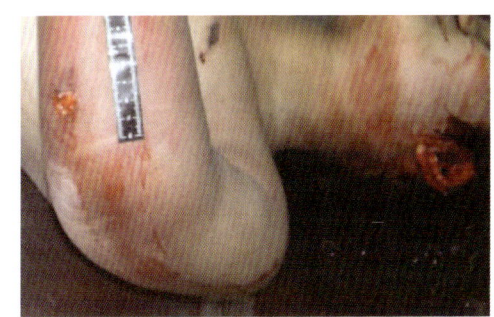

图 4-3

2. 大体图片（见图 4-4 至图 4-7）。

（1）案情摘要：某男，意外从 10 米高脚手架上跌落死亡。

（2）观察要点：体表右侧肩背部条状擦伤（见图 4-4）、右上肢肿胀畸形（见图 4-5），见片状挫擦伤，未见明显开放性损伤，解剖腹腔见肝脏破裂（见图 4-6），脾脏碎裂（见图 4-7）。

（3）分析与诊断：体表损伤轻微，内脏损伤严重，符合高坠伤外轻内重的特点。

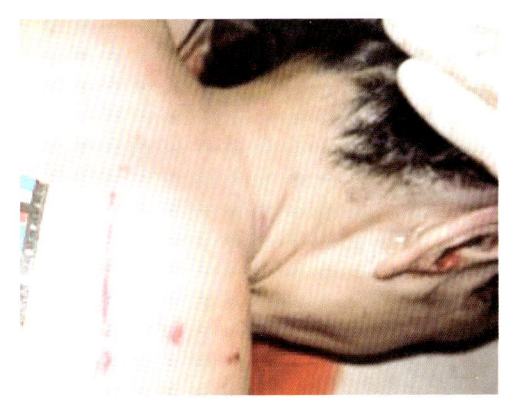

图 4-4

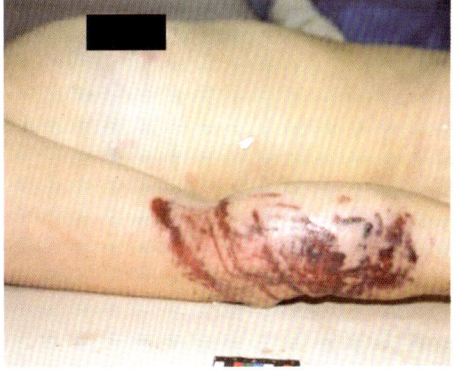

图 4-5

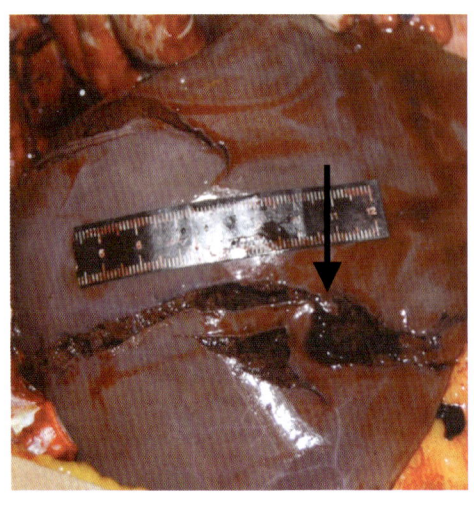
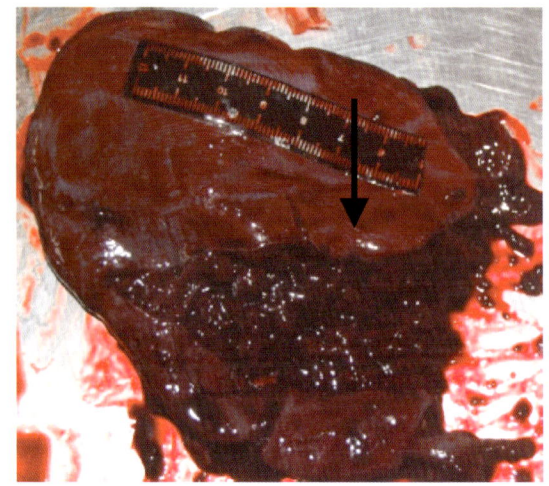

图 4-6   图 4-7

3. 大体图片（见图 4-8、图 4-9）。

（1）案情摘要：某女，从 12 层高楼处坠落死亡。

（2）观察要点：双下肢肿胀，皮下青紫，双踝畸形，见开放性骨折（见图 4-8），解剖见双下肢长骨粉碎性骨折，断端错位，骨折处出血较少（见图 4-9）。

（3）分析与诊断：高坠时双足先着地，双足与地面直接碰撞致双踝粉碎性骨折，断端错位，骨折严重，但骨折处出血少，符合高坠伤损伤重、出血少的特点。

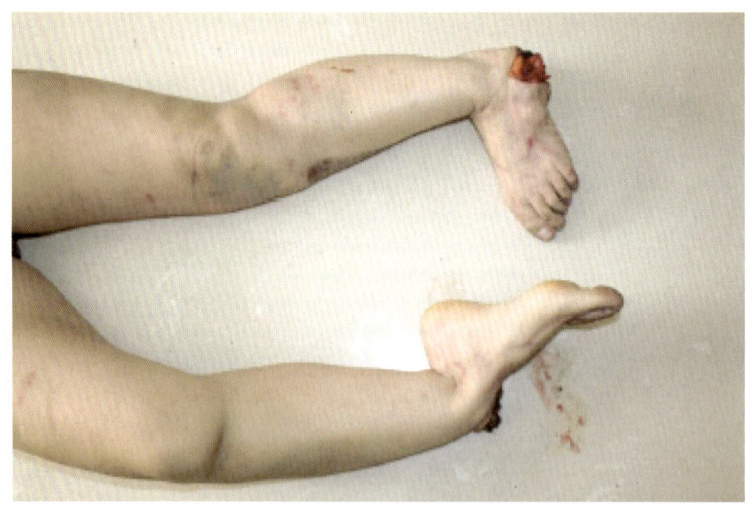

图 4-8

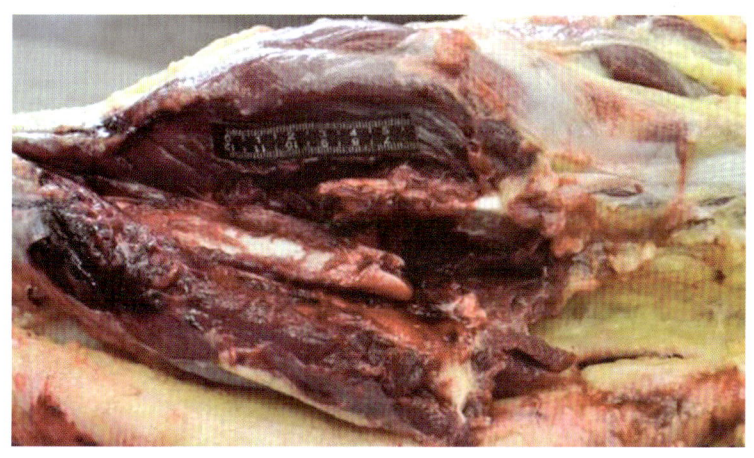

图 4-9

4. 大体图片（见图 4-10 至图 4-15）。

（1）案情摘要：某男，在施工时从 10 楼意外坠落死亡。

（2）观察要点：尸表见右腋下擦挫伤（见图 4-10），头枕部整体变形（见图 4-11），解剖检见颅骨粉碎性骨折（见图 4-12），肋骨多发性骨折（见图 4-13），肺脏、肝脏破裂（见图 4-14、图 4-15）。

（3）分析与诊断：死者损伤广泛，既有着地部位的头部损伤，又有一侧躯干着地，胸腔挤压形成的肋骨骨折，还有由于惯性作用使内部脏器继续运动造成的多脏器破裂，其损伤符合高坠伤广泛多发的特点。

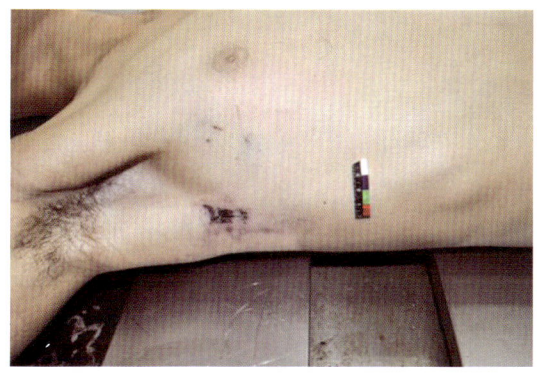

图 4-10

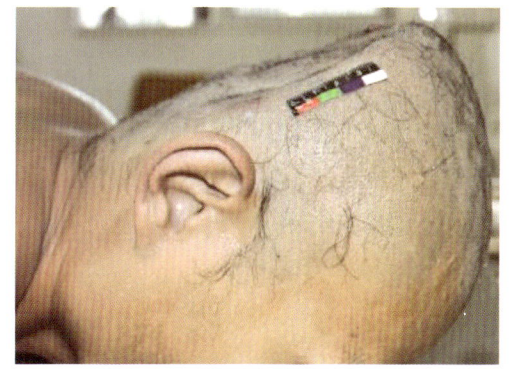

图 4-11

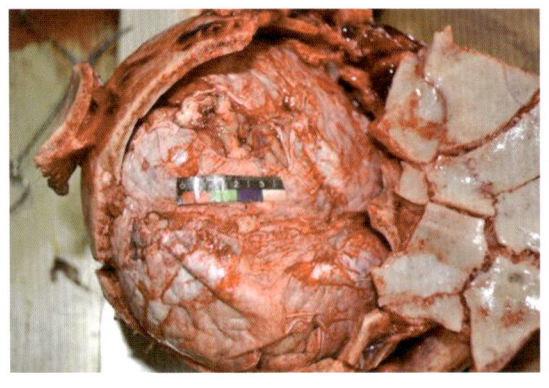

图 4-12

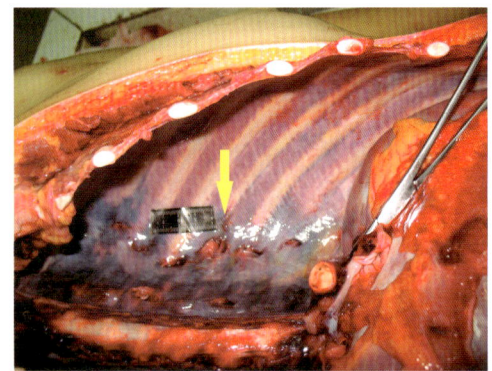

图 4-13

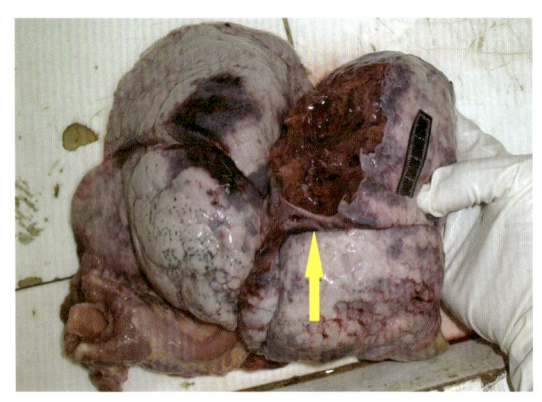

图 4-14

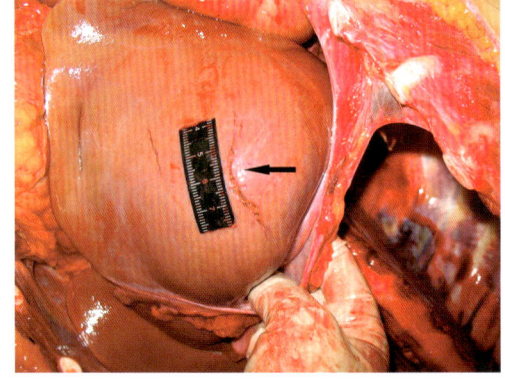

图 4-15

四、案例讨论

（一）案情摘要

20××年×月××日，在××市××小区，一对夫妻间发生感情矛盾，男方用刀将女方刺死后，男方试图用刀自杀未果，遂从楼顶跳楼后身亡。

（二）现场勘验

图 4-16、图 4-17 为尸体原始位置及现场情况，因有抢救过程，原始姿势略有变化。坠落点至地面高度为 50m，中间无障碍物，坠落点为水泥地面。

图 4-16　　　　　　　　　　　　　　　　　　　图 4-17

（三）法医学检查

1. 尸表检验。

尸表检验中见死者颈部及左胸部有多处单刃锐器刺击形成的皮肤裂创（见图 4-18），其余部位损伤均表现为钝性损伤特征，主要为：右下颌角皮肤裂创伴下颌骨骨折（见图 4-19），右下肢胫腓骨中段开放性骨折（见图 4-20、图 4-21），左足底跟骨开放性骨折（见图 4-22），体表多处表皮擦挫伤。余未见异常。

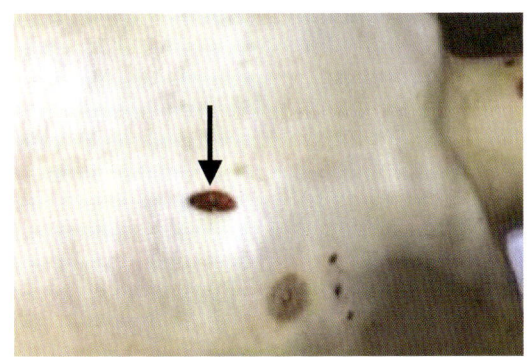

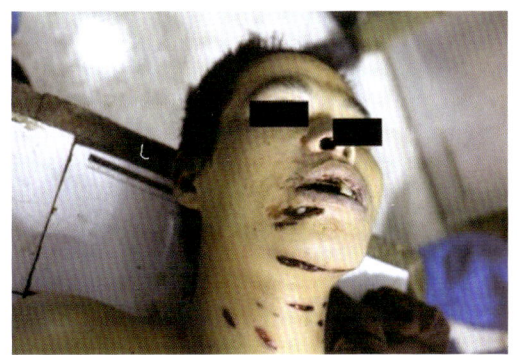

图 4-18　　　　　　　　　　　　　　　　　　　图 4-19

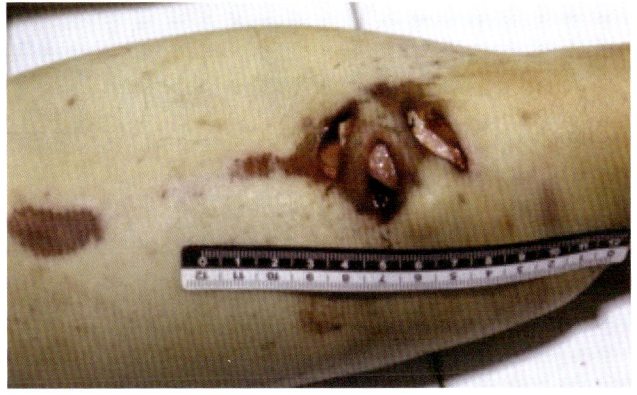

图 4-20

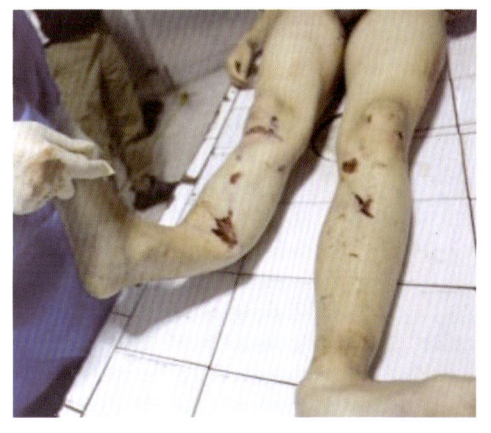
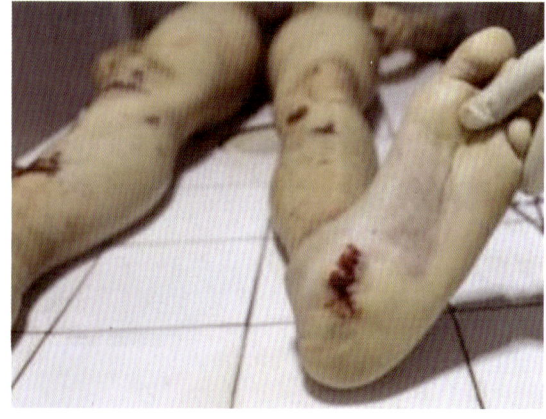

图 4-21 图 4-22

2. 解剖检验。

解剖检验见左侧腋下软组织有大范围肌层出血（见图 4-23），心脏前壁可见一挫裂创，创缘不整齐（见图 4-24），肺脏可见挫裂创（见图 4-25），肝脏可见多条放射状分布挫裂创（见图 4-26），顶枕叶可见局灶性的蛛网膜下腔出血（见图 4-27、图 4-28）。

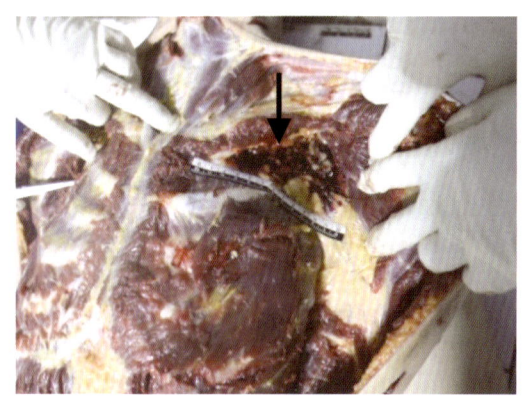
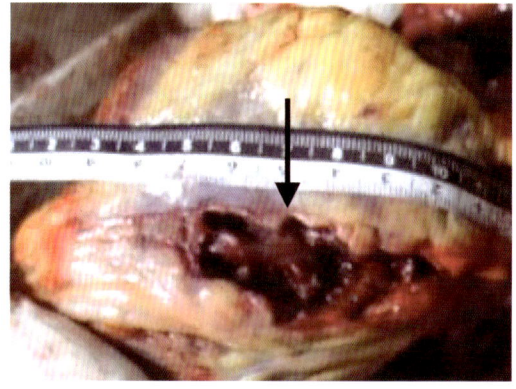

图 4-23 图 4-24

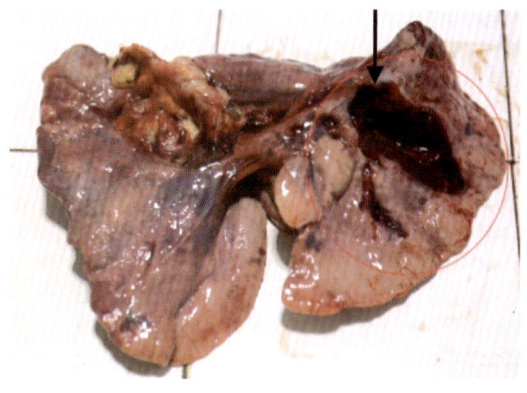
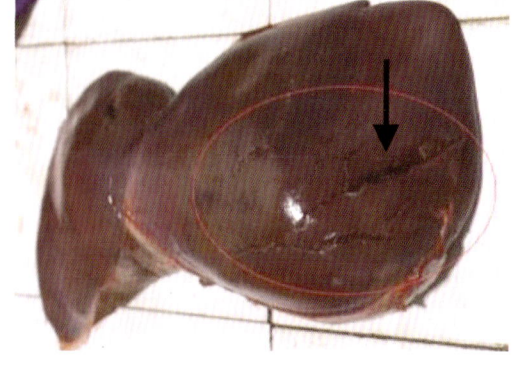

图 4-25 图 4-26

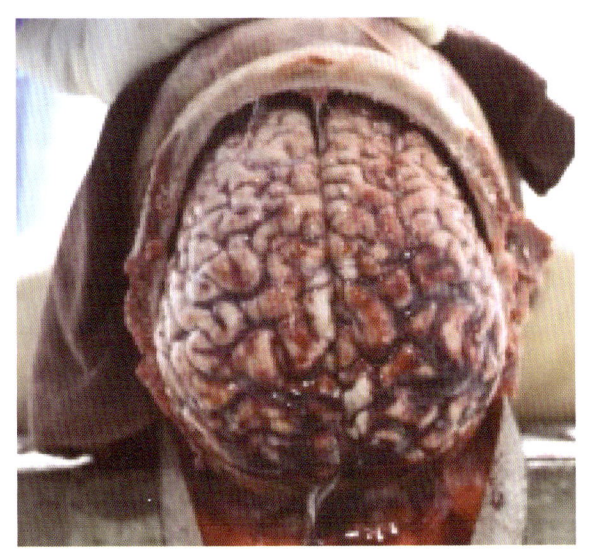

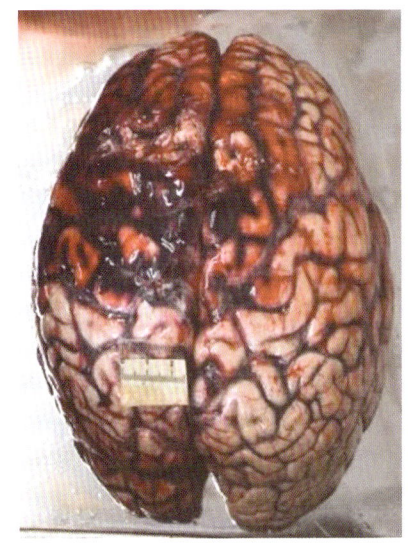

图 4-27　　　　　　　　　　　　　　　　　　　　图 4-28

3. 理化检验。

毒（药）物检验未见异常。

（四）分析说明与鉴定意见

本案例中，锐器损伤与钝性损伤并存，但锐器损伤浅表，未伤及重要血管、神经、脏器等组织，不是导致死亡的主要原因，且锐器损伤位于躯体前侧，根据刺入部位、方向分析，本人可完成，符合本人自杀形成的损伤特点。尸表损伤轻微，内脏损伤严重，呈现外轻内重的特点；死者左侧腋下软组织大范围肌层出血，心脏前壁、肺脏、肝脏挫裂性损伤均为钝性损伤，为直接暴力作用形成，死者顶枕部头皮、颅骨均未见损伤，而脑部顶枕叶见局灶性蛛网膜下腔出血，为力的传导作用所致。

根据尸体检验结果，死者心脏、肺脏、肝脏等脏器均见钝性破裂并合并大出血，系其主要死亡原因。根据尸体检验，结合现场勘验、调查走访等情况，可排除他人所为，综合分析认为案件性质为自杀。在分析案件过程中，单一地根据尸体检验情况往往无法明确案件性质，高坠损伤的案例不能仅凭尸体检验对案件定性，必须结合现场勘验及调查走访等工作来综合判断。此外，尚须尽可能地完善检验内容来分析研判其他可能存在的死因，如法医病理组织学检验、毒（药）物分析等，均有助于案件的准确定性与死因分析。

【思考题】

1. 高坠损伤有何形态学特点？如何进行高坠死亡的法医学鉴定？
2. 高坠过程中中间障碍物对高坠损伤有哪些影响？

【参考文献】

［1］林子清，陈霆宇. 法医学. 中国人民公安大学出版社，2020.

［2］赵子琴. 法医病理学（第4版）. 人民卫生出版社，2009.

实验五 机械性损伤——道路交通损伤特征

一、实验目的

道路交通损伤在法医学鉴定中占有一定的比例。本实验通过道路交通损伤图片观察及相关案例学习，要求掌握以下内容：

（1）道路交通损伤的基本类型及形态学改变。

（2）道路交通损伤的特征性改变。

（3）道路交通损伤的检查方法与法医学鉴定。

二、实验方法

（1）观察道路交通事故车外、车内人员及其他损伤的大体图片。

（2）案例讨论。

三、实验内容

（一）车外人员损伤

1. 撞击伤。

（1）大体图片（见图5-1）。

①案情摘要：男性，38岁，死者家属报称该男性被一辆大型货车撞击，经医院抢救无效死亡。

②观察要点：面部大片状挫伤，局部凹陷，按压可触及骨擦感，皮下出血明显。

③分析与诊断：结合案情、车辆检验和损伤高度测量，认为上述损伤由大型车辆的发动机罩前端撞击所形成，面部撞击伤。

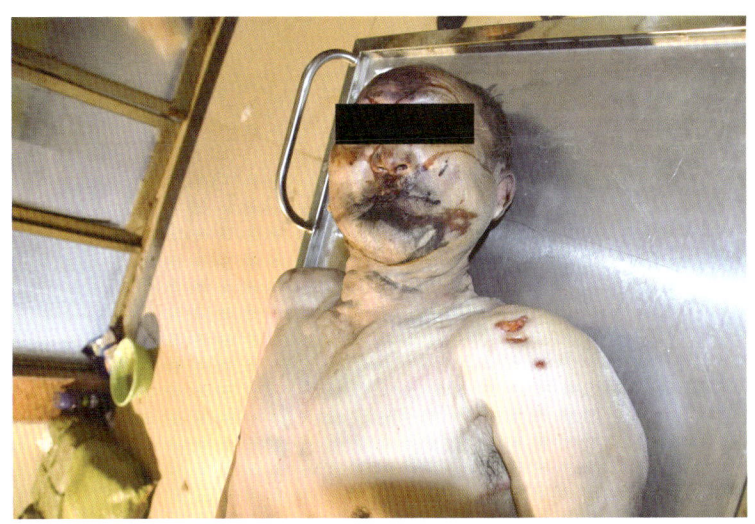

图 5-1

（2）大体图片（见图 5-2）。

①案情摘要：杜某，男性，34 岁，某日被一迎面驶来的轿车撞击，经抢救无效死亡。

②观察要点：头部片状挫伤区，有骨擦音，可扪及颅骨骨折。

③分析与诊断：头部撞击伤。

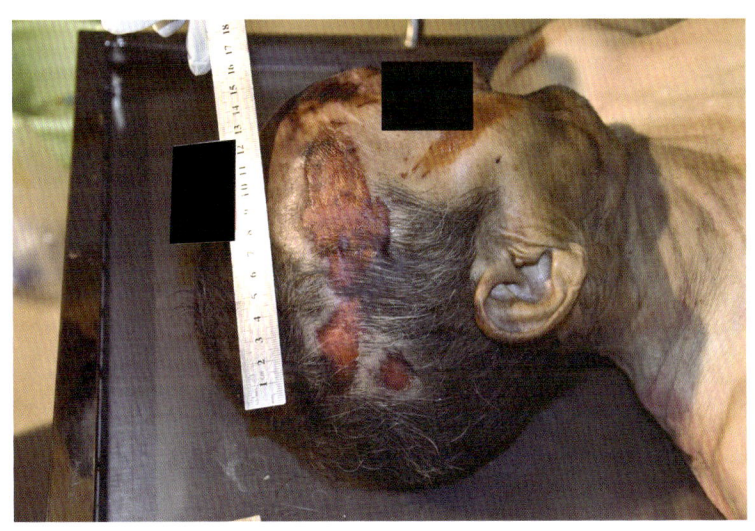

图 5-2

2. 碾压伤。

（1）大体图片（见图 5-3）。

①案情摘要：男性，54 岁，被身后驶来的车辆碰撞后碾压当场死亡。

②观察要点：头颅严重变形、全颅崩裂，脑组织外溢，右胸部片状的皮肤挫擦伤伴皮革样化，右上臂骨折并皮肤肌肉毁损。

③分析与诊断：头部及右上臂碾压伤。

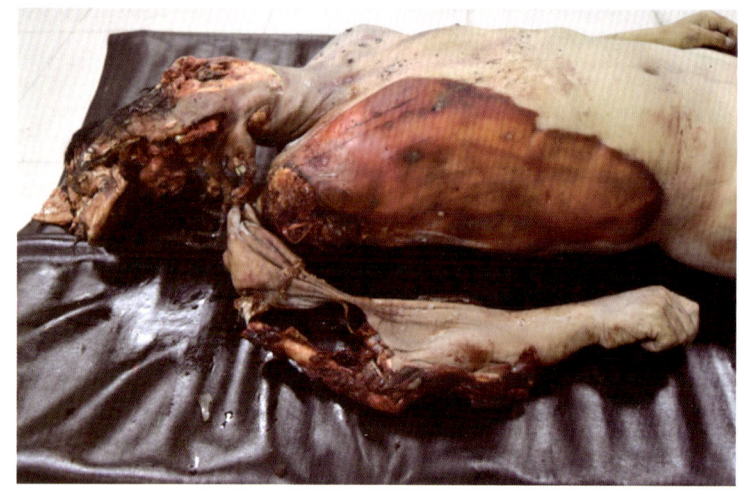

图 5-3

（2）大体图片（见图 5-4）。

①案情摘要：女性，73 岁，行走时被货车撞倒后碾压死亡。

②观察要点：右侧腹股沟至右大腿有一挫裂创，创缘不整，创内可见骨盆及股骨骨折，肌肉断端不整，右前臂至手背有一片状的皮肤肌肉剥脱创，创口内可见部分肌腱断裂，断端不整。

③分析与诊断：右大腿及右前臂碾压伤。

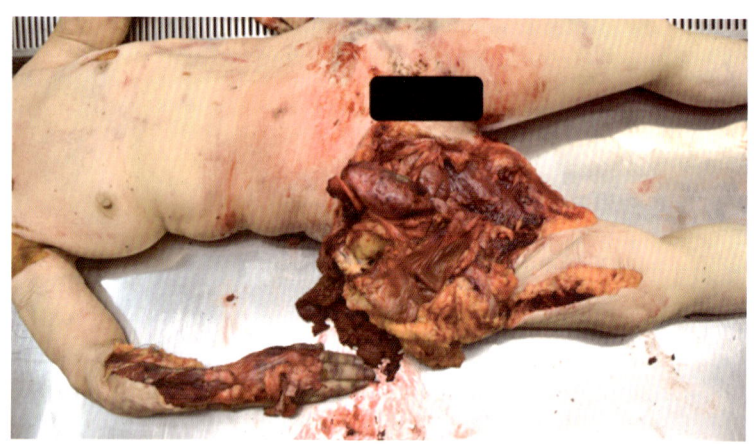

图 5-4

3. 拖擦伤。

（1）大体图片（见图 5-5）。

①案情摘要：男性，45 岁，被车辆撞击后的人体未与车体分离，与地面拖擦形成机体严重损伤。

②观察要点：背侧大面积的拖擦伤，呈一定的方向性。根据拖擦痕迹的检验情况，可以推断肇事车辆的行驶方向。

③分析与诊断：背腰部拖擦伤。

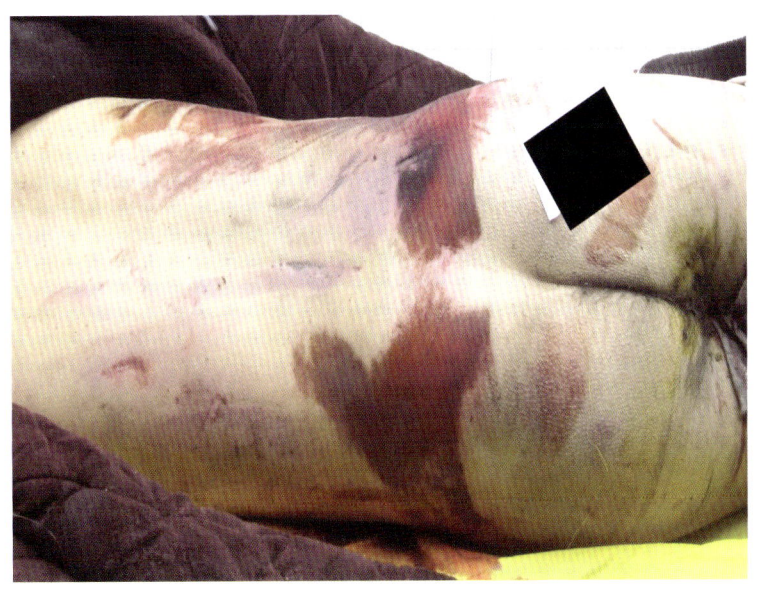

图 5-5

（2）大体图片（见图 5-6）。

①案情摘要：男性，49 岁，某日酒后驾驶摩托车外出与一辆大型货车相撞，被货车在粗糙不平的路面上拖行数十米，经医院抢救无效死亡。

②观察要点：左背部及左腰部条片状的皮肤擦伤与挫伤。

③分析与诊断：皮肤擦挫伤。

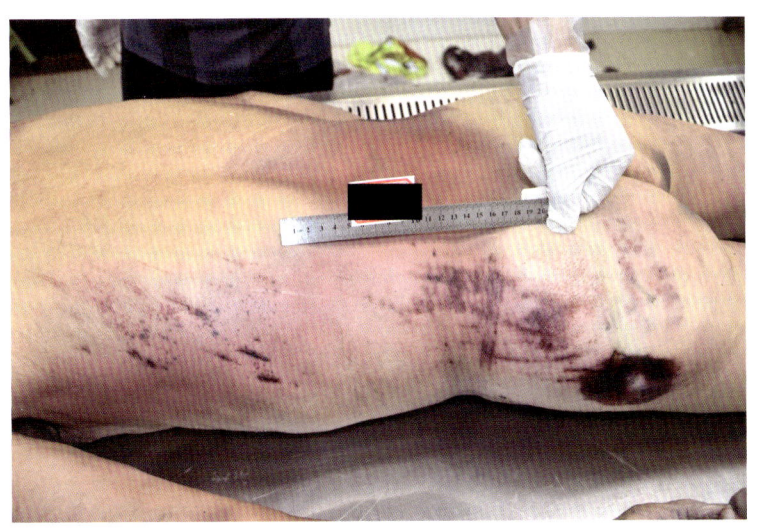

图 5-6

4. 摔跌伤。

大体图片（见图 5-7、图 5-8）。

（1）案情摘要：男性，45 岁，在高速公路上行走时被迎面驶来的轿车撞击飞落于数米之外，头部右侧与公路护栏及地面发生碰撞。

（2）观察要点：右侧颞顶部头皮挫擦伤形成，并伴皮革样化，解剖见右侧颞骨骨折。

（3）分析与诊断：头部摔跌伤。

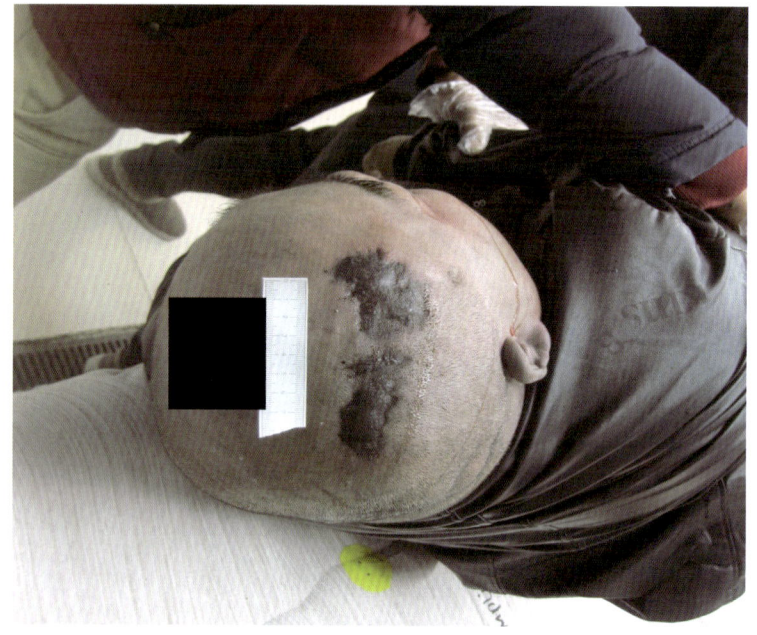

图 5-7

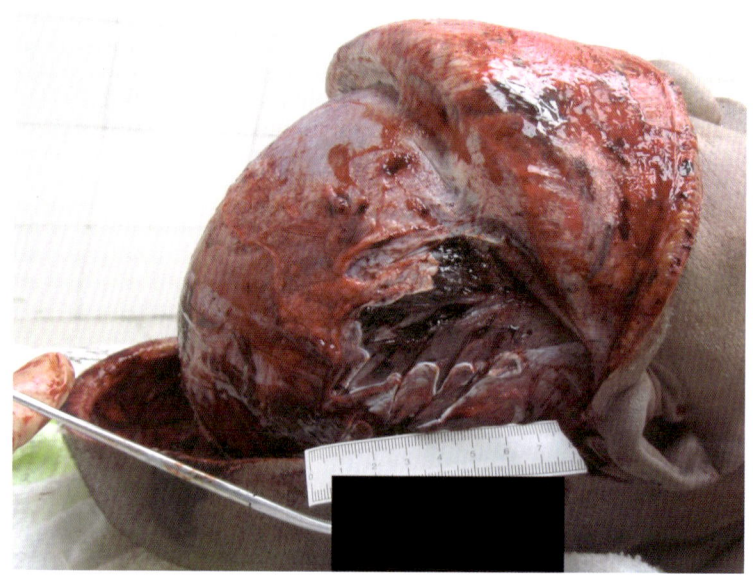

图 5-8

5. 伸展创。

大体图片（见图 5-9）。

（1）案情摘要：男性，16 岁，被迎面驶来的大型货车撞击倒地后，又被车轮碾压致死。

（2）观察要点：下腹部右侧及右腹股沟处皮肤表面有多数浅表的、呈断续平行排列的微小撕裂群，其走行方向与皮肤纹理基本一致，创腔浅。该损伤因皮革样化而颜色较深。

（3）分析与诊断：伸展创。

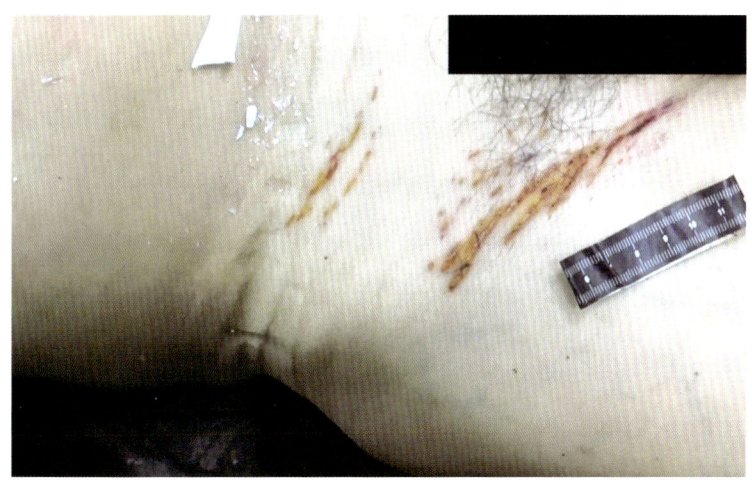

图 5-9

6. 挤压伤。

大体图片（见图 5-10）。

（1）案情摘要：女性，29 岁，因交通事故撞击后，腹部及骨盆被挤压后死亡。

（2）观察要点：腹部、盆腔可见开放性粉碎性骨折，创缘不整，右下肢自腹股沟处完全离断，断端不整齐，左下肢在腹股沟处不完全离断，仅有部分软组织相连，骨盆粉碎性骨折。

（3）分析与诊断：骨盆挤压伤。

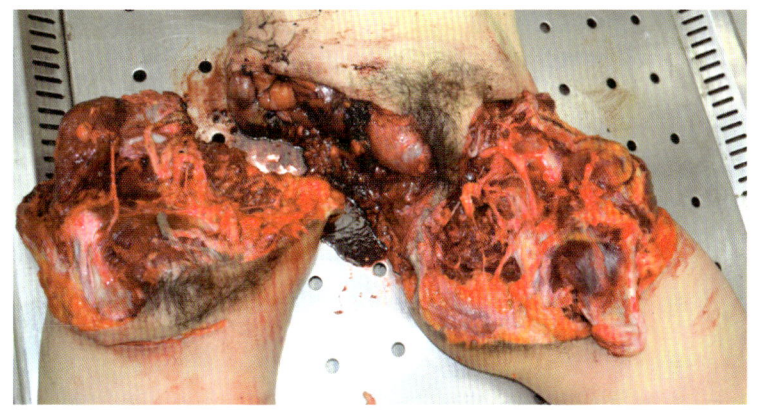

图 5-10

（二）车内人员损伤

1. 安全带损伤。

大体图片（见图5-11）。

（1）案情摘要：男性，50岁，因乘坐小轿车在高速公路上行驶时与前方驶来的汽车碰撞，送医院途中死亡。

（2）观察要点：右侧肩部下方见一大小约6cm×2cm的长条状挫擦伤从右上向左下走行。

（3）分析与诊断：副驾驶位安全带损伤。

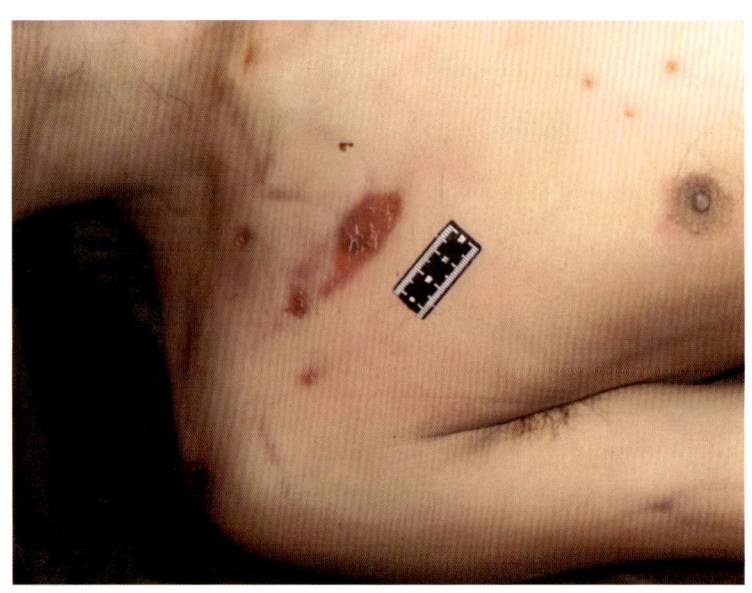

图5-11

2. 挡风玻璃碰撞伤。

大体图片（见图5-12）。

（1）案情摘要：男性，39岁，某日驾驶一辆微型面包车与路旁树木相撞受伤，经医院抢救无效死亡。

（2）观察要点：右侧额颞部皮肤条形挫擦伤形成，表面有皮革样化形成。仔细检查见损伤表面及发根处有散在分布的细小玻璃碎屑。

（3）分析与诊断：挡风玻璃碰撞伤。

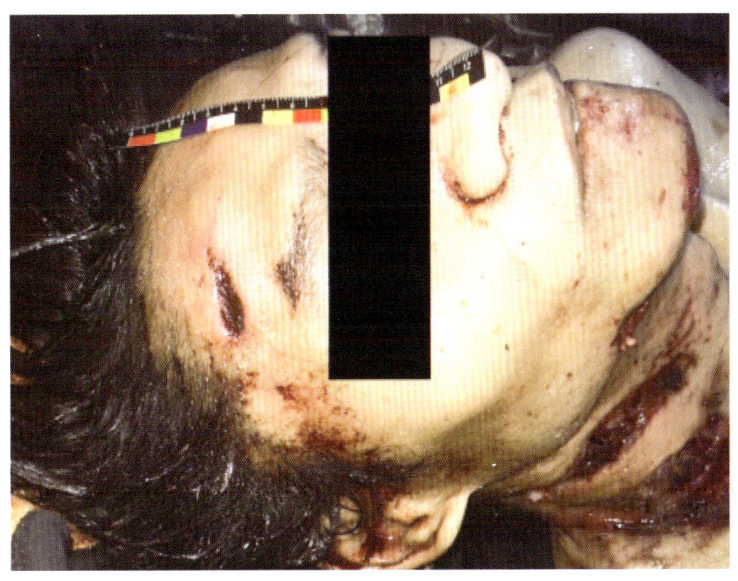

图 5-12

3. 方向盘损伤。

大体图片（见图 5-13、图 5-14）

（1）案情摘要：男性，35 岁，某日酒后驾驶车辆与前方驶来的轿车相撞受伤，送医院抢救途中死亡。

（2）观察要点：胸部皮肤有类圆形的挫伤（见图 5-13），解剖见胸骨横断性骨折（见图 5-14）。

（3）分析与诊断：方向盘与胸部碰撞挤压致皮肤挫擦伤、胸骨骨折，符合方向盘损伤特点。

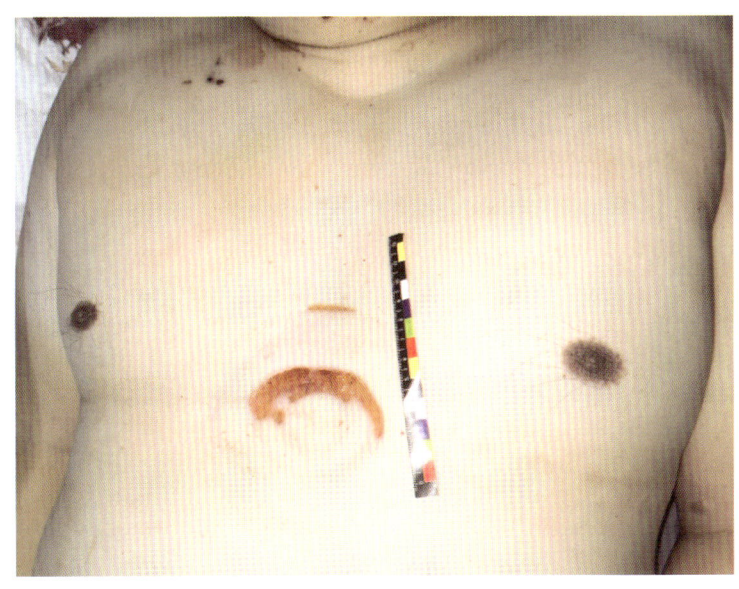

图 5-13

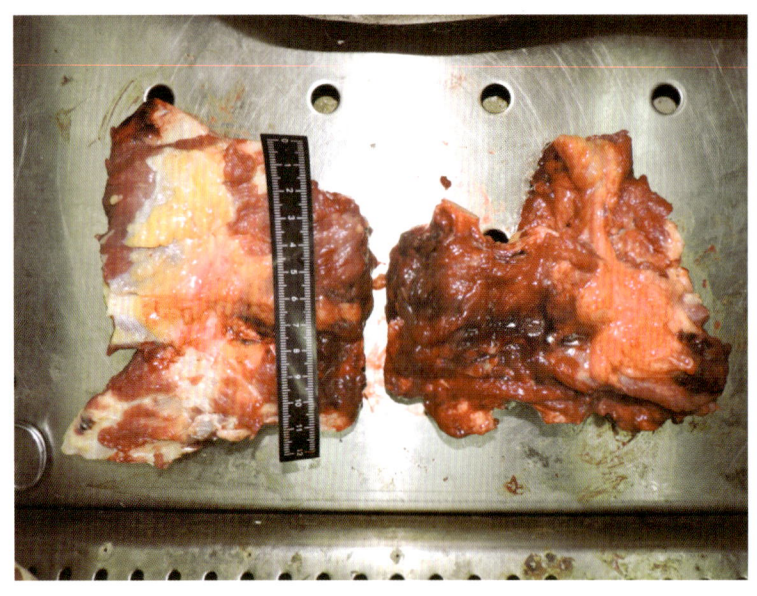

图 5-14

4. 四肢反射性损伤。

大体图片（见图 5-15）。

（1）案情摘要：男性，55 岁，在高速公路上驾驶小轿车追尾前面的大型货车后死亡。

（2）观察要点：右胫腓骨开放性骨折，肢体缩短、变形。左小腿可见片状挫伤。

（3）分析与诊断：双下肢在车辆碰撞时向前移动，形成挫伤、挫裂创及骨折，为驾驶员的肢体反射性损伤。

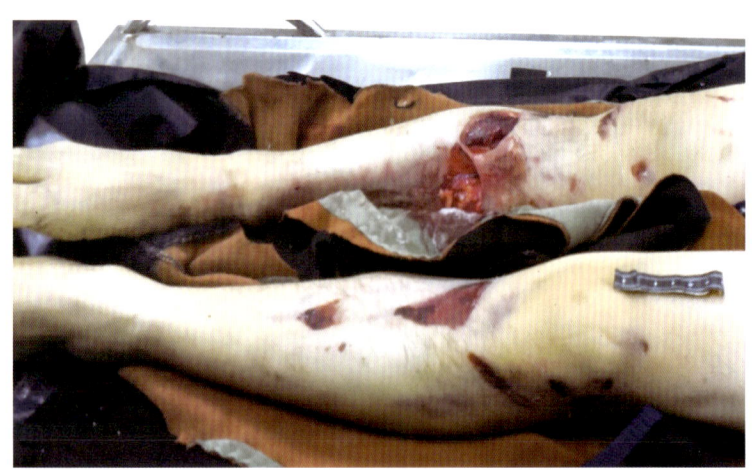

图 5-15

5. 挥鞭样损伤。

大体图片（见图 5-16、图 5-17）。

（1）案情摘要：男性，55 岁，驾驶汽车在高速公路上行驶，与前方突然停止的大型货车相撞，当场死亡。

（2）观察要点：颈部皮肤未见明显异常（见图 5-16），解剖见颈椎及周围软组织损伤出血（见图 5-17）。

（3）分析与诊断：颈椎挥鞭样损伤。

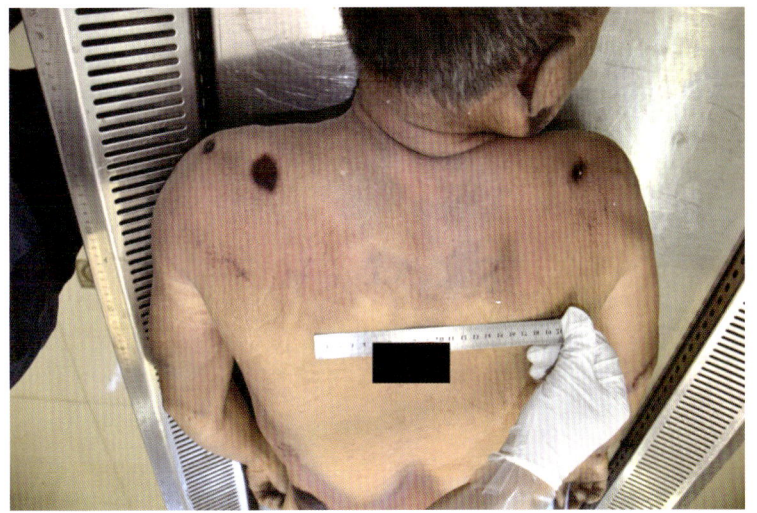

图 5-16

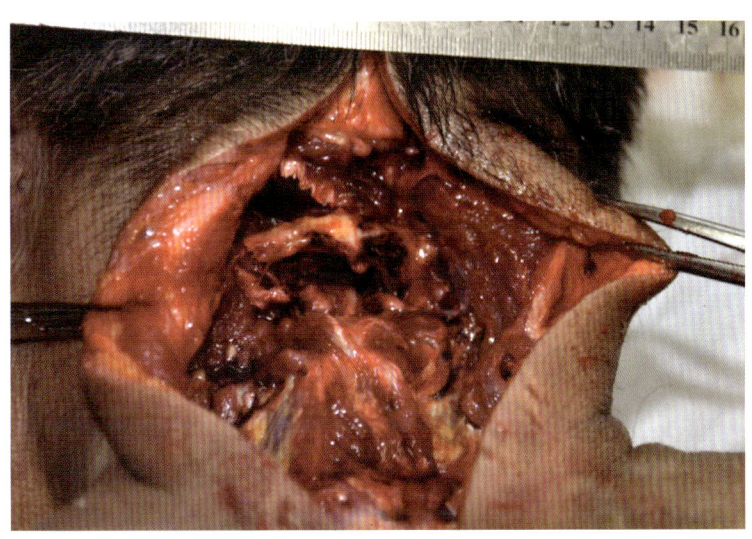

图 5-17

（三）其他损伤。

摩托车骑跨伤。

大体图片（见图 5-18）。

（1）案情摘要：男性，36 岁，骑摩托车与迎面驶来的大型货车发生碰撞。

（2）观察要点：阴囊部可见皮肤擦挫伤伴皮革样化形成，颜色呈暗红色。

（3）分析与诊断：会阴部骑跨伤。

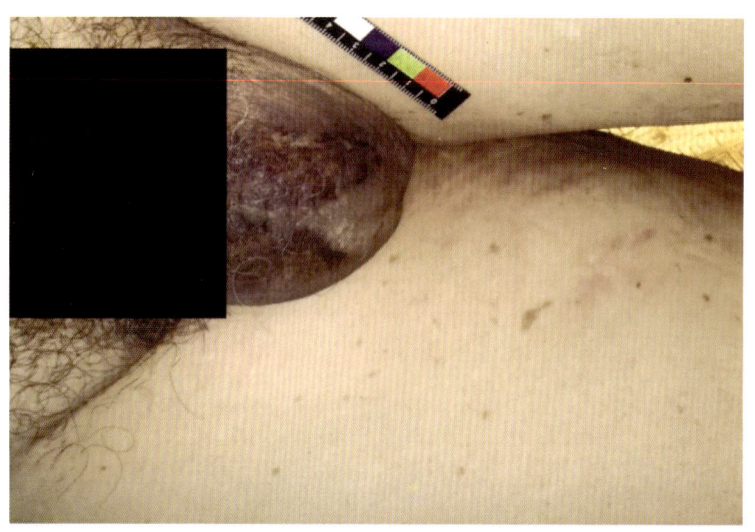

图 5-18

四、案例讨论

（一）案情摘要

某日 23 时许，张某在××市迎宾大道北段×××处因交通事故死亡。

（二）尸体检验

1. 尸表检验。

（1）衣着：上身穿白色蓝袖短袖上衣，下身穿黑色长裤，足穿黑色袜子。

（2）尸表：死者张某，尸长 168cm，发育正常，营养良好，尸斑呈暗红色，分布于尸体背侧未受压处。

头面部：花白发，发长 4cm，角膜透明，双侧球睑结膜淤血。头颅崩裂、变形，脑组织挫碎外溢（见图 5-19），左鼻翼经颅顶至右枕部有一 27cm 挫裂创口，右面部有一 15cm×10cm 擦挫伤，右耳根前有一 0.6cm×0.3cm 创口，内见碎石样异物，右下颌处有一 5cm 创口，骨质外露，右耳郭根部挫碎。左耳周见 8cm×5cm 挫伤，右颞部及右耳周分别见大小为 9cm×8cm 和 10cm×8cm 的软组织挫伤，翻动尸体鼻腔内有大量血液流出。

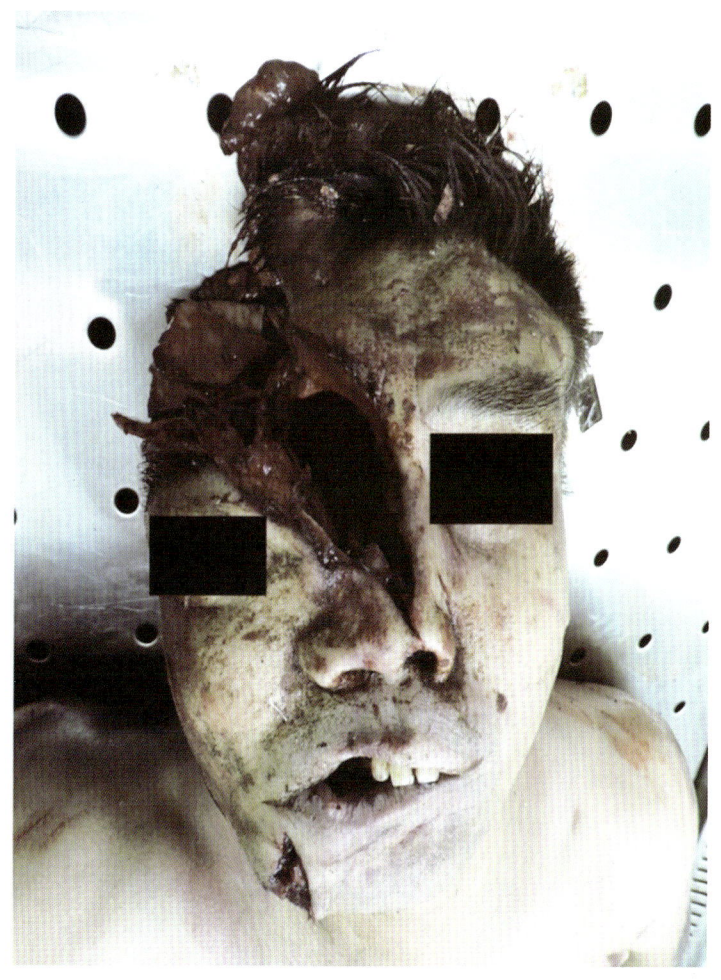

图 5-19

颈项部：未检见明显损伤。

躯干及四肢：左胸部有一 20cm×10cm 擦挫伤，腹部有一 50cm×30cm 擦挫伤（见图 5-20），右腹部外侧有一 39cm×15cm 擦挫伤（见图 5-21）；右肩部背侧有一 7cm×2.5cm 擦伤，背部肩胛下角水平处有一 45cm×4cm 横行擦挫伤（见图 5-22）；右上肢有一 47cm×16cm 片状擦挫伤（见图 5-23），右肱骨上段骨折畸形，右肘关节背侧有两处长度分别为 2.5cm、2cm 的挫裂创口，右上臂前侧大面积皮下淤血伴组织肿胀，右手背在 9cm×9cm 范围内皮下出血伴擦伤；左上臂外侧有一 12cm×6cm 擦挫伤，左肘部有一 34cm×17cm 擦挫伤，左手背有一 8cm×6cm 皮下出血伴擦伤；右大腿中段背侧有一 13.5cm 挫裂创口，对应处股骨骨折，可见碎骨块外露，右膝关节前侧在 14cm×9cm 范围内片状擦挫伤，右小腿中段外侧至右足背在 25cm×9.5cm 范围内片状擦挫伤，右小腿下段骨折畸形（见图 5-24）；左股骨中段骨折畸形，左膝关节前侧在 17cm×15cm 范围内擦挫伤，左足背散在小片状擦伤。

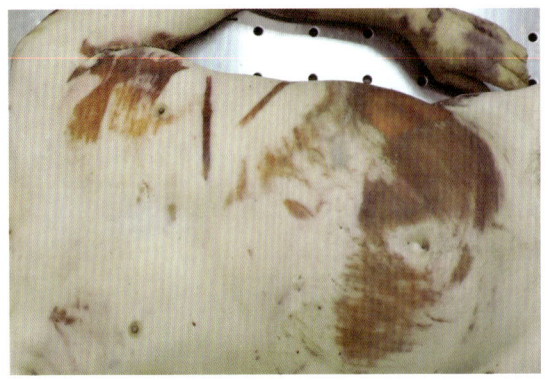

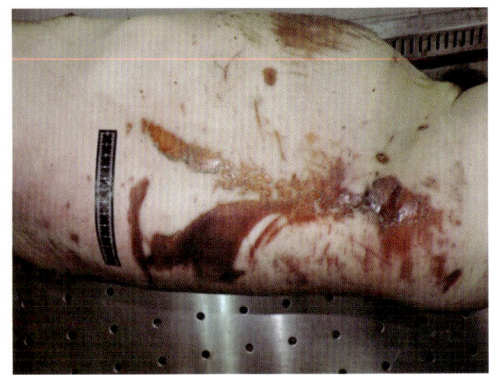

图 5-20   图 5-21

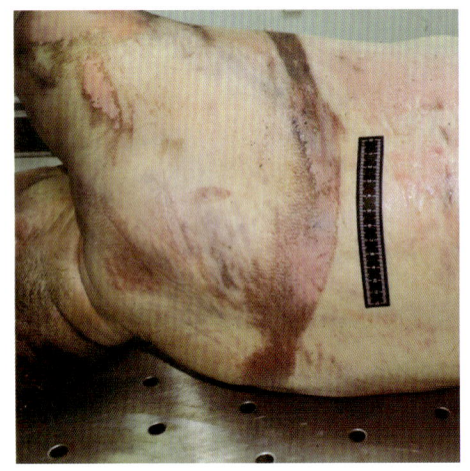

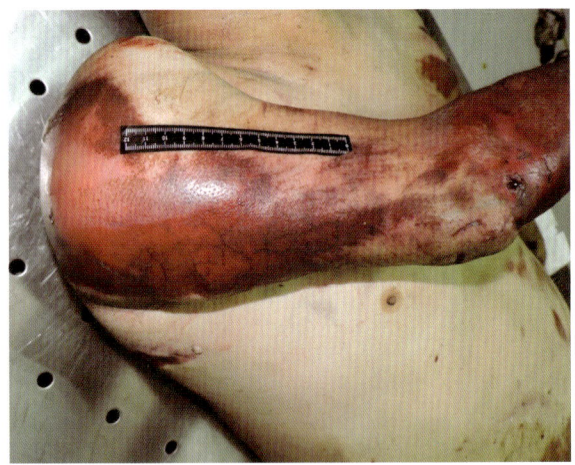

图 5-22   图 5-23

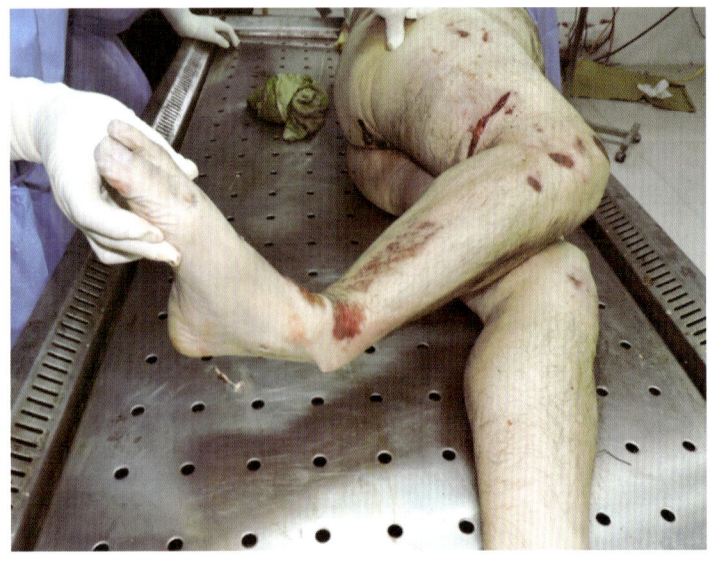

图 5-24

2. 解剖检验。

头部：切开并分离头皮，见全颅粉碎、变形，硬脑膜破裂，脑组织大部分挫碎缺如。

颈部：常规切开颈部皮肤及皮下组织并分离，见颈部左侧肌肉淤血，舌骨、甲状软骨无骨折，气管中下段见血性异物，椎前筋膜无出血。

胸腹部：常规切开胸部皮肤及皮下组织并分离，见胸廓塌陷变形。胸锁关节至第六肋有一 25cm×17cm 肌肉出血，胸骨及双侧肋骨前后肋多发骨折（见图 5-25）。常规打开胸腔，双肺表面及叶间见挫裂伤（见图 5-26）；心包左侧破裂，心脏外露于左胸腔内，右心室挫裂，主动脉根部破裂（见图 5-27）。常规切开腹部皮肤及皮下组织并分离，见腹部皮下及肌肉无出血。常规打开腹腔，见腹腔脏器排列如常，拨开肠管见肠系膜根部破裂。胃内容约 400ml，呈食糜样，可辨面食、木耳、蔬菜叶。

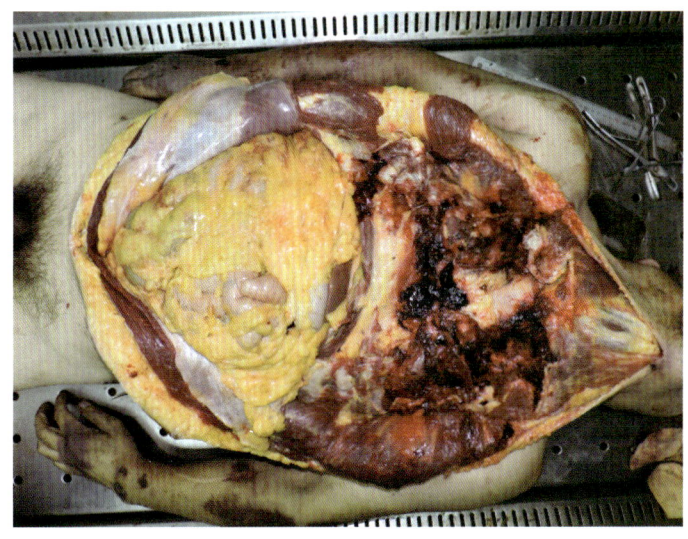

图 5-25

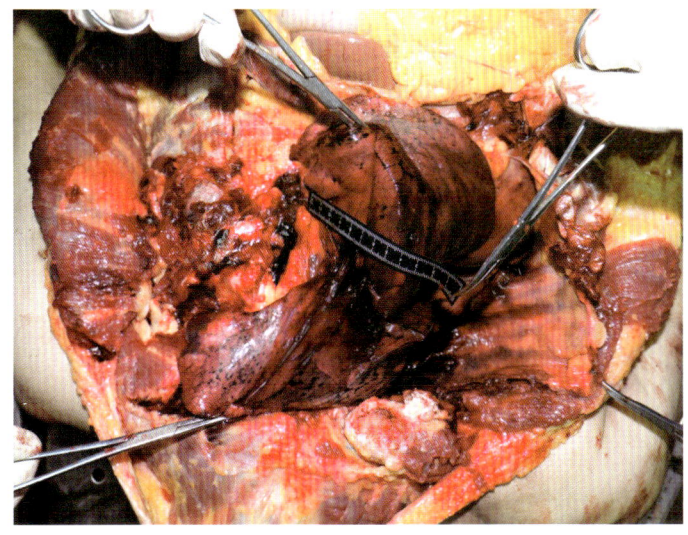

图 5-26

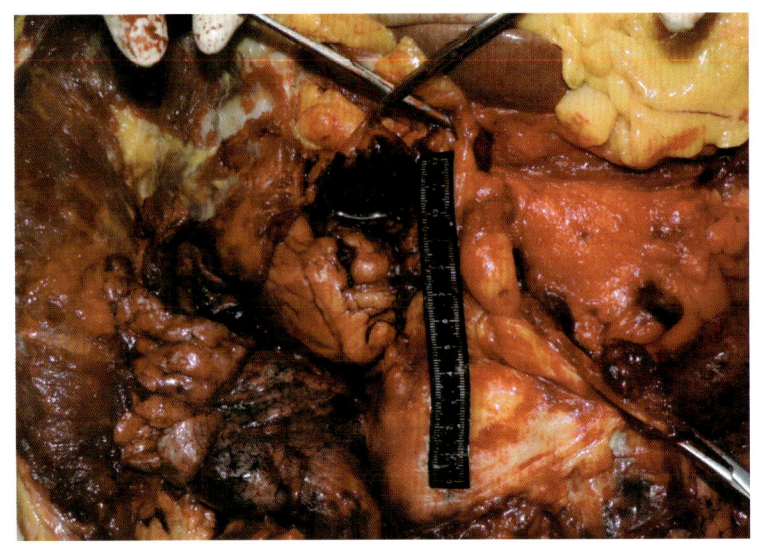

图 5-27

3. 理化检验。

（1）从所送检材死者肝脏、胃内容中均未检出毒鼠强、甲胺磷、对硫磷、甲拌磷、敌敌畏、地西泮、艾司唑仑、阿普唑仑等常见药物。

（2）送检的心血中未检出乙醇。

（三）分析说明与鉴定意见

（1）根据尸体检验所见，死者张某损伤主要表现为擦伤、挫伤、挫裂创、全颅崩裂、胸廓变形，上述损伤符合钝性外力所致损伤的一般特征。

（2）根据尸体检验所见，死者张某全颅崩裂变形，硬脑膜破裂，脑组织外溢；胸廓塌陷变形，双侧胸部前后肋多发粉碎性骨折，心包破裂，心脏挫裂，双肺挫裂；左肱骨上段、双侧股骨、右小腿下段骨折畸形。上述损伤程度人为打击难以形成，符合巨大钝性暴力作用所致。结合现场勘验，分析认为符合车辆撞击、碾压所致损伤的一般特征。

（3）根据尸体检验所见，死者张某胸腹部及四肢皮肤损伤主要表现为大面积的擦挫伤，且分布范围广泛、方向不一，多位于体表突出部位，分析上述损伤，认为符合与大平面物体（如地面）接触作用所致。

（4）根据尸体检验所见，死者张某全颅崩裂，脑组织外溢，双侧肺脏挫裂伤，心包、心脏破裂，均为生命重要器官毁损性损伤，可导致立即死亡。

（5）根据张某公安局物证鉴定所理化检验报告检验结果：从所送检材死者肝脏、胃内容中均未检出毒鼠强、甲胺磷、对硫磷、甲拌磷、敌敌畏、地西泮、艾司唑仑、阿普唑仑，送检心血中未检出乙醇。分析认为，死者张某可排除上述毒物中毒致死。

综上所述，分析认为死者张某符合头面部、胸部遭受巨大钝性暴力作用（如车辆作用）致颅脑损伤、心肺破裂而死亡。

【思考题】

1. 简述道路交通损伤的基本类型。
2. 结合案例说明道路交通损伤的形态学特征。

实验六 机械性损伤——火器损伤特征

一、实验目的

火器损伤，是指由火器致伤物的发射和爆炸以致其弹头或弹片对人体所形成的损伤。包括枪弹损伤和爆炸损伤，杀伤力强。近年来，我国火器损伤案例相对少见。实验通过对火器损伤的标本观察和案例研讨，使学生掌握火器损伤的以下重点知识：枪弹创射入口、射创道、射出口的特征；爆炸中炸碎伤和炸裂伤、烧伤、冲击波伤、投射物伤和挤压伤的特征。

二、实验方法

（1）观察枪弹创与爆炸损伤的大体图片。
（2）案例讨论。

三、实验内容

（一）枪弹损伤的观察

枪弹创是由枪支发射的弹头或其他投射物所致的身体损伤，分为典型枪弹创及非典型枪弹创，本实验只讨论典型枪弹创的形态特征。枪弹损伤的法医学鉴定主要涉及枪弹损伤的认定、枪支的识别以及射击方向、角度、距离的判断等问题，所以在判断其为枪弹创之后，还需综合其他学科进行综合分析，需要多专业技术人员的参与。

1. 大体图片（见图 6-1）。
（1）案情摘要：某男，21 岁，抢劫杀人案受害者，致伤物为仿"六四"式手枪。
（2）观察要点：死者右背部有一直径约 0.7cm 的类圆形创口，创口中央组织缺损，其缺损边缘皮肤内卷，创口周边有环形皮下出血（挫伤轮）。
（3）分析与诊断：远距离射击枪弹创射入口。

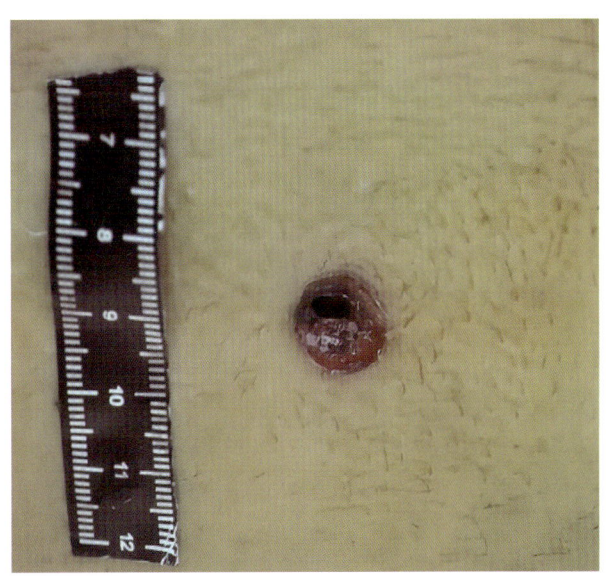

图 6-1

2. 大体图片（见图 6-2）。

（1）案情摘要：某男，38 岁，被人发现死于办公室内，地面遗留 77 式手枪一支。

（2）观察要点：死者右额部（太阳穴）可见一直径约 0.8cm 的类圆形撕裂创口，创口中央组织缺损，其缺损边缘皮肤内卷，创口周边有半月形皮下出血为枪口印痕（见图 6-2 箭头所示）。

（3）分析与诊断：接触射击枪弹创射入口。

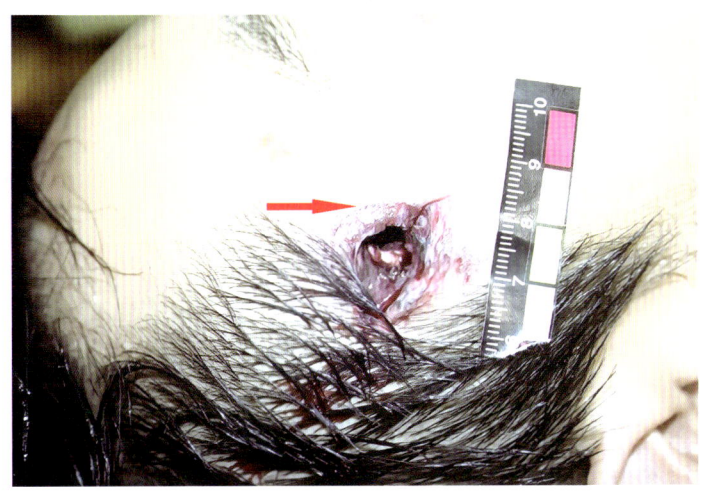

图 6-2

3. 大体图片（见图 6-3）。

（1）案情摘要：某男，36 岁，被人发现死在家中，其双腿之间夹有自制猎枪。

（2）观察要点：死者右眼部可见一类圆形皮肤缺损，创缘皮肤挫伤，不规则，创口直径较枪口直径大，周围皮肤较大面积火药烟晕及明显的烧灼伤。

（3）分析与诊断：霰弹枪接触射击射入口。

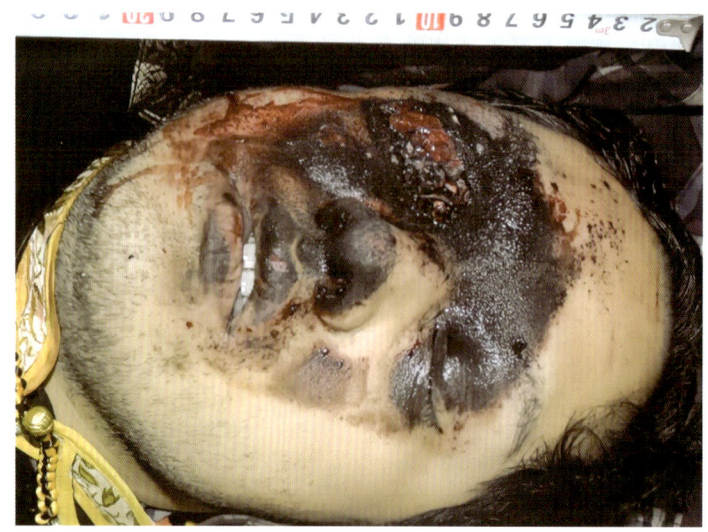

图 6-3

4. 大体图片（见图 6-4）。

（1）案情摘要：某男，杀人案受害者，致伤物为仿"六四"式手枪。

（2）观察要点：扪及死者右胸部有一硬质突起，切开皮肤发现一金属弹头。

（3）分析与诊断：盲管性枪弹创内金属弹头。

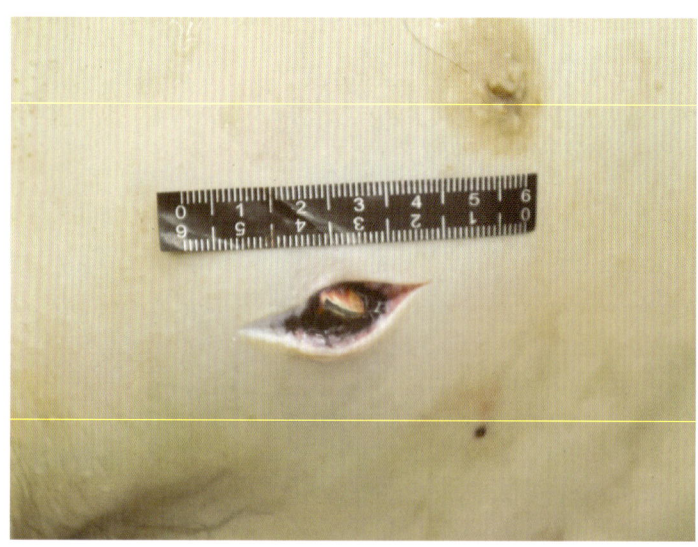

图 6-4

5. 大体图片（见图 6-5）。

（1）案情摘要：某男，打猎时被气枪误伤死亡。

（2）观察要点：死者左侧前胸可见一类圆形创口。将胸腔打开，腋下肌肉中可见一金属圆形弹头样异物。

（3）分析与诊断：胸部枪弹创射创管内金属异物。

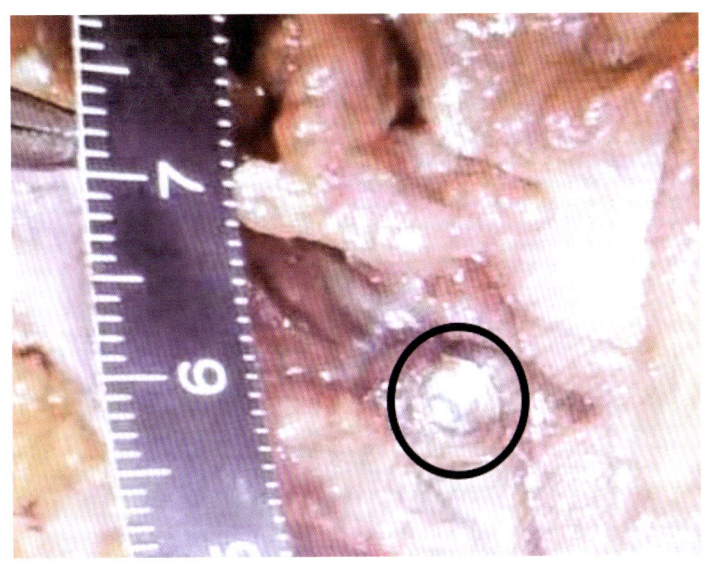

图6-5

6. 大体图片（见图6-6）。

（1）案情摘要：某男，38岁，抢劫杀人案受害者，致伤物为仿"六四"式手枪。

（2）观察要点：探针探查发现死者右大腿中段后侧至前侧见一条状空腔状创道，直径大于弹头直径。

（3）分析与诊断：右大腿枪弹创射创管。

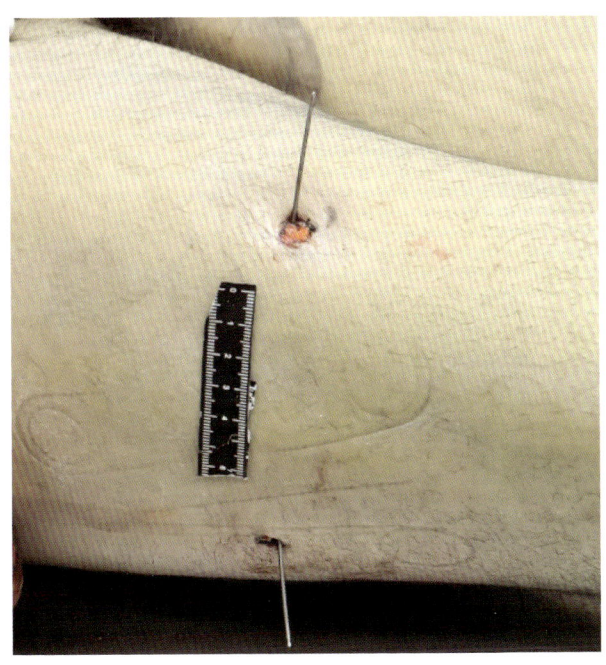

图6-6

7. **大体图片**（见图6-7、图6-8）。

（1）案情摘要：某男，杀人案受害者，致伤物为仿"六四"式手枪。

（2）观察要点：死者颅顶骨可见一类圆形孔状骨折，以孔状骨折为中心有多条散射的线状骨折，周围骨质缺损形成外板斜面。

（3）分析与诊断：颅骨枪弹创射出口。

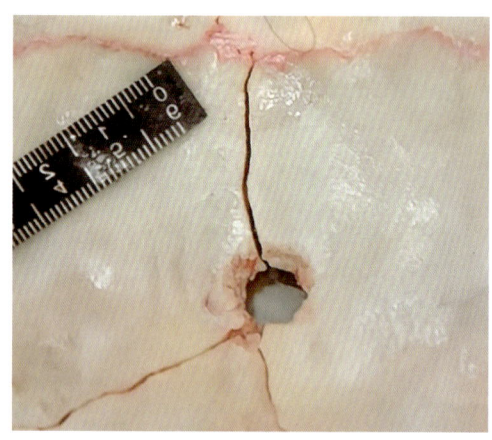

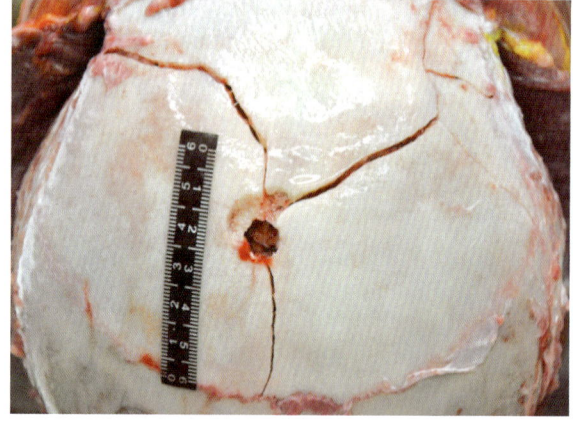

图6-7　（内板观）　　　　　　　　　　图6-8　（外板观）

8. **大体图片**（见图6-9）。

（1）案情摘要：某男，抢劫杀人案受害者，致伤物为仿"六四"式手枪。

（2）观察要点：死者头顶部可见一圆形创口，创口皮肤外翻，创口皮肤组织挫伤出血明显。

（3）分析与诊断：头部枪弹创射出口。

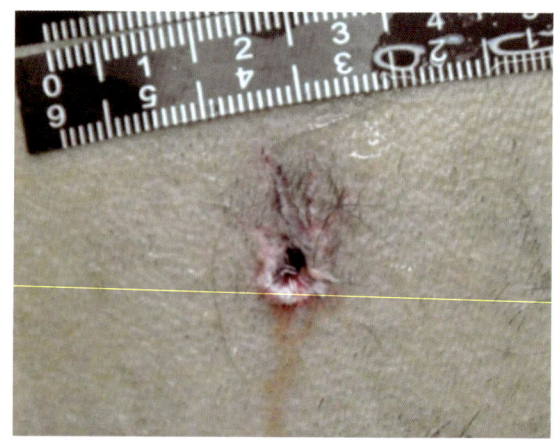

图6-9

（二）爆炸损伤的观察

爆炸损伤主要由冲击波、高温及爆炸投射物所致，以冲击波导致的损伤为重要特征，而高温引起的损伤类似于其他高温损伤，投射物损伤类似于枪弹损伤。爆炸损伤有损伤面大、损伤复杂、外轻内重等特征。

1. 大体图片（见图 6-10）。

（1）案情摘要：某男，发现时位于爆炸中心位置。

（2）观察要点：死者肢体断离、内脏破碎、人体组织离溅，创口呈角状、皮瓣状、多锯齿状哆开，肌肉、骨骼严重破碎。

（3）分析与诊断：炸碎伤及炸裂伤。

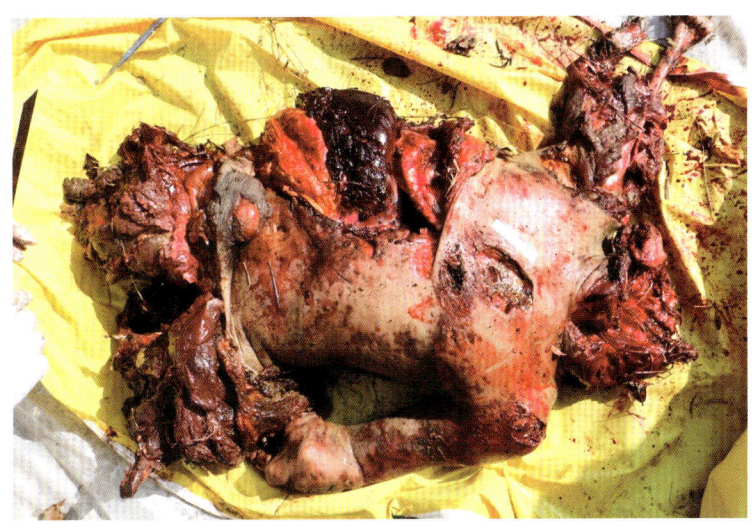

图 6-10

2. 大体图片（见图 6-11）。

（1）案情摘要：某男，某烟花厂黑火药发生爆炸事故中死亡。

（2）观察要点：死者肢体缺失，躯干软组织烧焦炭化、蜷曲变形。

（3）分析与诊断：烧伤。

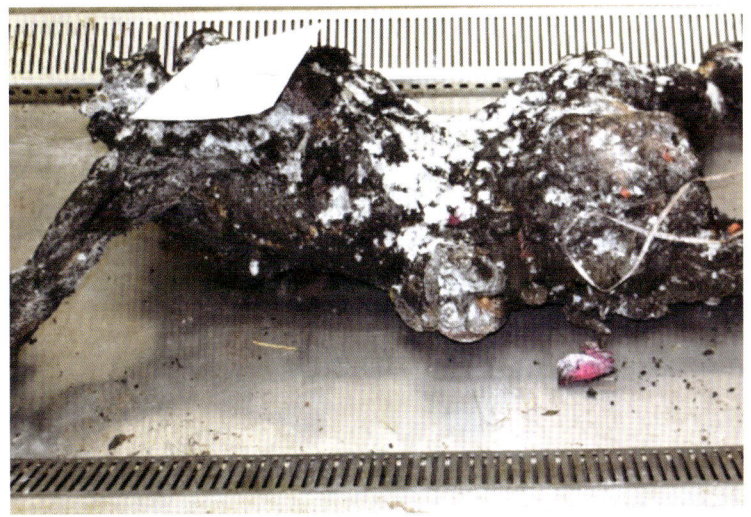

图 6-11

3. 大体图片（见图 6-12）。

（1）案情摘要：某男，30 岁，在爆炸事故中死亡。

（2）观察要点：死者头皮从前下至向后上撕脱，露出颅骨。

（3）分析与诊断：爆炸冲击波损伤。

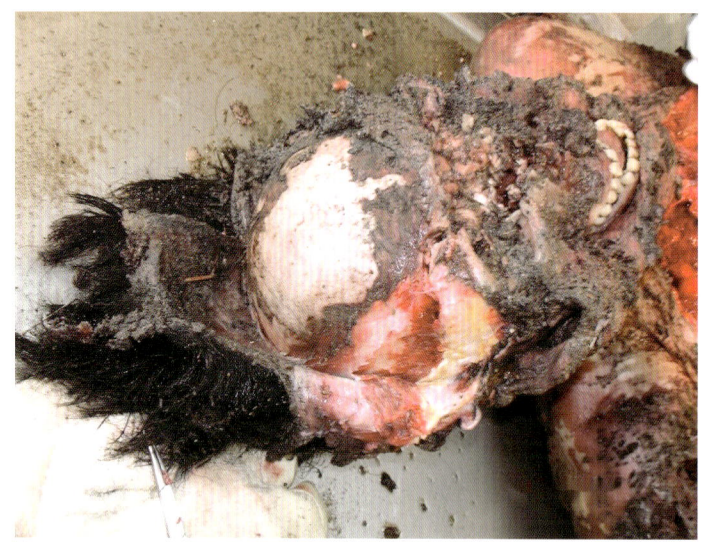

图 6-12

4. 大体图片（见图 6-13）。

（1）案情摘要：某男，40 岁，某炮厂生产安全事故中死亡。

（2）观察要点：死者左大腿侧边可见多处点状或片状深浅不同的伤痕，其中最大的形成一长径约 2.5cm 椭圆形创口，创口较深，向大腿内侧延伸形成盲管，盲管边缘较整齐。

（3）分析与诊断：爆炸投射物伤。

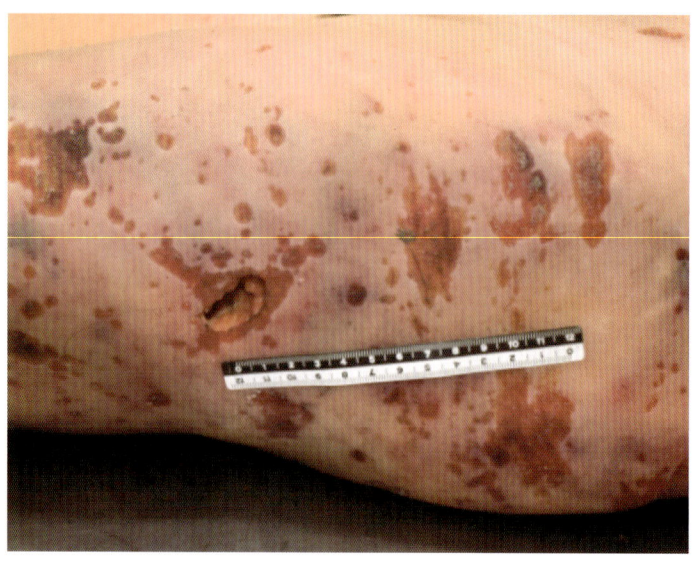

图 6-13

5. 大体图片（见图 6-14）。

（1）案情摘要：某男，某烟花厂黑火药发生爆炸事故致厂房坍塌中死亡。

（2）观察要点：死者头颅严重变形，颅骨粉碎性骨折，呈碎片状。

（3）分析与诊断：挤压伤。

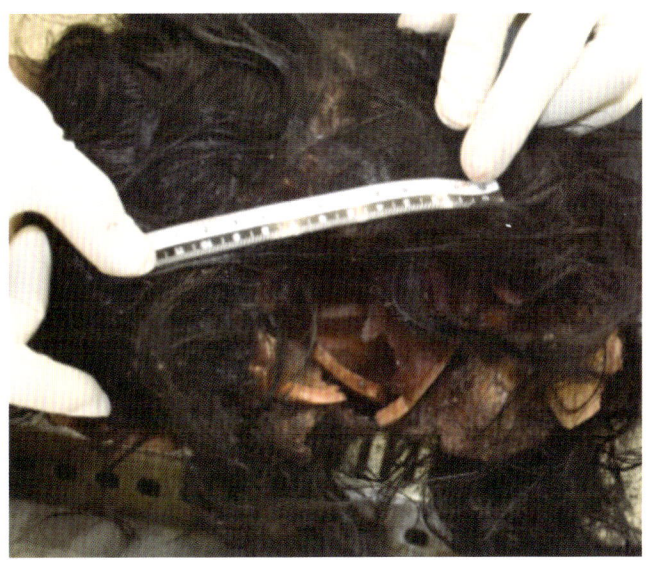

图 6-14

6. 大体图片（见图 6-15）。

（1）案情摘要：某女，某厂发生爆炸事故致厂房坍塌中死亡。

（2）观察要点：死者腹部可见多处条状、片状皮下出血，片状皮下出血处皮肤可见多条基本平行的线状擦伤痕迹，局部可见明显表皮剥脱。

（3）分析与诊断：挤压伤。

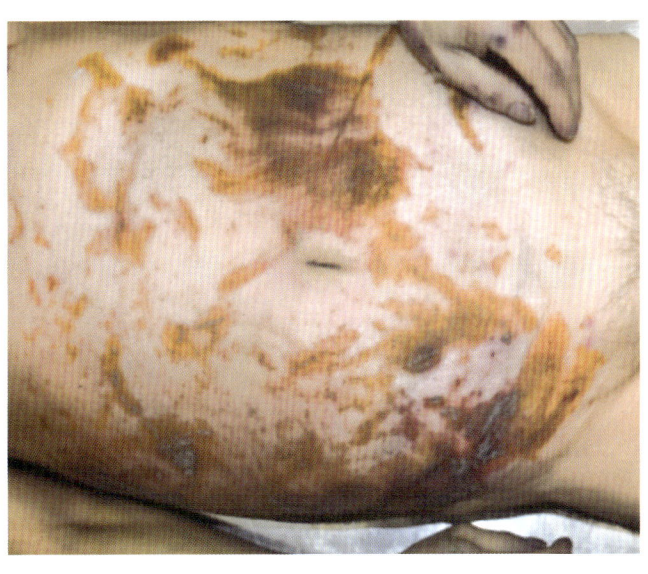

图 6-15

四、案例讨论

案例一

（一）案情摘要

某男，中年，某炮厂生产安全事故中死亡。

（二）法医学检查

1. 尸表检验。

尸表检验情况：尸体全身皮肤潮红，颜面部附着大量黑色烟尘灰烬，双下肢组织粉碎缺失，残余组织创口呈角状、皮瓣状、多锯齿哆开，肌肉、骨骼破碎，左手离断缺失，断端皮肤边缘内卷。

2. 病理及毒化检验。

病理检验未发现明显致死性基础性疾病病理征，未检出乙醇、镇静安眠类及有机磷等常规毒物。

（三）分析说明与鉴定意见

经法医尸表检验、解剖检验，结合现场勘查及病理、毒化检验，死者右手因炸碎伤缺失离断（见图6-16），双下肢因炸碎伤及炸裂伤毁损严重（见图6-17），综合分析认为其符合爆炸致全身多器官组织严重损伤而死亡，死者全身皮肤潮红，分析为爆炸中高温灼烧所致（见图6-18），双眼呈紧闭状态（见图6-19），双下肢组织粉碎，创口呈角状、皮瓣状、多锯齿哆开，肌肉、骨骼破碎，为爆炸中的炸碎伤与炸裂伤，分析爆炸物位于双腿之间。

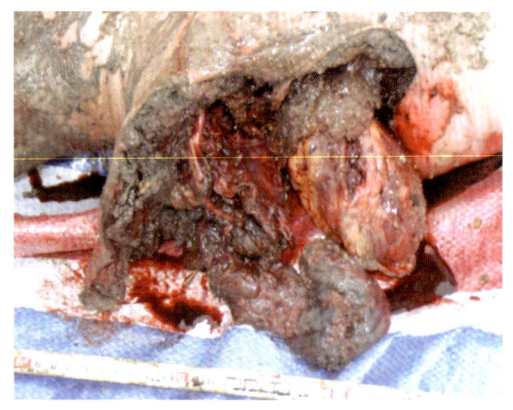

图6-16

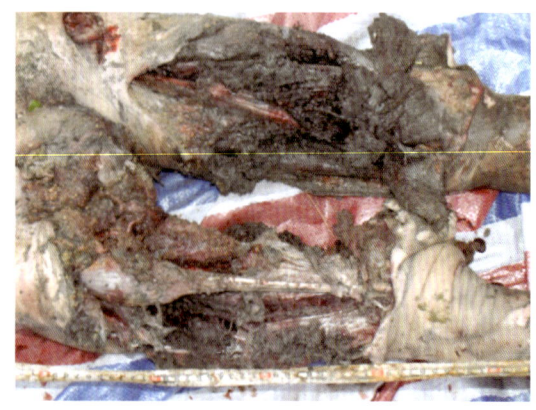

图6-17

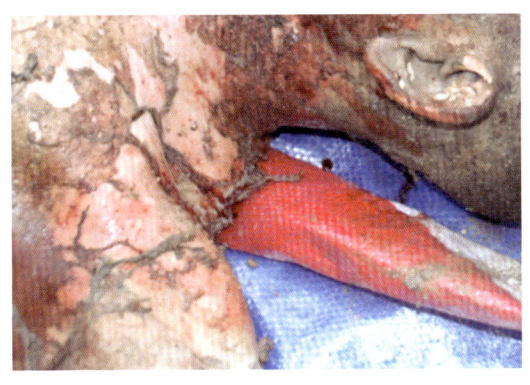

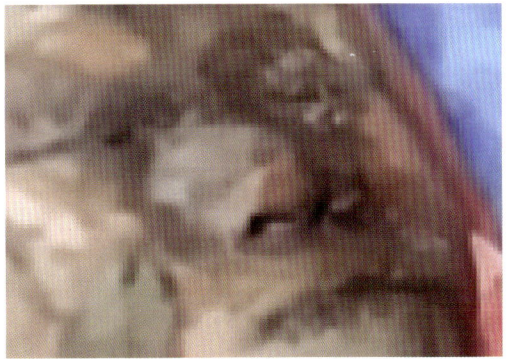

图 6-18   图 6-19

案例二

（一）案情摘要

某男，40岁，某枪击案中受害者，致伤物为仿"六四"式手枪。

（二）法医学检查

1. *尸表检验*。

经法医检验，死者尸体创口主要有以下特征：

射入口（见图6-20），创口直径等于或小于弹头直径，创口中央皮肤缺损，无法完全合拢，缺损边缘皮肤呈漏斗状内卷，创口边缘见擦拭轮和挫伤轮，创口边缘整齐或略呈小锯齿状，弹头速度越大，创缘越整齐。

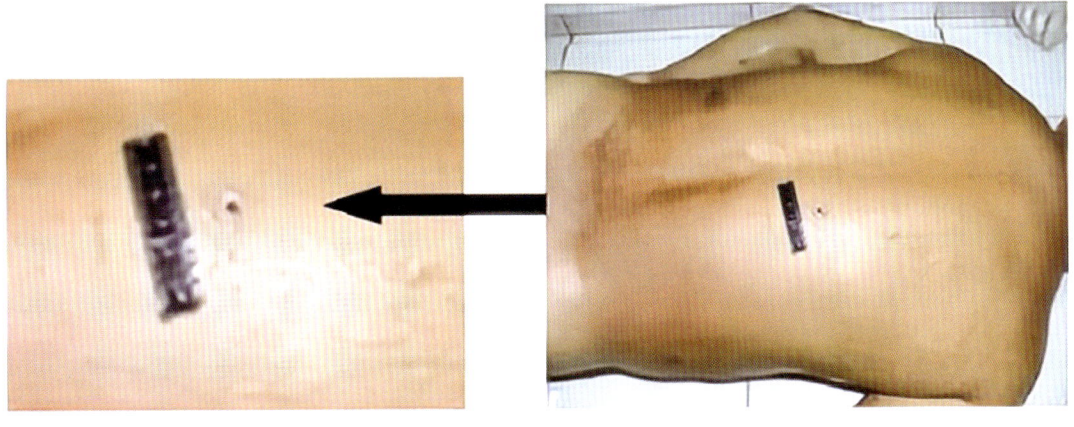

图 6-20

射出口（见图6-21），创口呈星芒状，直径大于弹头直径，创缘外翻，无组织缺损，创缘未见擦拭轮和挫伤轮，创周皮下出血严重。

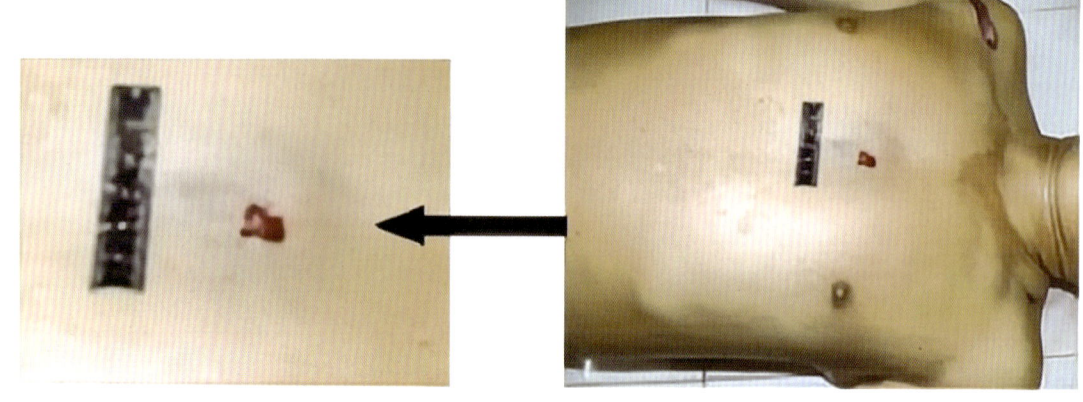

图 6-21

2. 解剖检验。

解剖检验见死者第 8、9 后肋间圆形创口，左心室前后壁见圆形创口，胸腔内大量积血，胸骨柄平底 5 肋水平处见创口。

3. 病理及毒化检验。

病理检验未发现明显致死性基础性疾病病理征，未检出乙醇、镇静安眠类及有机磷等常规毒物。

（三）分析说明与鉴定意见

死者心脏前后壁见圆形创口，胸腔内大量积血，分析死者符合心脏破裂死亡。死者后背部创口中央缺损，缺损边缘皮肤呈漏斗状内卷，创口边缘见擦拭轮和挫伤轮，分析为枪击损伤的射入口，胸骨柄处创口呈星芒状，直径大于弹头直径，创缘外翻，无组织缺损，创缘未见擦拭轮和挫伤轮，创周皮下出血严重，分析为枪弹损伤的射出口，综合分析认为，子弹经后背部第 8、9 肋间射入，穿透左心室前后壁，经胸骨柄处胸壁射出。

【思考题】

1. 典型枪弹损伤由哪三部分构成？
2. 爆炸损伤的形成机制主要有哪些？

【参考文献】

[1] 林子清，陈霆宇. 法医学. 中国人民公安大学出版社，2014.
[2] 丛斌. 法医病理学（第 5 版）. 人民卫生出版社，2016.

实验七　生前伤与死后伤的鉴别

一、实验目的

损伤时间推断（estimation of time since injury），是指用形态学或其他检测技术推测损伤形成的时间。其包括两个方面内容，即生前伤与死后伤的鉴别以及伤后时间的推断，这是法医病理学检验中的重要内容。

本实验通过损伤观察对生前伤与死后伤有初步的认识，然后通过动物模拟实验加深理解生前伤与死后伤鉴别；结合案例加深对生前伤与死后伤的理解，通过相关文献检索，了解其他检测技术在损伤时间推断上的进展。

二、实验方法

（1）观察生前损伤与死后损伤的大体图片。
（2）动物实验。
（3）案例讨论。

三、实验内容

（一）生前损伤与死后损伤观察

生前伤与死后伤的判断主要通过机体生活反应，如出血、创口组织收缩、创壁粗糙和凝血块形成，生前擦伤、烫伤出现皮肤出血、渗出、红肿等炎症反应表现，生前损伤出血量多，因血压的原因，可被"压入"周围组织间隙形成浸润扩散现象，出血后可激活凝血功能，形成纤维蛋白网，可形成凝血块，与创面附着较牢固不易冲洗除去，同时镜下组织切片检查损伤区域可发现微小血栓形成。生前损伤创口组织收缩，导致创口哆开，皮肤翻卷；生前骨折血液洇入骨质，可见骨折断端红染。

1. 大体图片（见图7-1）。
（1）案情摘要：某宾馆内失火，致7人死亡。
（2）观察要点：死者颈项部可见大片表皮缺失，深部组织红色，周围尚存表皮皱缩，皮下呈红色，呈炎症反应表现，系生前高温所致的Ⅰ度、浅Ⅱ度烧伤。
（3）分析与诊断：生前烧烫伤。

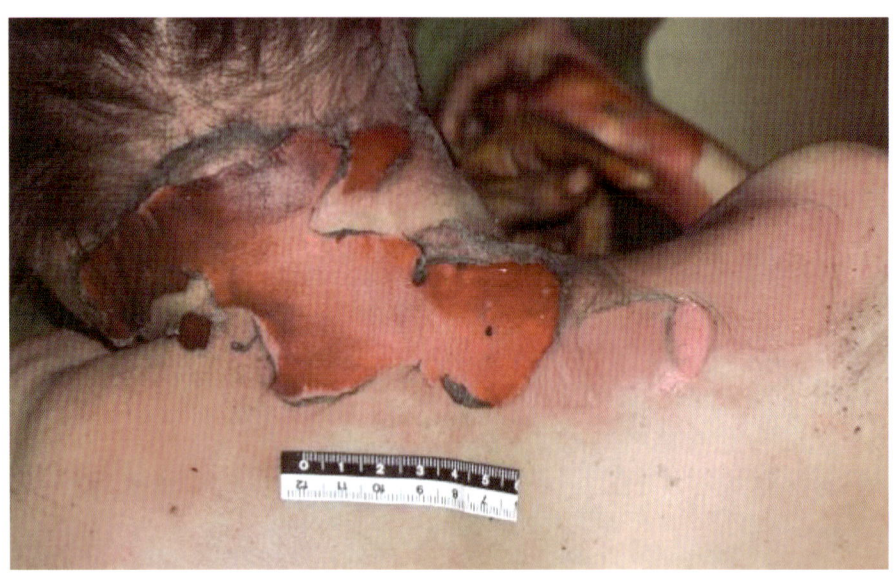

图 7-1

2. 大体图片（见图 7-2）。

（1）案情摘要：某小区房内见一女性尸体，赤裸于卫生间，胸部可见两处片状橘黄色损伤，颈部见浅红色的条状损伤。

（2）观察要点：死者胸前可见大片损伤，表皮部分尚存，呈橘色，边界清晰，周围表皮未见明显皱缩，切开边缘组织呈苍白色，未见出血渗出等表现，系死后高温所致的烧烫伤。

（3）分析与诊断：死后烫伤。

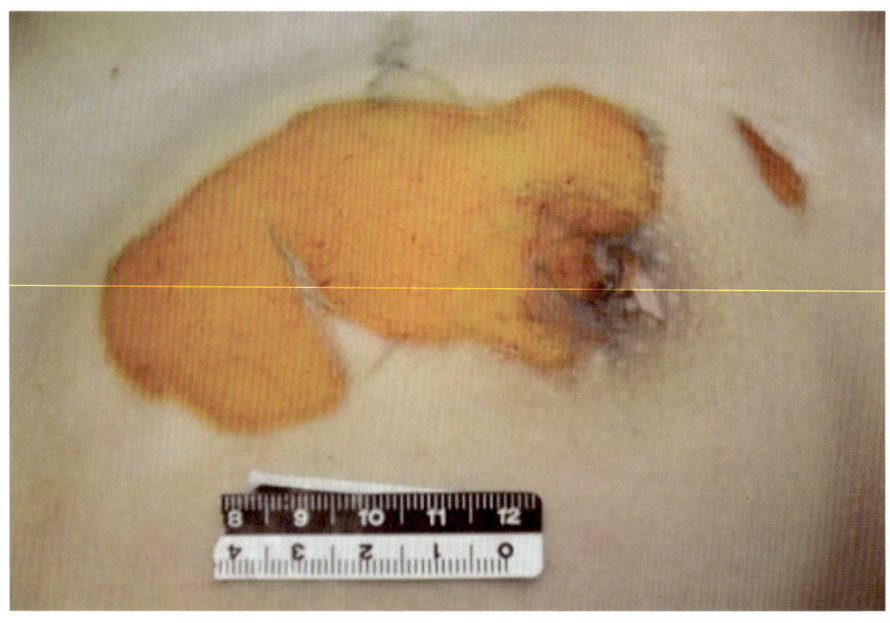

图 7-2

3. 大体图片（见图7-3）。

（1）案情摘要：某地公路旁见一男性尸体，身上多处损伤。

（2）观察要点：死者左膝前侧见片状挫擦伤，中央重、边缘轻，边界欠清晰，创面湿润，可见少量渗血渗液。

（3）分析与诊断：生前擦伤。

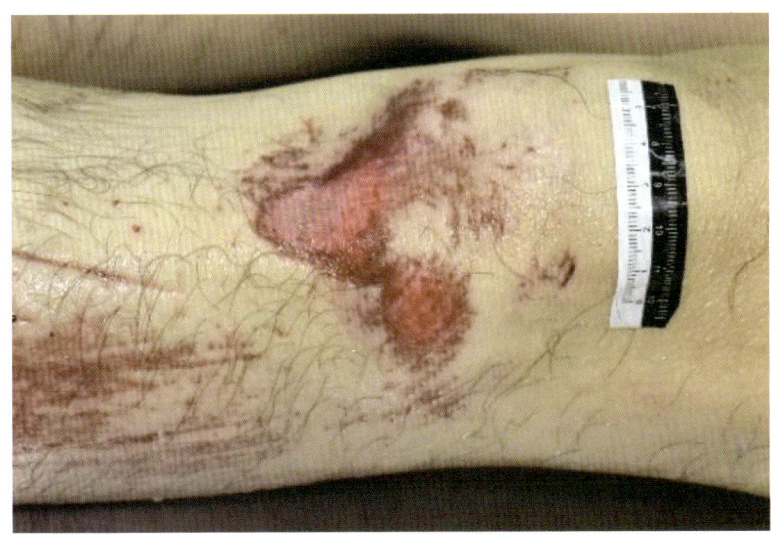

图7-3

4. 大体图片（见图7-4）。

（1）案情摘要：某地树林旁见一男性儿童尸体，外阴部被割除，下腹部可见多处条状损伤。

（2）观察要点：死者腹部可见多处条状擦划伤，颜色与皮肤颜色接近，边缘的表皮未见明显卷缩与变形，创面未见明显出血及渗液，边界清晰。

（3）分析与诊断：死后擦划伤。

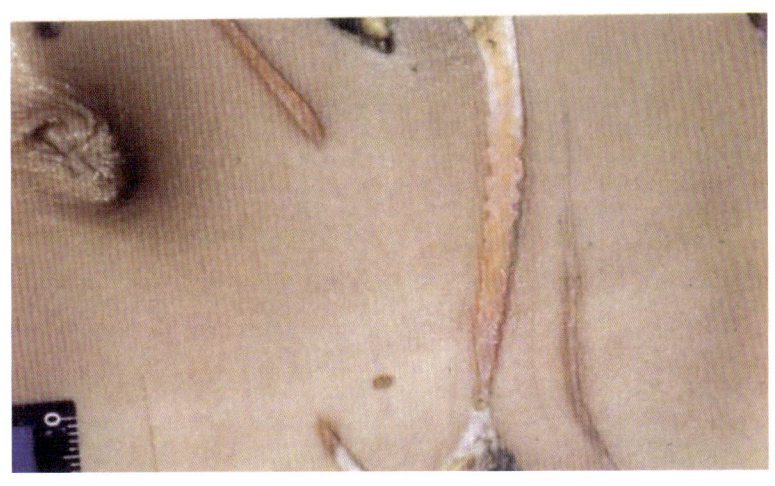

图7-4

5. 大体图片（见图 7-5）。

（1）案情摘要：某小区内一男性死于小区车库内，头部多处挫裂伤。

（2）观察要点：死者头部多处长短不一的损伤，深达颅骨，创角一钝一锐，创缘可见表皮剥脱及皮下出血，可见挫伤带。

（3）分析与诊断：生前头皮挫裂创。

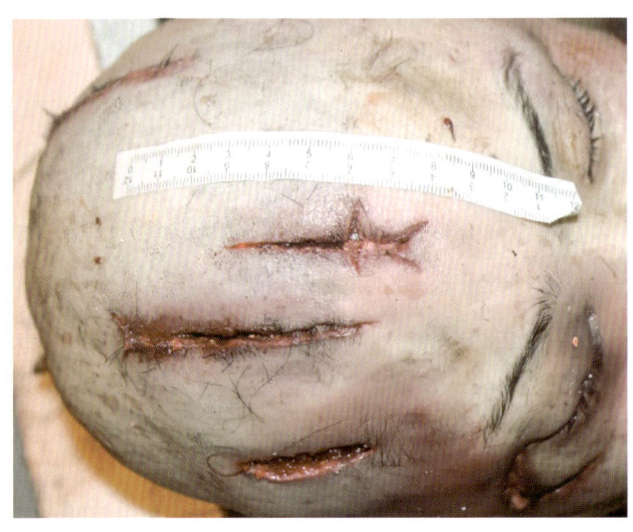

图 7-5

6. 大体图片（见图 7-6）。

（1）案情摘要：某小区一出租屋起火，屋内一男性死亡，头顶部见一创口。

（2）观察要点：死者头顶部见一处梭形创口，创口浅，创腔内可见小血管，未见明显出血，创角锐，创缘较整齐，未见卷缩。

（3）分析与诊断：死后头皮挫裂创。

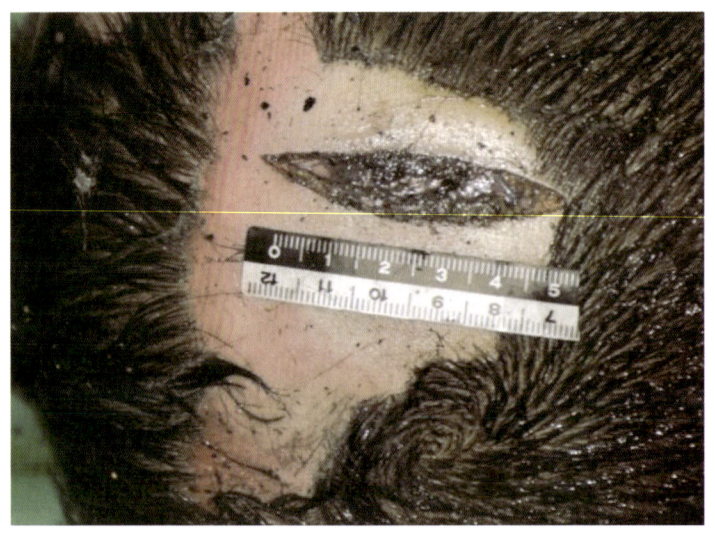

图 7-6

7. 大体图片（见图 7-7）。

（1）案情摘要：某树林里见一男性尸体，口唇处见散在凌乱的创口。

（2）观察要点：死者口唇缺失，周围见排列凌乱的条状损伤，方向不规律，下唇周创口呈不规则大锯齿状，创口未见明显出血，创缘未见卷缩。

（3）分析与诊断：死后动物咬伤。

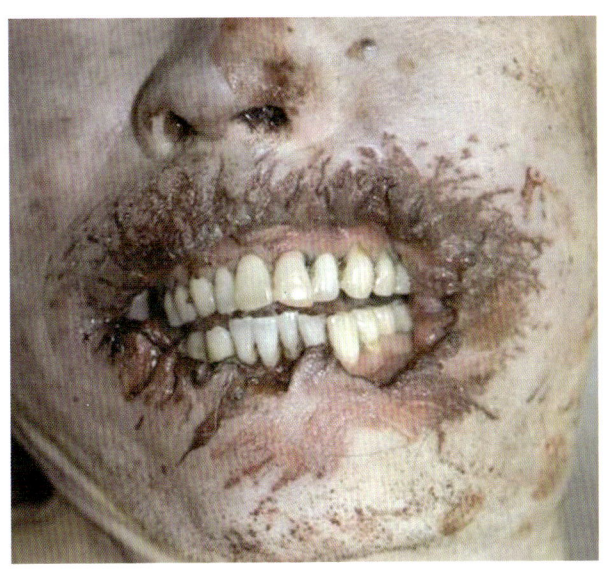

图 7-7

8. 大体图片（见图 7-8）。

（1）案情摘要：某小区内见一尸体，项背部见多处挫伤。

（2）观察要点：死者项背部见多处挫伤，呈青紫色，切开皮肤，左侧两处挫伤深部组织红染，可见凝血块，右侧可见表皮青紫，深部组织未见出血及凝血。

（3）分析与诊断：生前挫伤（左侧）与死后挫伤（右侧）。

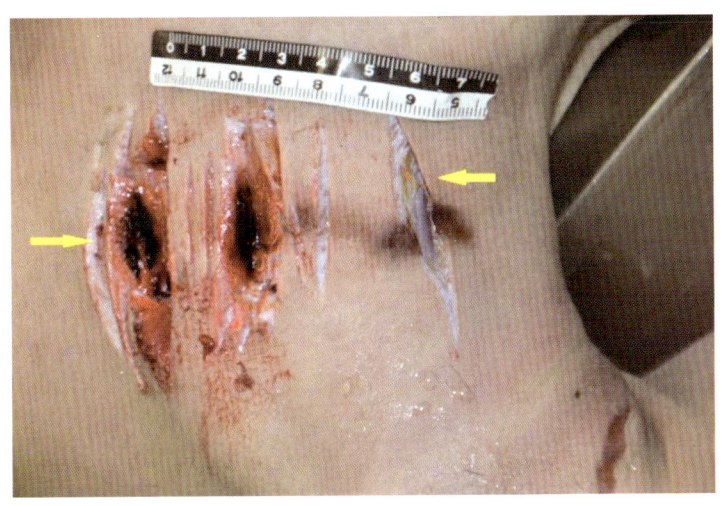

图 7-8

9. 大体图片（见图 7-9）。

（1）案情摘要：某小区假山后见一男性尸体，胸部及四肢可见多处刺创。

（2）观察要点：死者左肩部见一刺创，创缘整齐，中央区可见成角小皮瓣，创角圆钝，一侧创角可见皮下出血，创腔内脂肪组织外翻。

（3）分析与诊断：生前变异刺创。

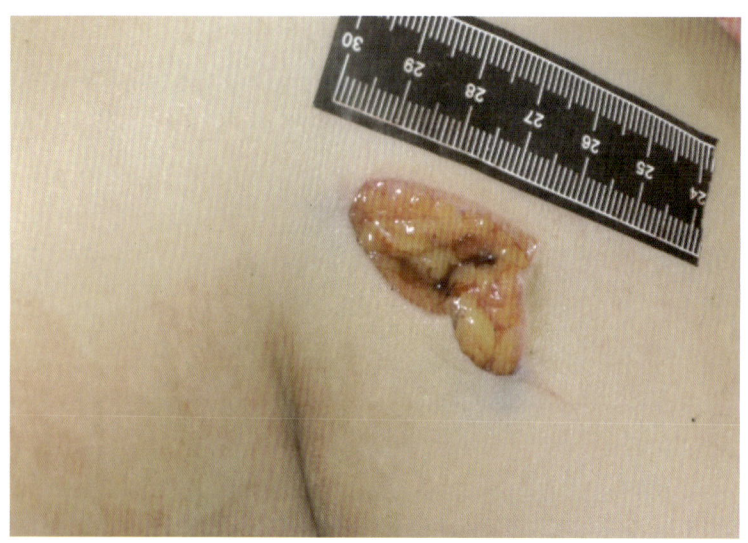

图 7-9

10. 大体图片（见图 7-10）。

（1）案情摘要：某出租屋内见一女性尸体，身体多处损伤。

（2）观察要点：死者颈项部见一切创，创缘光滑平整，创腔内无明显出血，深部组织无出血，创缘未见卷缩。

（3）分析与诊断：死后切割创。

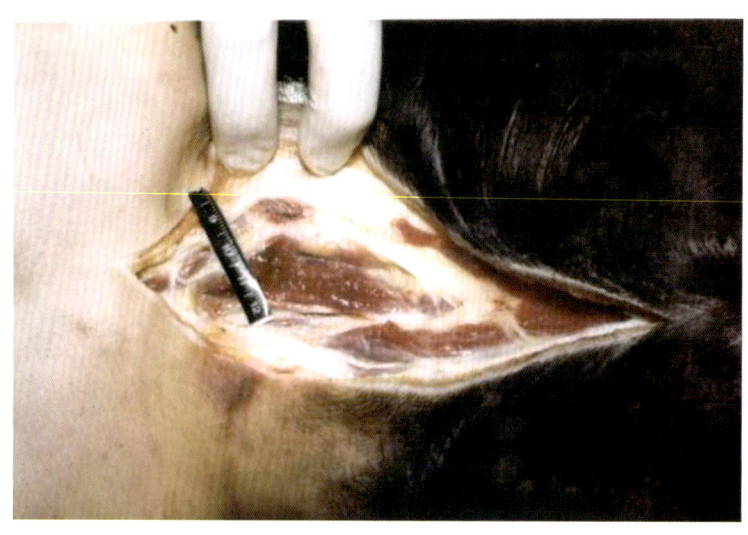

图 7-10

11. **大体图片**（见图 7-11）。

（1）案情摘要：某小区屋内见一女性尸体，头部见多处挫裂创。

（2）观察要点：死者颅骨见粉碎性骨折，骨折断端不整齐，骨质呈红色，可见血液涸入骨质。

（3）分析与诊断：生前骨折。

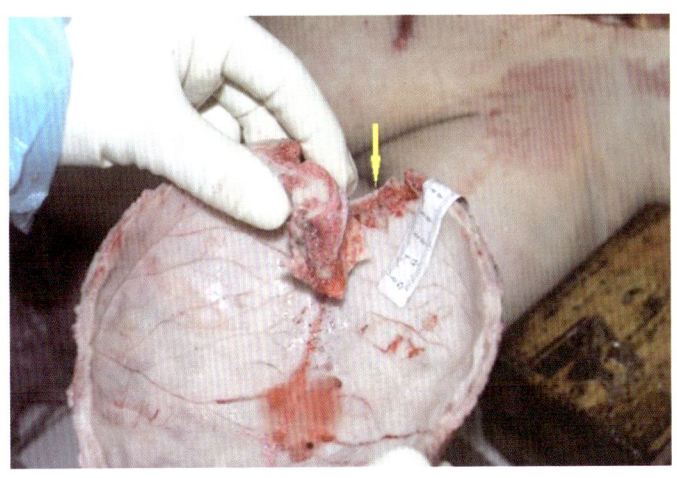

图 7-11

12. **大体图片**（见图 7-12）。

（1）案情摘要：某树林内见一自右肘关节以远的残存尸体肢体。

（2）观察要点：死者右尺骨断端较平整，骨质结构清晰，无出血及血液涸入，周围组织未见出血，皮肤未见卷缩。

（3）分析与诊断：死后分尸骨折。

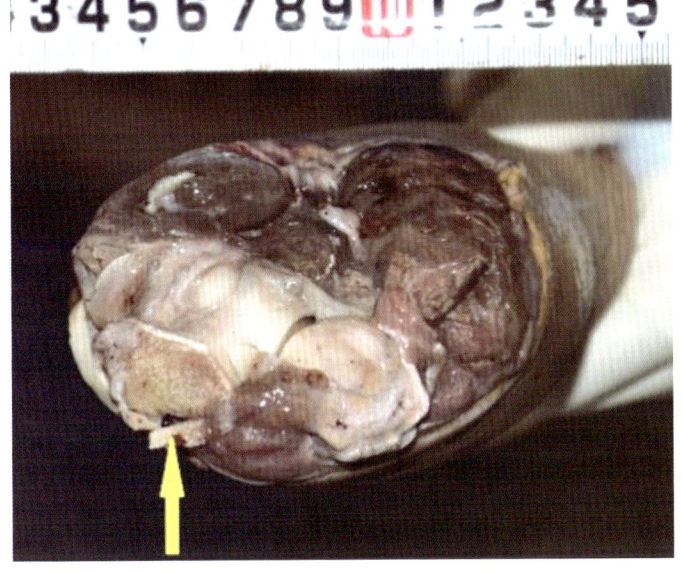

图 7-12

（二）动物实验

1. 实验分组

每组若干人，按损伤方式分：

（1）A 组擦伤。

（2）B 组挫伤。

（3）C 组切创。

（4）D 组骨折。

2. 材料与方法

（1）实验动物：成年家兔（重约 2kg），每组 2 只。

（2）实验器材与试剂：实验台 1 个；10ml 注射器及针头 1 套；生理盐水（500ml）及输液器 1 套；实验动物解剖器械 1 套（手术刀 1 把，止血钳 2 把，手术剪 1 把，镊子 2 把，缝针、缝线）；60 目砂纸 1 张；小铁锤 1 个；剃毛刀 1 把，纱布，固定用纤维绳 2m；一次性手套；乙醚。

3. 实验步骤

（1）A 组（擦伤）。

①家兔用乙醚麻醉后俯卧位固定在实验台上，用剃毛刀将背部等处实验区域的毛剃净，尽量多暴露皮肤。

②用粗糙砂纸在家兔背部等处刮擦，形成 4 处片状擦伤。

③按损伤后即刻、1 小时、4 小时、6 小时分别观察损伤区皮肤有无渗出等。

④死后伤：采用耳缘静脉空气栓塞法致死另一只家兔，分别在死后即刻、1 小时、4 小时、6 小时用粗糙砂纸在家兔背部等处刮擦，形成死后片状擦伤，观察死后损伤的出血、渗出等性状，并比较不同时间死后损伤的差异。

（2）B 组（挫伤）。

①家兔用乙醚麻醉后仰卧位固定在实验台上，用剃毛刀将左前、右前、左后、右后肢近段实验区域的毛剃净，尽量多暴露皮肤。

②用小铁锤在实验区域垂直打击形成局部挫伤。

③按损伤后即刻、1 小时、4 小时、6 小时分别观察、记录损伤区皮肤颜色。

④死后伤：采用耳缘静脉空气栓塞法致死另一只家兔，分别在死后即刻、1 小时、4 小时、6 小时用小铁锤在实验区域垂直打击，形成局部死后损伤，观察局部皮肤颜色变化，并比较不同时间死后损伤的差异。

⑤用手术刀分别切开家兔的生前挫伤与死后损伤处皮肤，深达骨质，注意观察深部皮下组织出血、凝血情况，如有小血管，注意切开血管内有无血栓形成。

（3）C 组（切创）。

①家兔用乙醚麻醉后俯卧位固定在实验台上，用剃毛刀将左前、右前、左后、右后肢近段实验区域的毛剃净，尽量多暴露皮肤。

②用手术刀在实验区切割，深至皮下、肌肉，形成长约 2cm 的切割创（避免损伤深部大血管）。

③按损伤后即刻、1 小时、4 小时、6 小时分别观察创口的形态、出血、创缘卷缩、

凝血等情况。

④死后伤：采用耳缘静脉空气栓塞法致死另一只家兔，分别在死后即刻、1 小时、4 小时、6 小时用手术刀在实验区旁侧切割，深至皮下、肌肉，形成长约 1cm 的死后切割创。观察创口的形态、出血、创缘卷缩、凝血等情况，并比较不同时间死后损伤的差异。

（4）D 组（骨折）。

①家兔用乙醚麻醉后俯卧位固定在实验台上，用剃毛刀将左前、右前、左后、右后肢近段实验区域的毛剃净，尽量多暴露皮肤。

②用棍棒在左前、右前肢近段实验区打击形成闭合性骨折，用菜刀在左后、右后肢近段实验区砍击形成开放性骨折。

③按损伤后即刻、1 小时、4 小时、6 小时分别观察损伤的形态、出血、创缘卷缩、凝血、骨折断端等情况。

④死后伤：采用耳缘静脉空气栓塞法致死另一只家兔，分别在死后即刻、1 小时、4 小时、6 小时用棍棒与菜刀在实验区远段形成同样的损伤，观察损伤的形态、出血、创缘卷缩、凝血等情况，切开闭合性骨折，观察深部组织及骨折的情况，并比较不同时间死后损伤的差异。

四、案例讨论

（一）案情摘要

2018 年 6 月，某市某高层公寓独居老人家中起火，邻居报火警，被转移至安全地带的老人已无生命迹象。死者张某，52 岁，独居，身体患严重疾病，极度消瘦，烟瘾很重，饮食来源均靠外卖，与他人交往不密。现场基本一片灰烬废墟，火警排除用电起火。

（二）法医学检查

1. 尸表检验。

死者尸长 160cm，黑色发长 2.5cm。发育良好，呈极度消瘦状态。尸斑鲜红色，存在于背侧未受压处，压之褪色（见图 7-13），尸僵尚未形成。体表裸露部位呈熏黑状态，烟尘炭末附着。角膜高度混浊，睫毛征候明显，眼睑未见烟尘炭末沉积（见图 7-14），口鼻腔有大量烟尘炭末沉积。右枕顶部有 1cm×5.3cm 头皮创口，深达皮下，未扪及颅骨骨折，创腔内可见未破损的小血管，创缘及创腔内组织生活反应不明显，创周头皮见大片表皮剥脱，颜色鲜红（见图 7-15）。颈部、双手、双下肢可见多处皮肤高温烫伤，局部表皮脱落，并见生活反应。右踝内侧见 4cm×7cm 皮肤创口，深达肌腱，创缘及浅层组织生活反应不明显（见图 7-16）。颈项部、胸腹背部无明显机械性损伤。

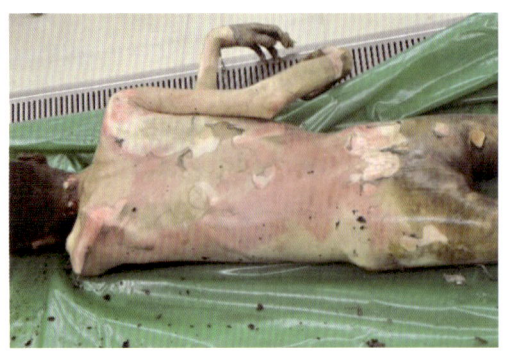

图 7-13

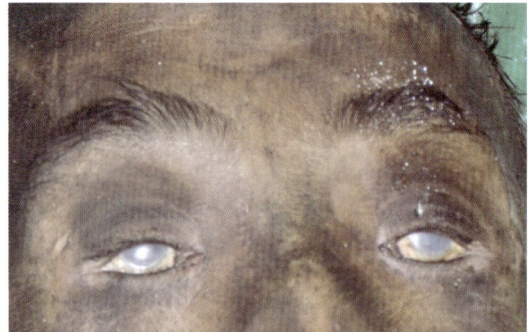

图 7-14

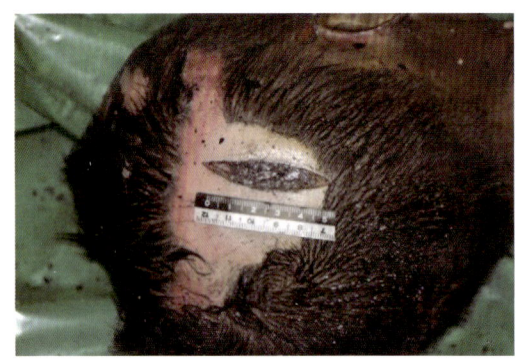

图 7-15

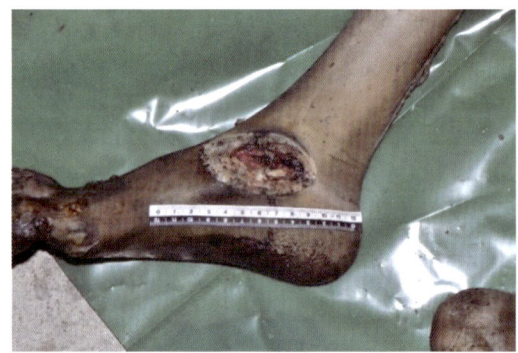

图 7-16

2. 解剖检验。

颈部分层解剖见：颈部皮下、肌肉未见明显出血，舌骨无骨折。气管内可见大量烟尘炭末沉积，黏膜明显充血水肿，局部有黏膜脱落（见图 7-17）。抽取死者心血 10ml 备检。

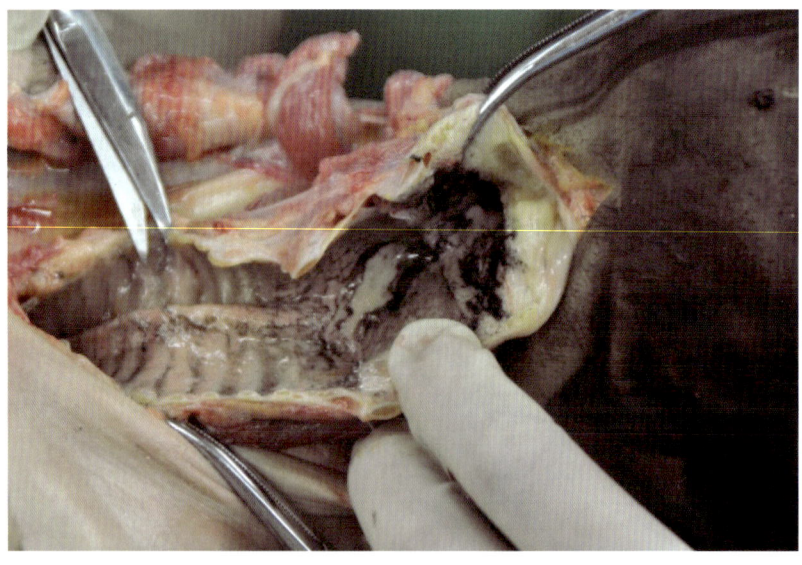

图 7-17

3. 理化检验。

死者心血中碳氧血红蛋白浓度（HbCO）为49%。

（三）分析说明与鉴定意见

根据尸体检验所见，死者体表无可致死的机械性损伤，尸斑呈鲜红色，体表裸露部位皮肤多处可见高温烫伤，眼角及睫毛出现闭眼征象，口鼻腔、气管内有大量烟尘炭末沉积，气管黏膜充血水肿，均提示死者为生存状态，结合现场勘查情况、心血中碳氧血红蛋白浓度综合分析，被鉴定人张某符合生前在火场吸入高温有害气体导致一氧化碳中毒死亡。

死者头顶部裂创及右踝创口未见组织红斑或水疱等生活反应的表现，此两处损伤均为死后伤，结合案情调查，头顶部的创口系尸体搬运过程中形成的死后伤，右踝裂伤系高温形成的裂创。

【思考题】

1. 生前伤、濒死伤、死后伤可以从哪些方面进行区分？
2. 高温形成死后软组织裂创的机理是什么？

实验八　高低温损伤——烧伤（死）特征

一、实验目的

在法医实践中，无论自然灾害、意外事故、自焚或他杀引起的烧伤（死），个体的体表征象、体内征象并无明显区别。因此，公安民警在现场勘查时要结合案情、现场情况以及尸体上有无其他损伤、捆绑、中毒、醉酒等综合分析判断。

本实验通过观察烧伤（死）的图片，熟悉烧死的体表征象、内部征象；掌握烧死与死后焚尸的鉴别。

二、实验方法

（1）观察高温损伤（烧死）的大体图片。
（2）案例讨论。

三、实验内容

（一）体表改变

1. 大体图片（见图 8-1）。
（1）案情摘要：某村民家中失火，致 1 人死亡。
（2）观察要点：死者胸部、左上肢裸露，腰部及下肢附有衣着残片，在现场勘查中要注意拍照、固定、提取，这有助于死者身份的确认及火势推断。
（3）分析与诊断：衣着覆盖部位的皮肤烧伤较其他部位轻。

图 8-1

2. 大体图片（见图 8-2）。

（1）案情摘要：某宾馆发生火灾，经消防队员灭火后，发现尸体一具。

（2）观察要点：死者双侧下肢大面积烧伤，大腿部皮肤发红、肿胀，为Ⅰ度烧伤（红斑性烧伤）；双下肢多处水疱破裂后，表皮剥脱，可见创面红润，血管通透性增强，为Ⅱ度烧伤（水疱性烧伤）。

（3）分析与诊断：Ⅰ度烧伤、Ⅱ度烧伤。

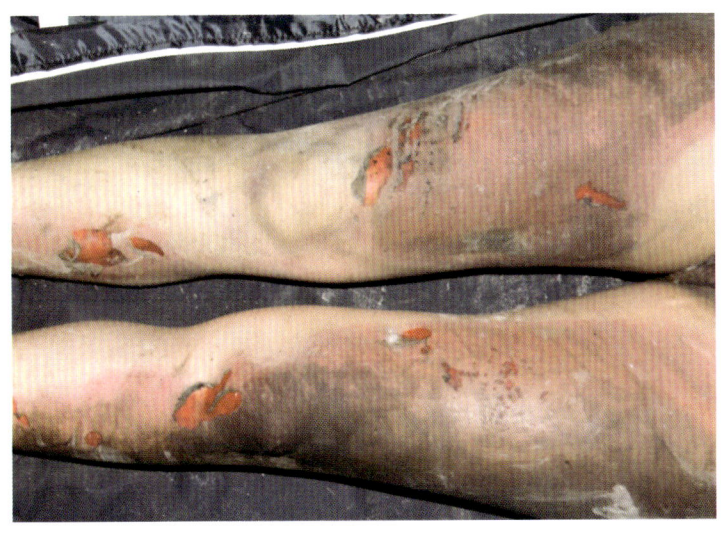

图 8-2

3. 大体图片（见图 8-3）。

（1）案情摘要：某垃圾站内发现尸体一具，全身体表炭化。

（2）观察要点：死者体表组织水分丧失，干燥、收缩变硬、变脆，呈黑色，整个体表均可见。

（3）分析与诊断：为Ⅳ度烧伤（炭化性烧伤）。

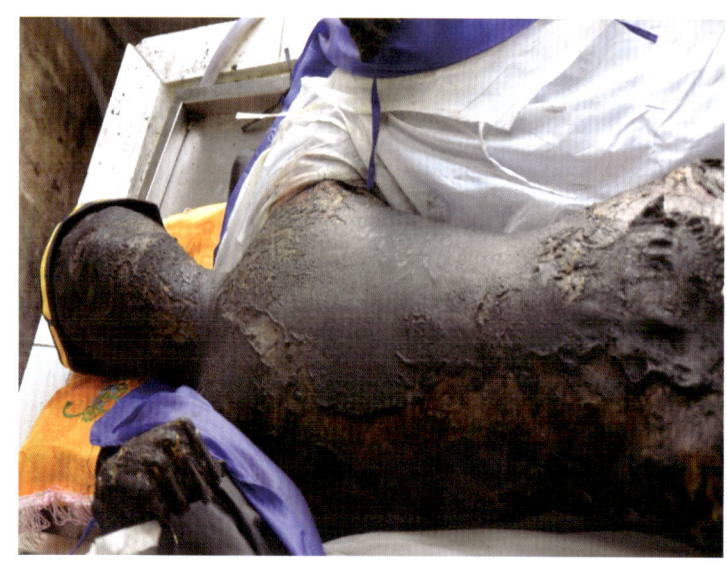

图 8-3

4. 大体图片（见图 8-4）。

（1）案情摘要：某村民家中发生火灾，致 1 人死亡。

（2）观察要点：被焚烧严重的尸体，肌肉因受热而发生凝固收缩、变硬，双上肢呈屈曲状，类似拳击比赛中防守状态。需要注意的是，拳斗姿势在死后焚尸也可形成，故不能以此鉴别烧死与死后焚尸。

（3）分析与诊断：拳斗姿势。

图 8-4

5. 大体图片（见图8-5）。

（1）案情摘要：某火灾现场发现一男性尸体，全身炭化。

（2）观察要点：死者眼外角处形成未被烧灼熏黑的褶皱，这种改变称为"鹅掌纹"，结膜囊内无烟灰，睫毛尖端被烧，毛干被遮而尚完好。上述现象称为闭眼征象。闭眼征象是烧死的生活反应。

（3）分析与诊断：生前烧死。

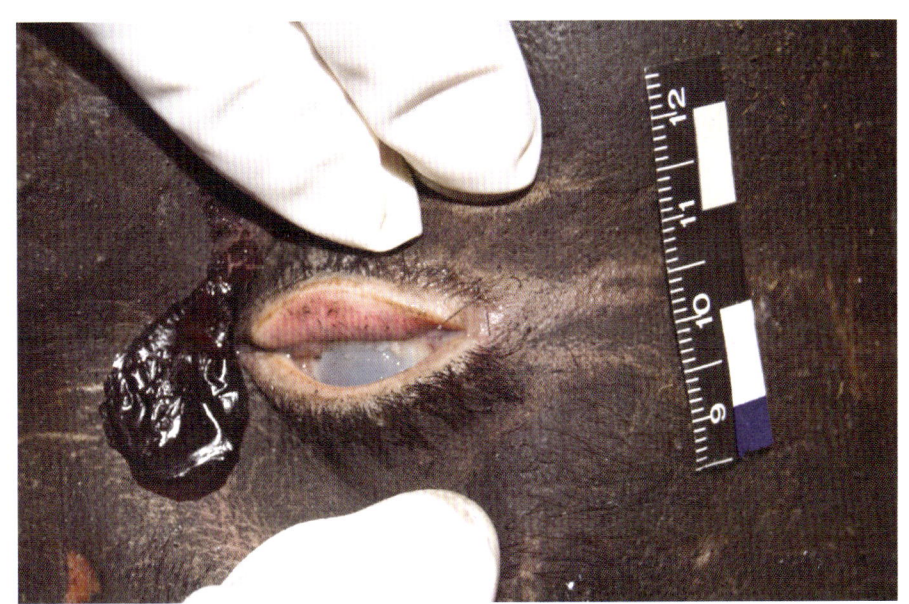

图8-5

（二）内部征象

1. 大体图片（见图8-6、图8-7）。

（1）案情摘要：某仓库发生火灾，消防队员灭火后，发现一名仓库管理员死于仓库值班室内，死者体表未见明显损伤。

（2）观察要点：活体在火场中吸入热的气体、火焰、烟灰、炭末及刺激性气体，可以导致咽喉部、气管、支气管黏膜充血、水肿，甚至坏死脱落。在尸体检验时，要重点观察口、鼻、咽喉、气管、支气管内是否有烟灰炭末。上述改变称为热作用呼吸道综合征。热作用呼吸道综合征是生前烧死最确切的证据。但需特别注意，有些急速烧死者也可不出现。

（3）分析与诊断：生前烧死。

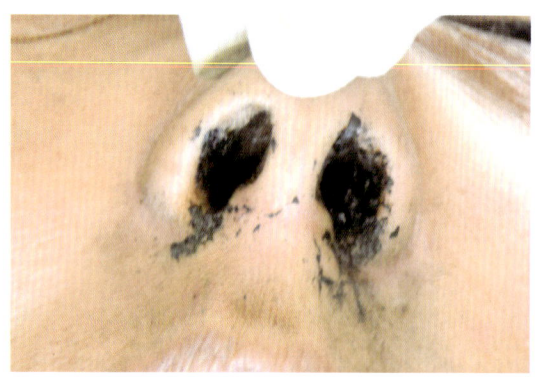

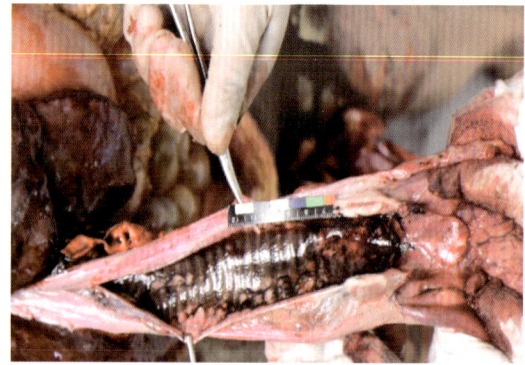

图 8-6   图 8-7

2. 大体图片（见图 8-8）。

（1）案情摘要：某仓库发生火灾，消防队员灭火后，发现一名仓库管理员死于仓库值班室内，死者体表未见明显损伤。

（2）观察要点：如图 8-8 所示为死者食管中可见烟灰炭末，人在火场中吸入口咽部的烟灰，可随吞咽动作进入食管和胃内，甚至进入十二指肠。因此，在尸检时要注意观察死者食管、胃、十二指肠内有无烟灰炭末。死后焚尸时，尽管现场上的烟灰也可进入死者口中，但不会进入食管及胃内。值得一提的是，胃内咽下的炭末比呼吸道的炭末沉积更具有诊断意义。

（3）分析与诊断：生前烧死。

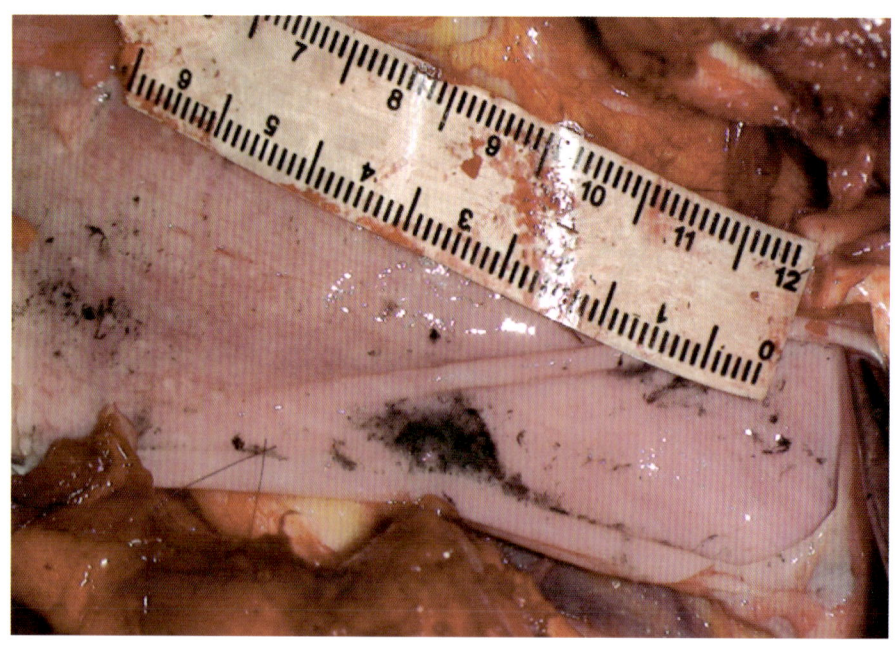

图 8-8

四、案例讨论

（一）案情摘要

2020 年×月×日，××县××村谢××家中发生火灾，致谢××死亡。

（二）法医学检查

1. 尸表检验。

衣着情况：死者上身衣物大部分烧毁，仅剩颈部及腰臀部衣物残留；下身仅背臀部及双腿下方衣着残留；双脚穿有黑色皮鞋、深蓝色袜子。

尸长 162cm，发育正常，体态中等。上肢呈拳斗姿势，尸表油腻，尸斑鲜红色，指重压不褪色，位于背侧未受压处，尸僵强，位于全身各关节。面部皮肤焦痂炭化呈黑色（见图 8-9），双侧眼睑充血，双侧角膜重度混浊（见图 8-10）。双侧鼻腔及外耳道无溢血溢液，鼻腔内可见炭灰；口唇炭化。头发被烧焦，头皮部分焦痂，未扪及颅骨骨折。颈前皮肤呈黑色，未扪及舌骨及甲状软骨骨折。胸部无明显损伤，未扪及胸骨及双侧肋骨骨折。双侧乳房下及腹部大量烧伤水疱破溃后呈红色创面（见图 8-11）。背部大量烧伤水疱破溃后呈红色创面，腰部及臀部上方皮肤无明显损伤（见图 8-12），双上肢大量烧伤水疱破溃后呈红色创面并伴焦痂炭化，以双手为重；双侧大腿大量烧伤水疱破溃后呈红色创面并伴焦痂炭化，以大腿前侧为重，未扪及四肢长骨骨折，双手甲床炭化、双足甲床苍白。余未见明显异常。

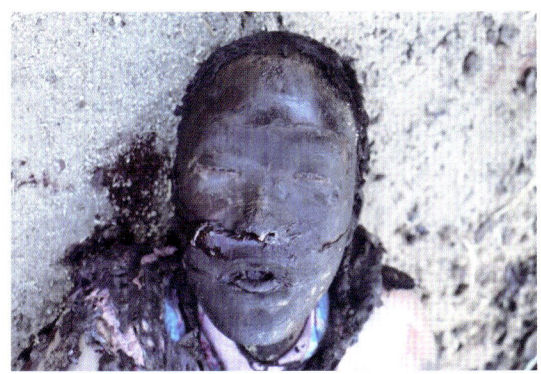

图 8-9

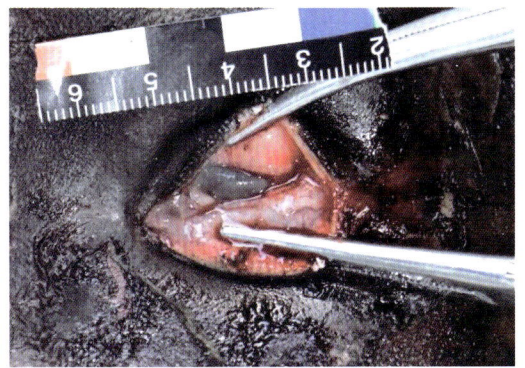

图 8-10

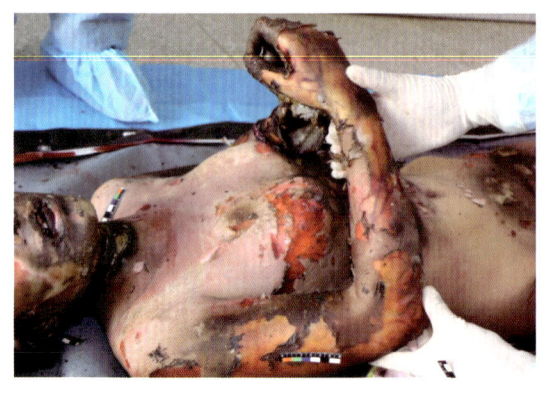

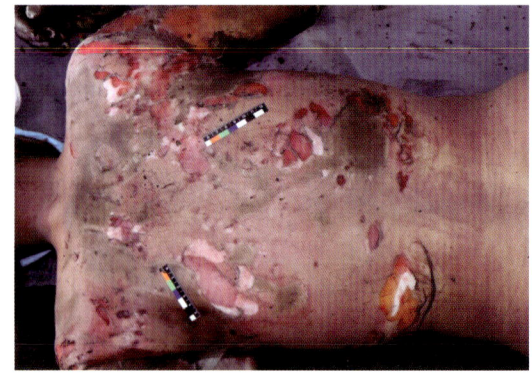

图 8-11

图 8-12

2. 解剖检验。

冠状切开头皮，头皮下无出血，双侧颞肌无出血，颅骨无骨折；环形锯开颅骨，硬膜外、下无出血，硬脑膜无破裂，脑组织无损伤，颅底无骨折。正中切开颈胸腹部皮肤，颈部皮下组织未见出血，颈部大血管无破裂，甲状软骨及舌骨无骨折，喉头水肿（见图 8-13），可见烟灰炭末沉积；切开气管，气管及支气管处可见大量烟灰炭末（见图 8-14），气管黏膜充血、水肿（见图 8-15）；食管黏膜充血。双侧胸壁肌肉无出血，肋骨无骨折；双侧胸腔内有少量血性积液，双肺表面呈鲜红色，肺叶间有少量点状出血；心包完整，心脏形态、位置、大小正常。腹腔无积血积液，肝、脾、双肾未见异常。胃内有约 100g 糊状食糜，膀胱空虚。

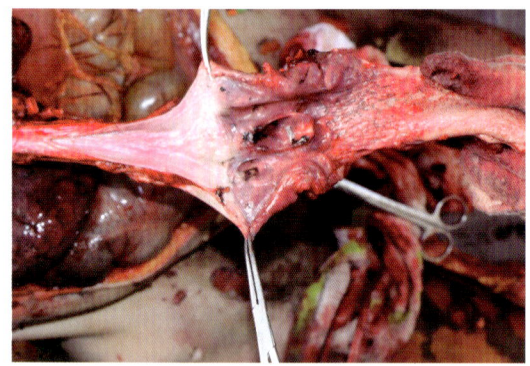

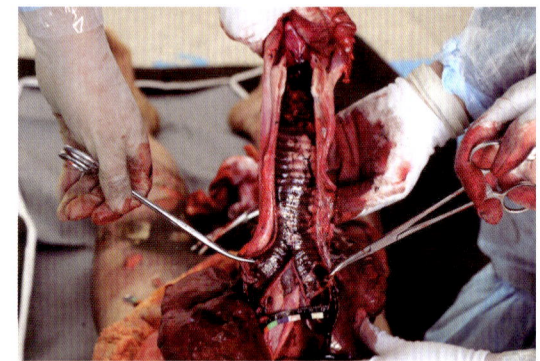

图 8-13

图 8-14

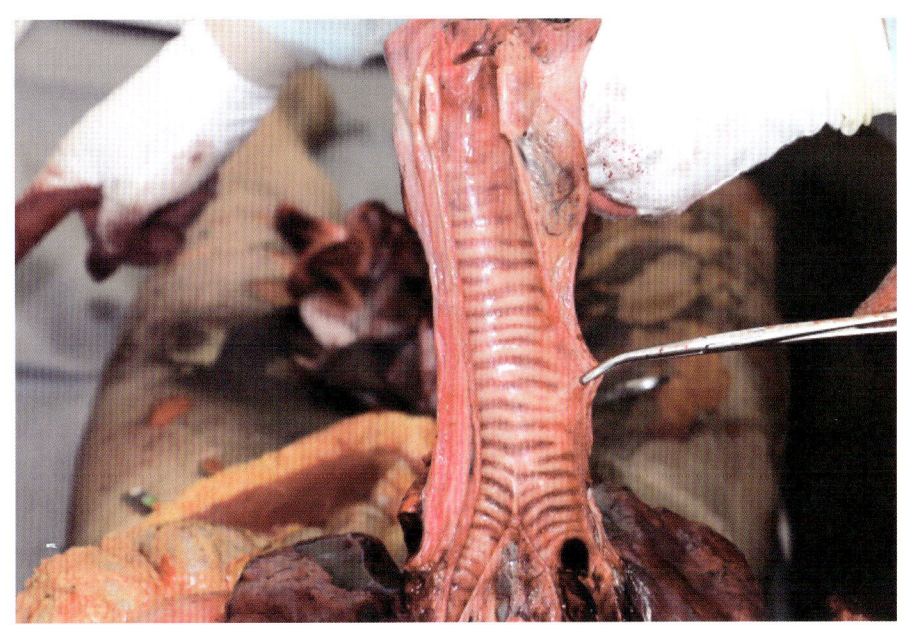

图 8-15

3. 理化检验。

死者心血中碳氧血红蛋白浓度（HbCO）为 43.4%。

（三）分析说明与鉴定意见

死者全身体表可见不同程度的烧伤（红斑、水疱破溃、焦痂、炭化），符合火场内烧伤所致。

根据尸体检验所见，死者体表未见机械性损伤，解剖见口唇黏膜及颈部皮下及肌肉无出血，可排除机械性暴力致死及捂嘴、扼颈致机械性窒息死亡。

全身体表可见大面积不同程度的烧伤，解剖见喉头水肿、气管及支气管处大量烟灰炭末，气管黏膜充血、水肿，食管黏膜充血，符合热作用呼吸道综合征特征，系生前受热作用表现，结合现场勘查情况、碳氧血红蛋白浓度、尸表检验及解剖所见综合分析，死者符合生前烧死。

【思考题】

1. 烧伤时间如何推断？
2. 如何推断烧死案件的性质？
3. 确定烧死的依据有哪些？

【参考文献】

林子清，陈霆宇. 法医学. 中国人民公安大学出版社，2014.

实验九　机械性窒息

一、实验目的

引起窒息的原因各种各样，凡因机械性暴力的作用，致使机体呼吸道受压、堵塞或胸腹部受压，呼吸运动受限，引起呼吸功能障碍、体内缺氧和二氧化碳潴留，从而导致组织细胞代谢和生理功能紊乱，甚至死亡的病理过程，称为机械性窒息。常见的机械性窒息有勒死、缢死、扼死、捂死等。各种类型的机械性窒息死亡的尸体既具有共同征象又有特征性改变。本实验通过观察机械性窒息的共同征象和各类机械性窒息死亡尸体的特征性改变，了解缢死、勒死、扼死的死亡机理，鉴别缢死、勒死、扼死者的特有改变，分析、判断其法医学意义。

二、实验方法

（1）观察缢死、勒死、扼死后尸体征象的大体图片。
（2）案例讨论。

三、实验内容

（一）机械性窒息尸体共同征象观察

机械性窒息死者由于缺氧，皮肤、黏膜发生紫绀，常见于口唇、颜面、指（趾）甲等处。在面颈部、耳后、眼结膜等处可见针尖或粟粒大小的出血点，体内浆膜及黏膜下点状出血，最典型的是心外膜及胸膜下的出血点，又称 Tardieu 斑。缺氧也可致血液凝固机能遭破坏，血液呈流动性，故尸斑出现早且浓，呈暗紫红色。窒息死者内脏器官可发生淤血、水肿、肺气肿、肺水肿，气管、支气管及肺泡可出现泡沫状液体等。

1. 大体图片（见图 9-1）。
（1）案情摘要：吴某，女，在某宾馆房间内被他人钝性外力作用于面部、颈部导致机械性窒息死亡。
（2）观察要点：颜面部青紫肿胀，伴大量针尖状、点状出血点，右眼睑结膜可见针尖状、点状出血。
（3）分析与诊断：颜面紫绀（扼死）。

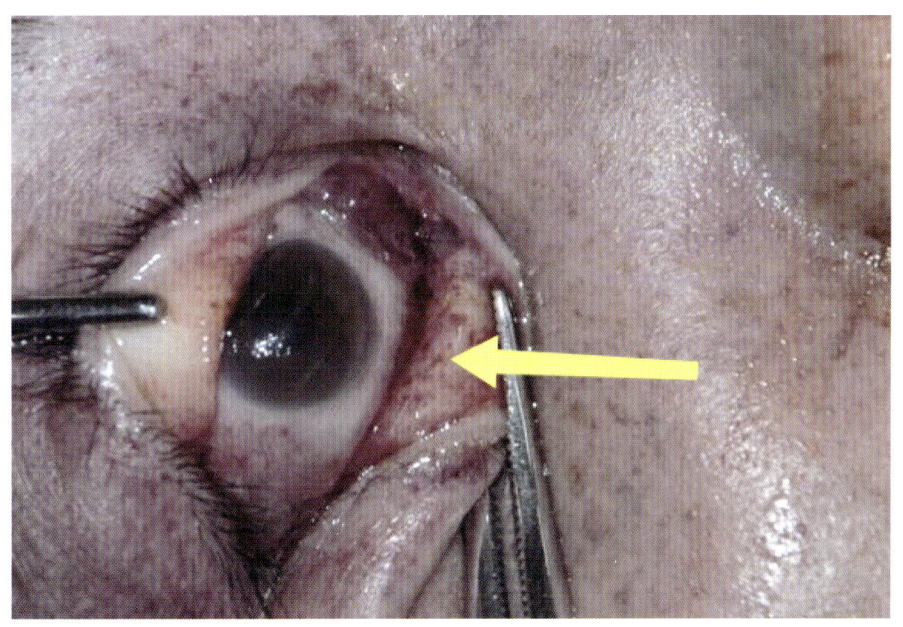

图 9-1

2. 大体图片（见图 9-2）。

（1）案情摘要：刘某，男，在某宾馆房间内用床单撕成的布带自缢死亡。

（2）观察要点：颜面部青紫肿胀明显，上下口唇呈青紫色。

（3）分析与诊断：颜面紫绀（缢死）。

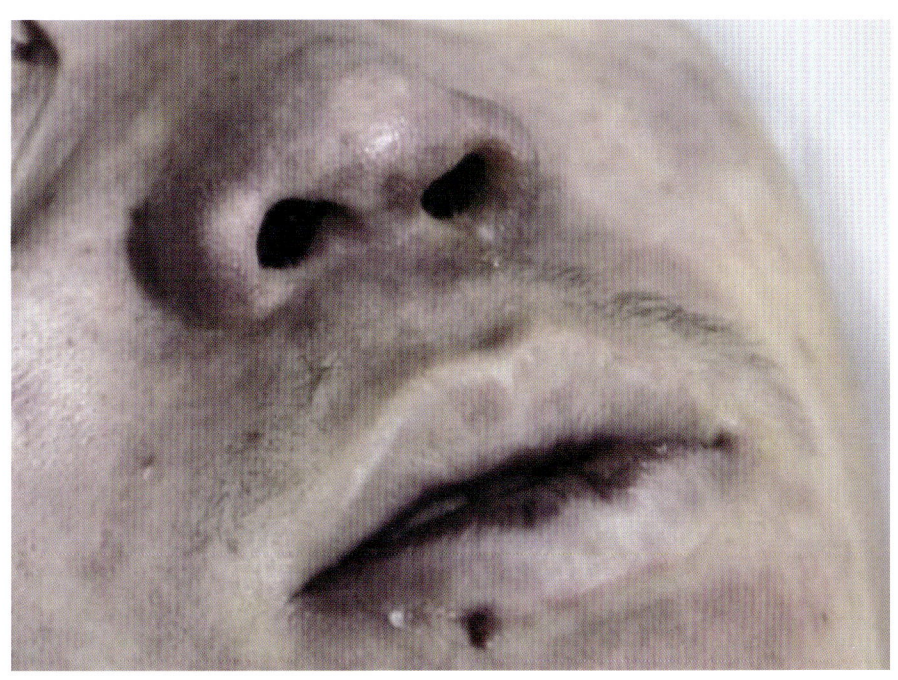

图 9-2

3. 大体图片（见图9-3）。

（1）案情摘要：陈某，女，43岁，在其住宅内被他人扼压颈部导致机械性窒息死亡。

（2）观察要点：死者双侧腰背部和双下肢内外侧未受压处均可见大片状呈暗紫红色的斑块。

（3）分析与诊断：尸斑（扼死）。

图 9-3

4. 大体图片（见图9-4）。

（1）案情摘要：黄某，女，40岁，在其住宅内被他人勒压颈项部导致机械性窒息死亡。

（2）观察要点：死者肩背部、腰背部等未受压处可见呈暗紫红色的形状不规则的片状、条状斑块。

（3）分析与诊断：尸斑（勒死）。

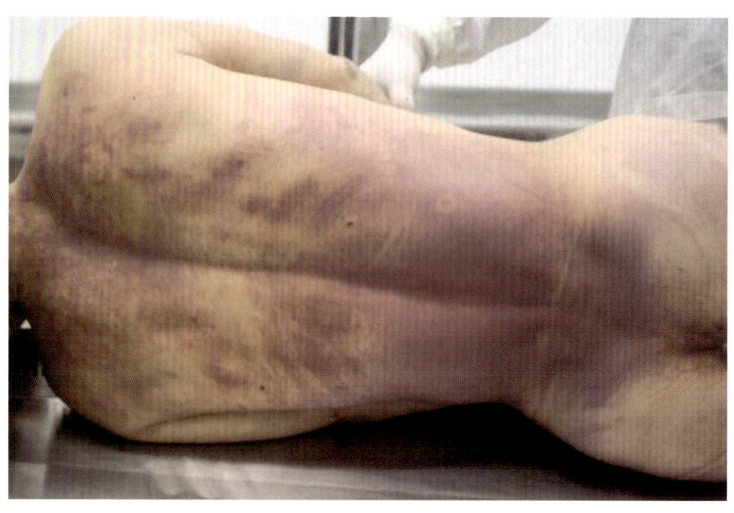

图 9-4

5. 大体图片（见图9-5）。

（1）案情摘要：刘某，女，37岁，被他人用软质物品（如衣物、毛巾等）勒颈导致机械性窒息死亡。

（2）观察要点：肺呈气肿状，肺表面可见大量大小不等的红色点状出血斑，有的单个散在存在，有的互相融合。

（3）分析与诊断：肺气肿、塔雕（Tardieu）斑（勒死）。

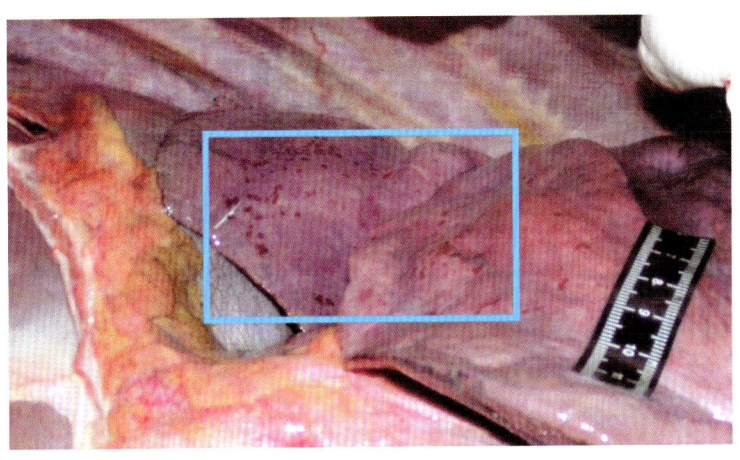

图9-5

6. 大体图片（见图9-6）。

（1）案情摘要：黄某，男，2岁，被他人徒手扼压颈部导致窒息死亡。

（2）观察要点：心室外膜下可见大小不等、红色点状、散在的出血斑。

（3）分析与诊断：心外膜塔雕（Tardieu）斑（扼死）。

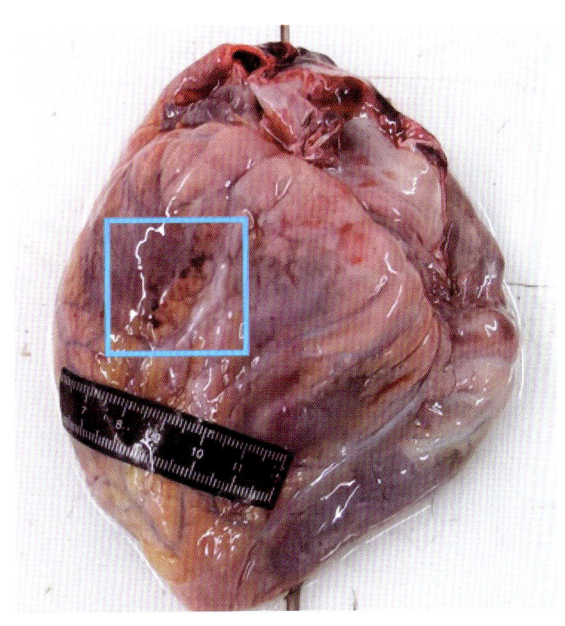

图9-6

7. 大体图片（见图9-7）。

（1）案情摘要：熊某，女，42岁，被他人徒手捂压口鼻部及扼压颈部导致机械性窒息而死亡。

（2）观察要点：气管内可见大量白色泡沫状液体和散在出血点。

（3）分析与诊断：气管内泡沫、出血点（扼死）。

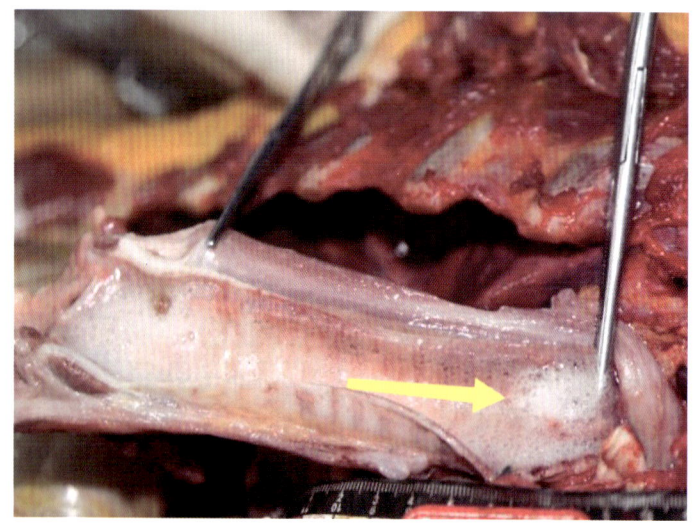

图9-7

8. 大体图片（见图9-8）。

（1）案情摘要：某住宅内发现一女性尸体，经检验鉴定，系被他人勒颈导致机械性窒息死亡。

（2）观察要点：喉室内可见少量白色泡沫状液体，黏膜上可见点状、块状的出血。

（3）分析与诊断：喉室泡沫、黏膜出血（扼死）。

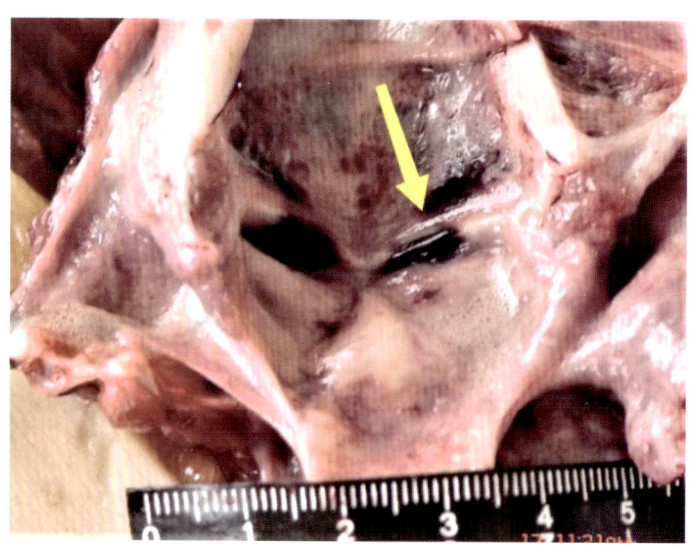

图9-8

（二）缢死尸体征象观察

缢死是法医检案中常见的机械性窒息死亡方式之一，是指利用绳索状物套绕颈（项）部后，利用自身全部或部分体重的下垂作用，使绳索压迫颈项部而导致死亡。多见于自杀，偶见于他杀或意外，也有他杀后悬尸伪装自缢的情形。

典型缢死者，缢吊时常因颈总动脉、椎动脉以及颈静脉同时受压闭塞，造成头面部血流完全被阻断，颜面部血流量明显下降而呈现面色苍白；非典型缢死者，因颈部受力不均，往往使颈部的动脉压闭不全，而颈静脉完全被压闭，造成面部充血肿胀，呈青紫色改变，还可见眼结膜和面部皮肤有散在性点状出血。典型的缢沟呈马蹄状，缢索负重部位缢沟最深，逐渐向上因压力减小而变浅，于缢索提空处消失。缢沟深部组织可见肌肉撕裂和出血，颈总动脉内膜横行裂伤并伴有内膜下出血，舌骨大角和甲状软骨上角骨折。

1. 大体图片（见图 9-9、图 9-10）。

（1）案情摘要：罗某，女，在其出租屋内用睡衣布腰带自缢死亡。

（2）观察要点：死者颜面苍白，颈前部可见略呈水平、宽度 1~2cm 的索沟，索沟向两侧呈斜行向耳后上方走行，逐渐变浅，最后在项部上方接近并提空消失。

（3）分析与诊断：前位典型缢死及马蹄形缢沟。

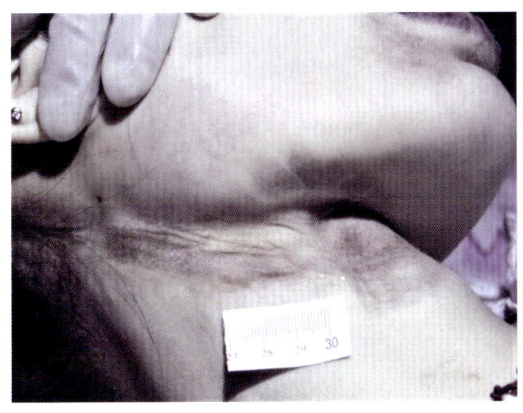

图 9-9　　　　　　　　　　　　　　　　　图 9-10

2. 大体图片（见图 9-11、图 9-12）。

（1）案情摘要：某树林中发现一悬吊的女性尸体。

（2）观察要点：死者项部可见一索沟，从两侧耳下向前走行，右侧于右鼻翼处提空消失（见图 9-11），左侧于左颧弓处提空消失（见图 9-12）。索沟呈暗褐色，边缘清晰，索沟表面可见与绳索花纹印痕。

（3）分析与诊断：后位缢死及马蹄形缢沟。

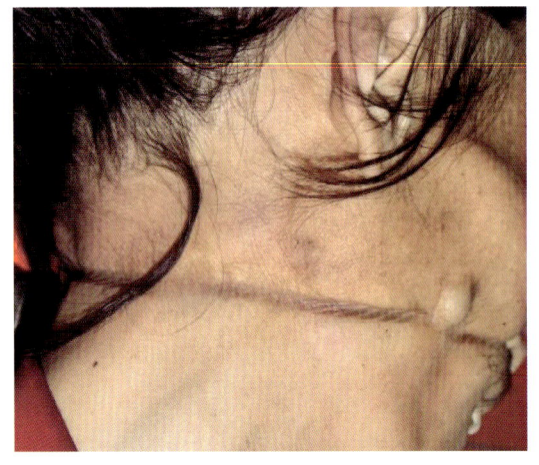 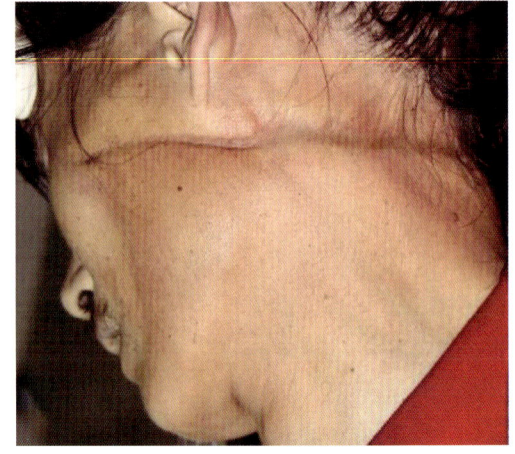

图 9-11   图 9-12

（三）勒死尸体征象观察

勒死的主要征象是勒沟。勒沟位置一般较低，位于喉结或其下方水平，呈环形水平走行，闭锁而无间断。勒沟的数目决定于勒索绕颈的圈数与勒索的股数，一圈、两圈者多见，深度较均匀，勒沟处皮下及肌肉常有出血。施力较大时，舌骨大角、甲状软骨板和上角可发生骨折，骨折处有出血。勒死者颜面大多明显淤血、紫绀、肿胀，皮肤有散在或密集点状出血。勒死者常因挣扎、搏斗，在体表造成较多损伤。

大体图片（见图 9-13 至图 9-16）。

（1）案情摘要：颜某，女，30 岁，被人发现死于其住宅内。后经尸体检验及侦查证实，颜某系生前被他人勒颈导致机械性窒息死亡。

（2）观察要点：死者颈部可见两道索沟，呈水平方向，单道宽 0.3cm，颈前索沟上方见条状出血伴表皮剥脱（见图 9-13、图 9-15），索沟呈水平方向向后侧延伸逐渐变淡（见图 9-14、图 9-15）。气管后左侧舌骨角处筋膜见小片状出血（见图 9-16）。

（3）分析与诊断：勒死及勒沟。

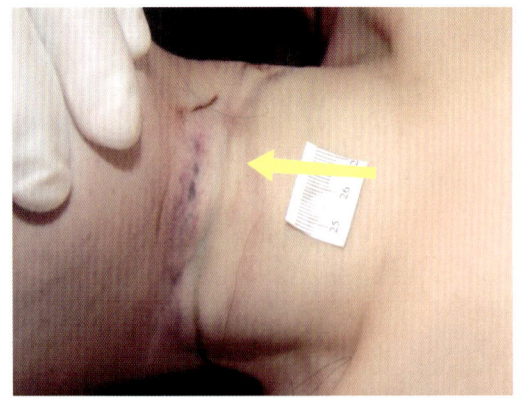 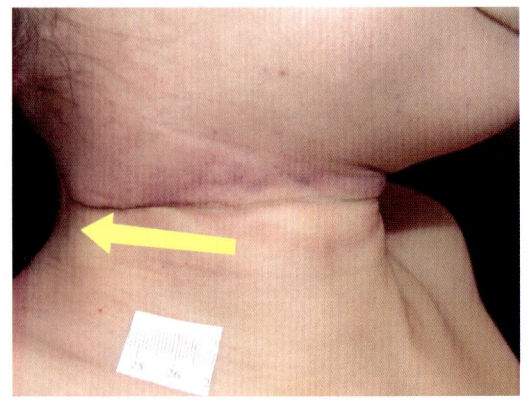

图 9-13   图 9-14

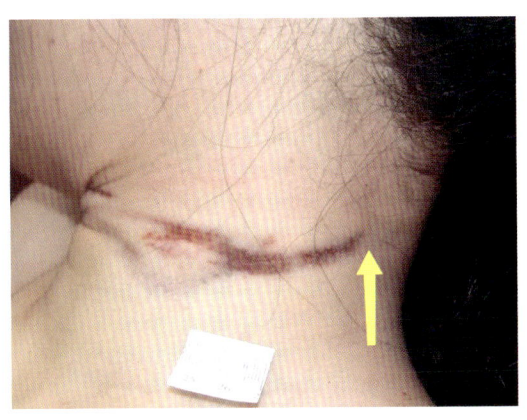

图 9-15

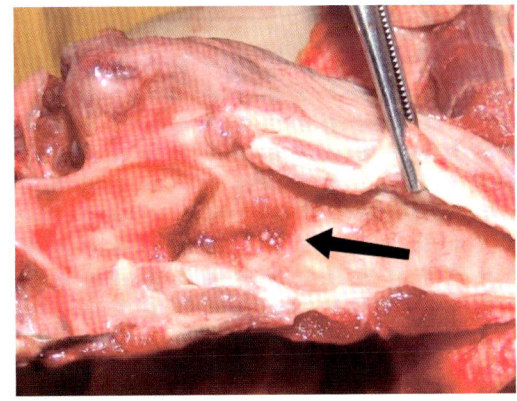

图 9-16

（四）扼死尸体征象观察

扼死也称掐死，是指用手压迫颈部而造成的机械性窒息死亡。用手臂、脚或肢体的其他部位压迫颈部造成的机械性窒息亦属于此类死亡。掐死仅见于他杀。扼压颈项部时，手臂、手指、指甲、虎口以及手掌等部位与颈项部皮肤发生压擦，会形成颈项部局部皮肤的损伤。手指、掌面压擦颈项部，可形成圆形或椭圆形的表皮擦伤及挫伤；指甲前沿压擦颈项部皮肤可形成新月形或短线形的皮肤擦伤或挫伤。扼颈时凶犯所处的位置和施力手不同，在被害人颈项部所形成的扼痕位置、形态和分布也会不一致。扼痕深部的皮下组织、筋膜、肌肉、甲状腺及周围组织可见出血或挫伤。当颈部受到较强力扼压时，可造成颈部骨骼和软骨骨折，常见的是舌骨大角骨折。

大体图片（见图 9-17 至图 9-20）。

（1）案情摘要：某住宅内发现一女性尸体。

（2）观察要点：左下颌皮肤见多处块状青紫，颈前区见呈长条状、圆形及短棒形的皮下出血伴表皮剥脱（见图 9-17）。颈深部可见左侧颈长肌肌肉出血（见图 9-18），左侧甲状腺出血（见图 9-19），环状软骨及喉腔内黏膜见散在点状出血（见图 9-20）。

（3）分析与诊断：扼死及颈部扼痕。

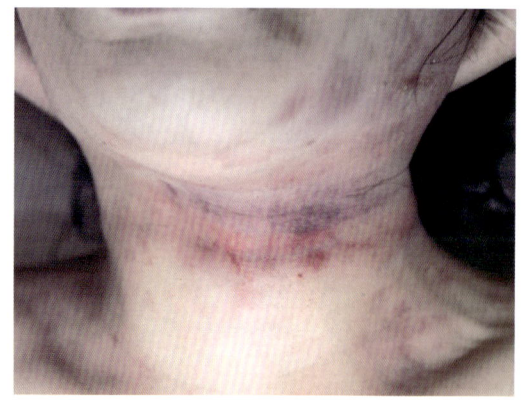

图 9-17

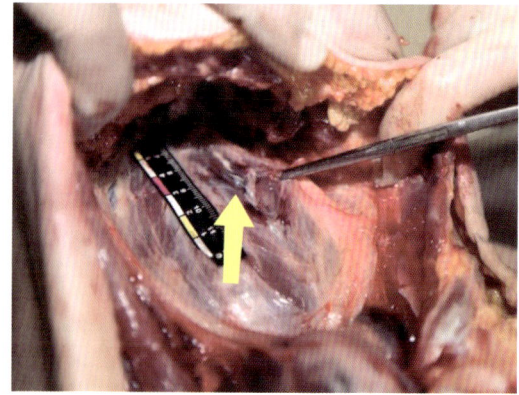

图 9-18

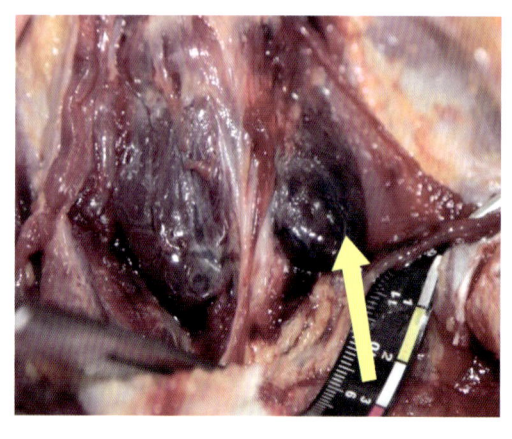

图 9-19

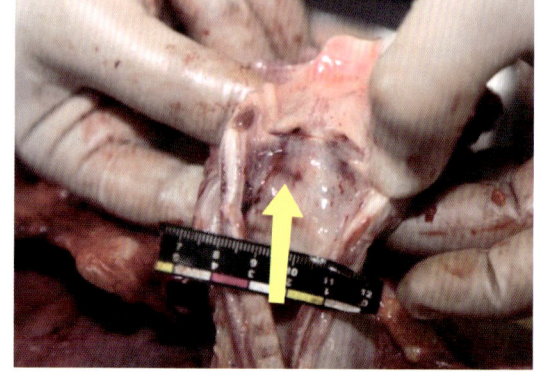

图 9-20

四、案例讨论

（一）简要案情

2014 年 4 月 22 日 0 时 30 时许，某派出所接报称：村民舒某被人发现死在其家西面巷口空地上，现场已由派出所所长姜某以专人保护的形式加以保护，要求派员勘验现场和检验尸体。

（二）法医学检查

1. 尸表检验。

死者舒某，男，69 岁。尸长 170cm，发育正常，营养一般。尸斑呈暗紫红色，位于尸体背侧未受压处，指压褪色（见图 9-21）。尸僵各关节形成，强硬。头面颈部等处见泥沙黏附。

颜面部青紫肿胀，以左侧明显，左眼眶周青紫，前额正中、右前额散在分布条片状表

98

皮剥脱及皮下出血多处，左顶枕部 10cm×9cm 范围内见多处条片状皮肤挫伤。上下唇青紫肿胀。右上唇见长 1.5cm 贯通创，上唇正中偏左侧见长 1cm 贯通创，以上创口创缘不齐，创内见组织间桥。下唇黏膜见多处挫裂创（见图 9-22）。两下颌区见多处皮肤挫伤及挫裂创，大小在 1.5cm×0.3cm 内，颈前区青紫肿胀，颈前 22cm×11cm 范围见大片状皮下出血伴表皮剥脱。

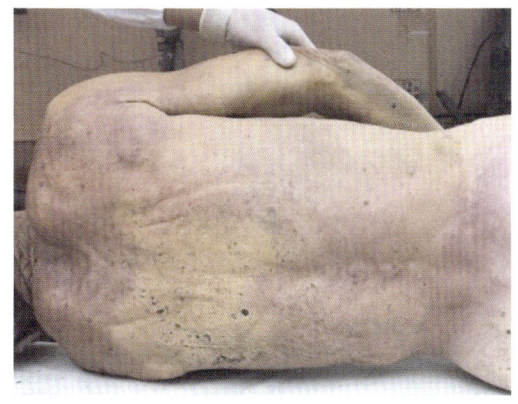

图 9-21

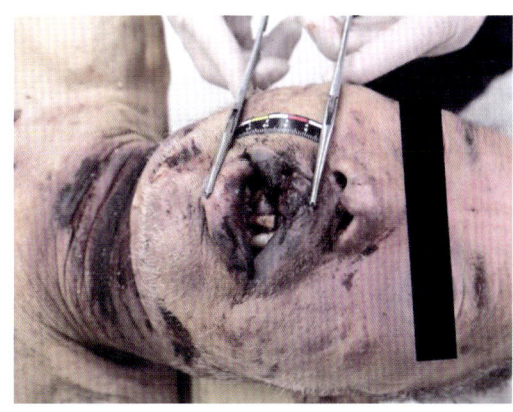

图 9-22

胸骨柄、两锁骨区、左前胸上部触及皮下捻发感。胸骨柄区见五处小片状皮下出血伴表皮剥脱，大小在 1.5cm×1cm 内。左肩背侧见 2.5cm×1cm 表皮剥脱，左肩胛外侧见 1cm×1cm 表皮剥脱。四肢无畸形。左前臂中下段、左手背桡侧散在分布片状皮下出血，左手呈屈曲畸形，见多处片状陈旧性疤痕。右前臂下段见三处 1cm×1cm 内皮下出血，右手背桡侧 7cm×6cm 范围内见片状皮下出血。

2. 解剖检验。

颈部皮下、各肌层广泛性出血，气管向左偏（见图 9-23），舌骨左侧粉碎性骨折（见图 9-24），甲状软骨右侧断裂（见图 9-25），会厌区片状出血，颈椎前筋膜广泛性出血。左肺表面见小片状出血（见图 9-26），两肺尖、右肺叶间粘连。心脏及大血管内血液呈暗红色流动状态。

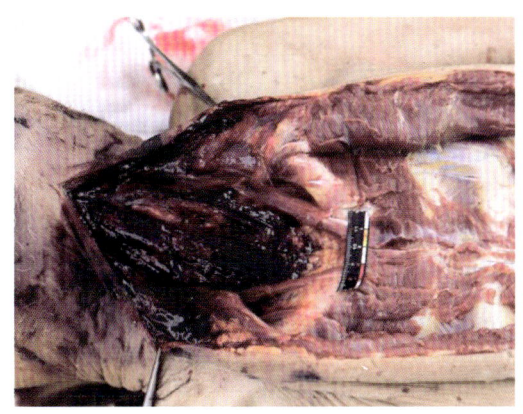

图 9-23

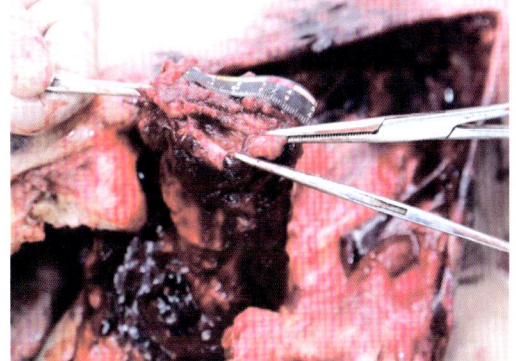

图 9-24

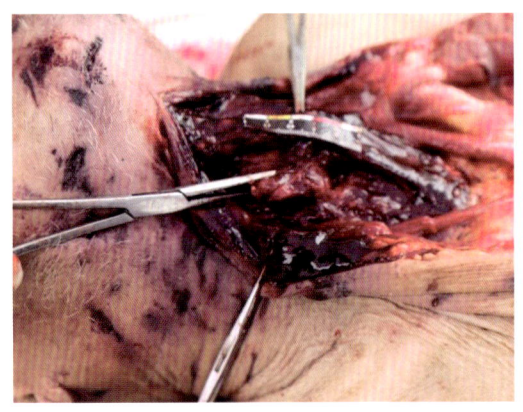
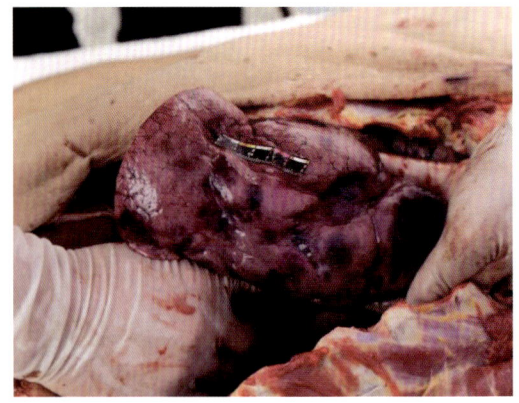

图 9-25　　　　　　　　　　　　　　　　　　图 9-26

3. 理化检验。

提取死者肝组织、胃组织及胃内容物足量送毒物检验，均未检出安定等常见安眠镇静类药物、甲基对硫磷等常见有机磷类农药、灭多威等常见氨基甲酸酯类农药、甲氰菊酯等常见拟除虫菊酯类农药及杀鼠药毒鼠强成分。

（三）分析说明与鉴定意见

1. 死因分析。

根据尸体检验所见，死者舒某双眼结膜点状出血，颜面部、颈前区青紫肿胀，颈前区广泛性皮下出血伴表皮剥脱，胸骨柄区、两锁骨区、左胸上部触及皮下捻发感。解剖见：右侧颞肌内灶性出血，颈部皮下、各肌层广泛性出血，舌骨左侧粉碎性骨折，甲状软骨右侧断裂，会厌区出血，颈椎前筋膜广泛性出血，左肺表面灶性出血等颈部损伤及机械性窒息征象。颅骨未见骨折，颅内未见出血，胸腹腔各脏器完整。毒物检验在其肝组织、胃组织及胃内容物中未检出常见毒物成分。综上分析认定，舒某系被扼压颈部导致机械性窒息死亡。

2. 致伤工具推断。

根据尸体检验所见，死者舒某颈前区青紫肿胀，颈前 22cm×11cm 范围内皮下出血伴表皮剥脱，颈部皮下、各肌层、椎前筋膜广泛性出血，舌骨左侧粉碎性骨折，甲状软骨右侧断裂，据其损伤特征分析，符合钝性暴力作用所致，徒手扼压可以形成。死者头面部多处皮肤挫伤，颜部青紫肿胀，以左侧明显，左眼眶周青紫，上唇两处贯通创，创缘不齐，创内有组织间桥，下唇黏膜多处挫裂创，胸骨柄区、左肩背侧等处散在分布多处小片状皮下出血及表皮剥脱，据其损伤特征分析，符合钝性物体多次打击所致。

3. 鉴定意见。

死者舒某系因被他人扼压颈部导致机械性窒息死亡。

【思考题】

1. 如何鉴别缢沟和勒沟？

2. 怎样鉴别生前缢死与死后悬尸？

实验十　机械性窒息——溺死与硅藻检验

一、实验目的

通过观察溺死的图片，了解溺死的尸体外表征象及内部征象，并掌握生前入水与死后抛尸入水的区别，通过动物溺死实验，加深对理论知识的理解和掌握。

二、实验方法

（1）观察溺死尸体的大体图片。
（2）动物实验。
（3）硅藻检验。
（4）案例讨论。

三、实验内容

（一）溺死尸体的观察

大体图片（见图 10-1 至图 10-7）。

（1）案情摘要：某地一山间水塘内发现一男性尸体，全身只穿内裤，附近草丛中见鞋子与衣服叠放整齐。

（2）观察要点：死者口鼻部可见白色泡沫（见图 10-1），口唇青紫泛白，眼睑结膜可见点片状出血（见图 10-2），右手中握有水草（见图 10-3），掰开右手各指，右手掌皮肤发白皱缩（见图 10-4），手背部分皮肤脱落，解剖检验气管内可见大量白色泡沫（见图 10-5），胃内见混浊液体（见图 10-6），心脏表面可见点状出血（见图 10-7）。

（3）分析与诊断：生前入水溺死。

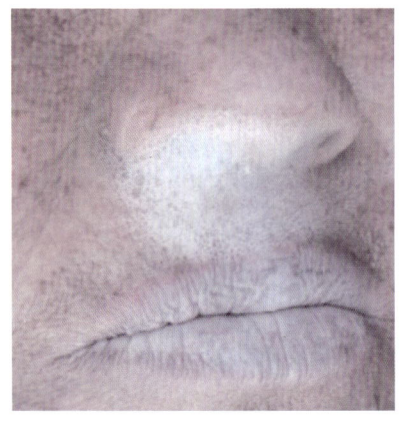

图 10-1

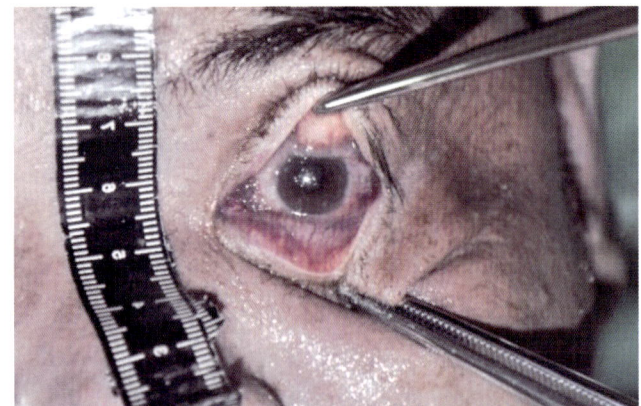

图 10-2

图 10-3

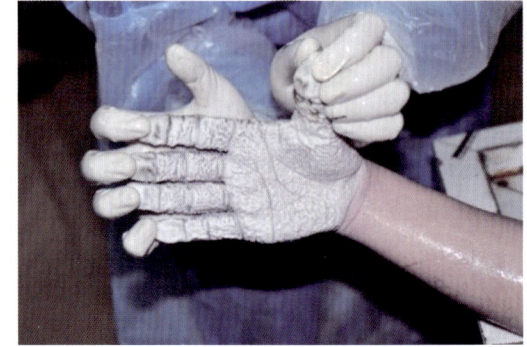

图 10-4

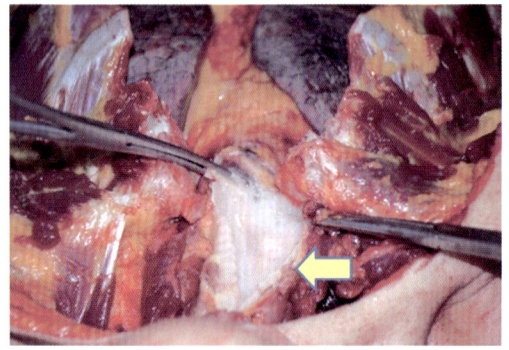

图 10-5

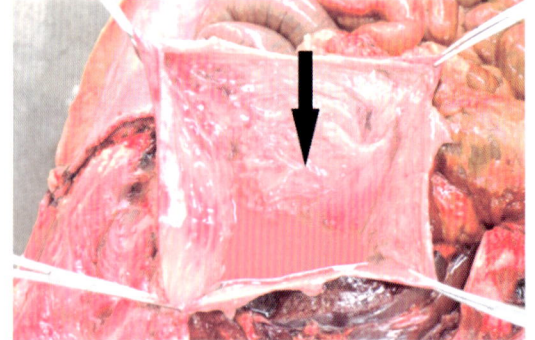

图 10-6

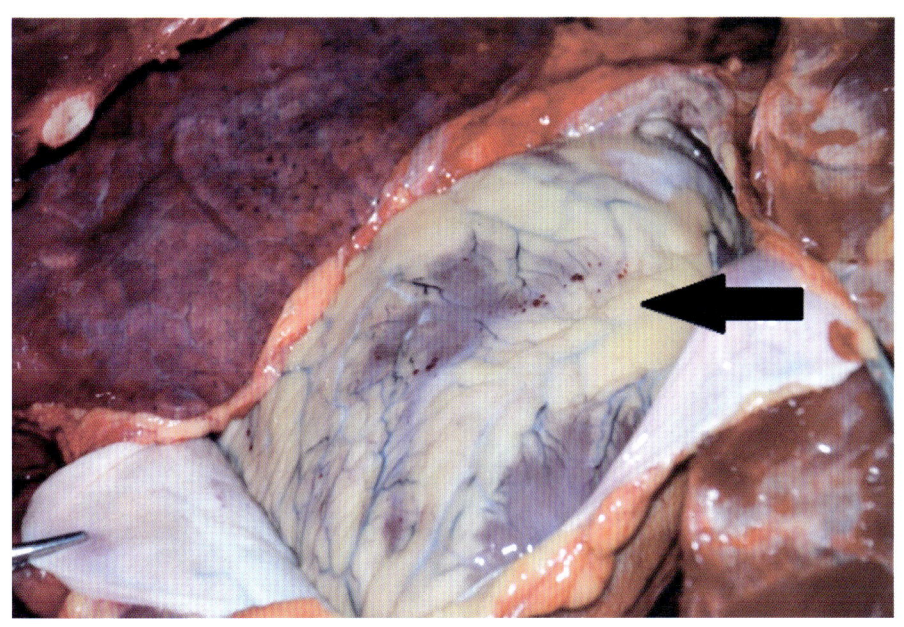

图 10-7

（二）动物实验

1. 实验分组。

每组若干人，每组再分成 A、B 两小组，A 组对实验动物进行溺死，B 组对实验动物进行死后抛尸入水。

2. 材料与方法。

（1）实验动物：成年家兔（重约 2kg），每组 2 只。

（2）实验器材与试剂：实验台 1 个；大塑料桶 1 个，兔笼 1 个；10ml 注射器及针头 1 套；实验动物解剖器械 1 套（手术刀 1 把、止血钳 2 把、手术剪 1 把、镊子 2 把）；固定用纤维绳 2m；一次性医用手套。

3. 实验步骤。

（1）从户外水塘或河流中取水 40L 置于大塑料桶内，模拟常见溺水环境。

（2）溺死：任取家兔一只，放入兔笼中并关好门，将兔笼投入预先准备的溺液中，并反复多次沉没于水面，其目的是让家兔多吸入些溺液。观察并记录家兔的反应、溺死过程。

（3）死后抛尸入水：采用耳缘静脉空气栓塞法致死另外一只家兔，将死亡的家兔投入预先制备的溺液中，浸泡时间同溺死家兔。

（4）从水中取出两只家兔，进行尸表检查及解剖，边解剖、边观察。注意观察口、鼻部有无泡沫，眼睑结膜有无出血点，气管、支气管、肺脏有无水性肺气肿的表现，肺形状、体积及重量有无增大，食道及胃内有无溺液，内脏包膜上有无出血点及暗红色斑块分布。

（5）各剪取两只家兔的一侧肺（注意剪取肺组织的器械要与之前的解剖器械分开使用），分别装入干净的塑料袋或以蒸馏水和重蒸馏水各冲洗两遍的磨砂广口瓶，以备硅藻检验。

（三）硅藻检验

1. 硝酸破机法硅藻检查实验。

（1）实验原理。利用硝酸的强腐蚀性，在加热的条件下，对组织、器官中有机成分进行消化使之成为无机物质的方法。

（2）器材与试剂。

①器材：生物显微镜、500ml 烧杯、玻璃棒、10ml 量筒、吸管、离心管、试管架、离心机、天平、可调式电炉、载玻片和盖玻片。

②器材要求：提取检材所用的器材必须以蒸馏水和重蒸馏水各冲洗两遍后，用干净的塑料袋密封；盛装检材必须用干净的塑料袋或以蒸馏水和重蒸馏水各冲洗两遍的磨砂广口瓶；硅藻检验过程中使用的所有器械、容器在使用前均必须以蒸馏水和重蒸馏水各冲洗两遍。

③试剂：蒸馏水和重蒸馏水、分析纯浓硝酸、无水乙醇、分析纯盐酸、二甲苯、环氧树脂。

（3）实验步骤。

①分别提取两组家兔的肺组织约 20g，用双蒸水反复洗净后放入烧杯内用剪刀尽量剪碎。

②在通风橱内往盛装器官检材的烧杯中加入约 3ml 无水乙醇，加入 50ml 分析纯硝酸，使充分反应，反应结束后将烧杯置电炉上加热至消化液沸腾，沿烧杯壁小心缓慢地加入 0.5ml 无水乙醇，使充分反应，重复 2~3 次加入无水乙醇，直至消化液澄清。

③同时取实验用对照水 20ml，4000r/min 离心 15min，用吸管吸去上清液，往沉淀中加入 5ml 分析纯硝酸，使充分反应。

④待上述肺组织消化液冷却后，将上述肺组织消化液或对照水转入离心管，4000r/min 离心 15min，吸除上层酸液，并反复用蒸馏水洗涤离心 4000r/min×15min、2~3 次，直至上清液酸碱度在 6.5~7.5，吸弃上清。

⑤用吸管将最后一次离心的沉淀物混匀，并滴 1~2 滴在载玻片上，待检液干燥（可在酒精灯上烤干）后，加 1~2 滴二甲苯使之透明，最后用环氧树脂封固、镜检。

⑥观察并比对水样及两组家兔肺组织内有无硅藻及其硅藻的种类、形态、数量，并截图说明。

油镜下的硅藻（见图 10-8 至图 10-12）。

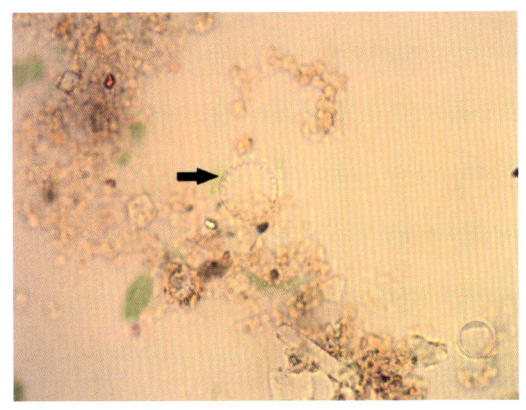

图 10-8　圆形藻（油镜 1000×）

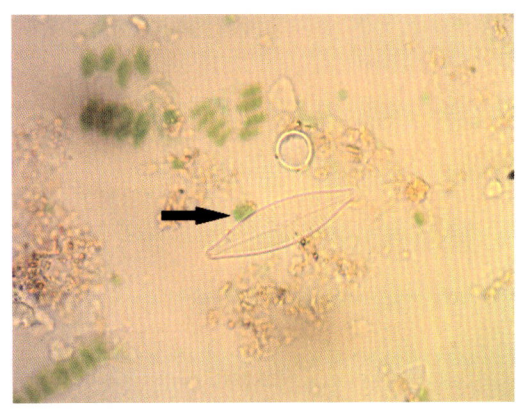

图 10-9　舟形藻（油镜 1000×）

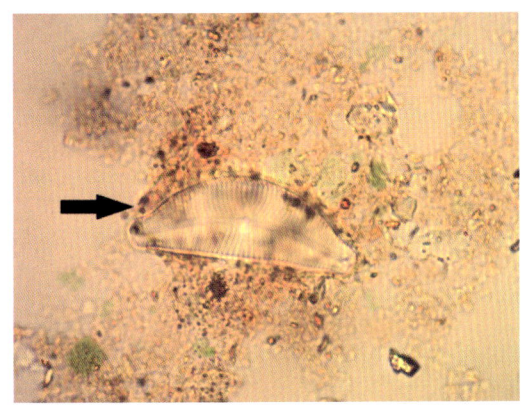

图 10-10　桥形藻（油镜 1000×）

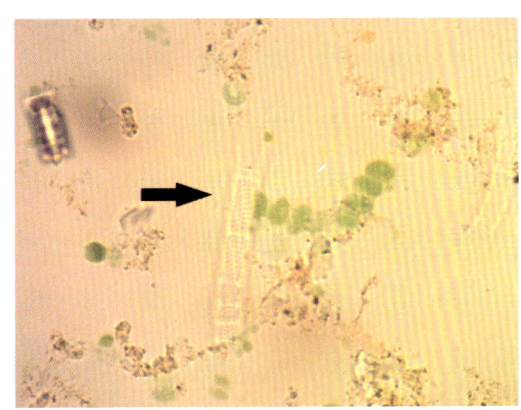

图 10-11　直链藻（油镜 1000×）

图 10-12　针杆形藻（油镜 1000×）

（4）注意事项。

①所用器械及器皿必须干净，并用蒸馏水反复冲洗烘干，以免因污染而出现假阳性结果。

②试剂最好采用分析纯。

③实验室要有通风设备。

④硝酸加入过程中要求缓慢加入，从而避免组织消化碎片蹦出烧杯。

2. 微波消解—真空抽滤—显微镜法。

具体操作详见公安部技术规范《法庭科学 硅藻检验技术规范 微波消解—真空抽滤—显微镜法（GA/T 1662—2019）》。

扫描电镜下的硅藻（见图 10-13 至图 10-17）。

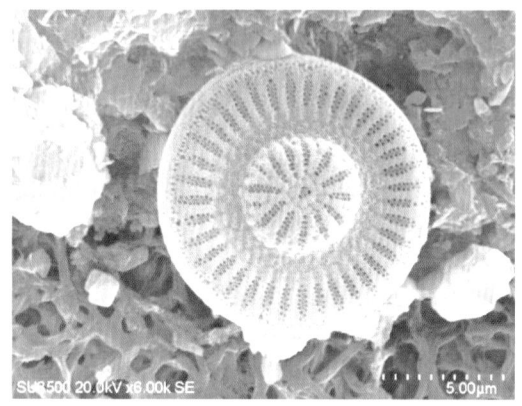

图 10-13 圆形藻（电镜）

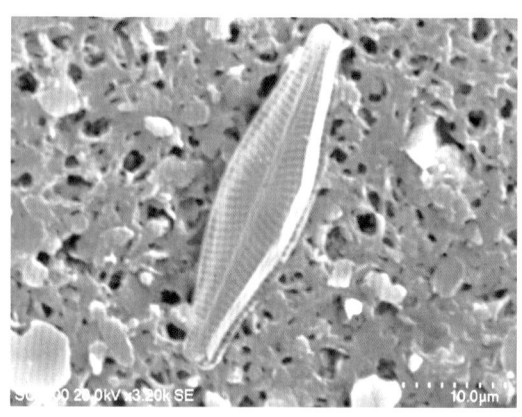

图 10-14 舟形藻（电镜）

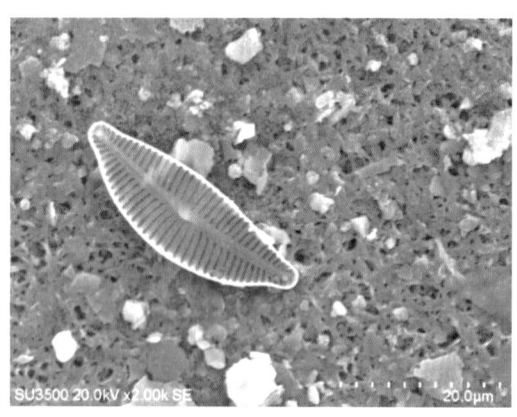

图 10-15 桥形藻（电镜）

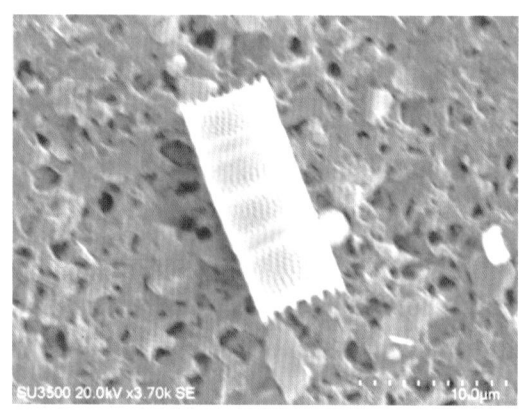

图 10-16 直链藻（电镜）

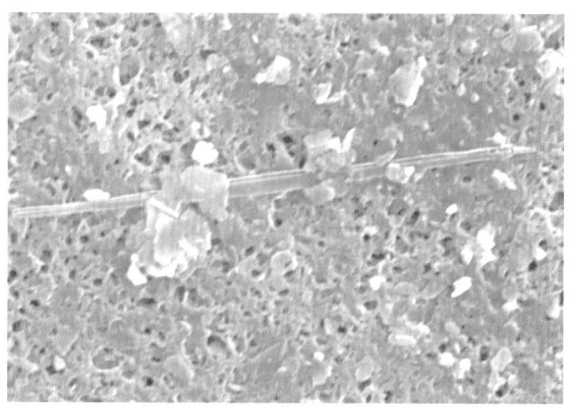

图 10-17 针杆形藻（电镜）

四、案例讨论

（一）案情摘要

2021年9月26日，某市一码头打捞上一具未知名男性尸体，尸体捆绑有绳索（见图10-18、图10-19）。

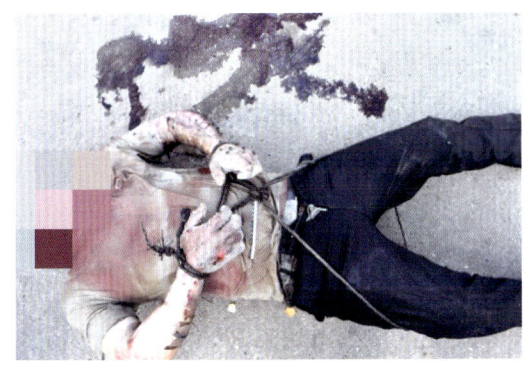

图10-18

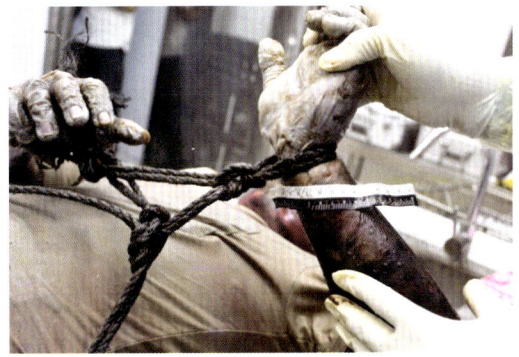

图10-19

（二）法医学检查

1. 尸表检验。

死者，男性，身高165~170cm，年龄30~40岁，黑发，顶部发长约3cm，尸体呈巨人观，死者口鼻部可见蕈样泡沫，全身躯干、四肢未见明显外伤。

2. 解剖检验。

颅骨未见骨折，双侧多发肋骨骨折，但呈对称分布，各组织脏器未见明显破口，肺水肿，肺部肿胀，切面呈淤血状，右侧胸肌出血；心、肝、脾、肾、胰腺、右侧胸肌及双侧颈部肌肉均腐败、自溶。

3. 理化检验。

未知名男性死者的肝组织、胃内容物中均未检出可疑毒物成分。

4. 硅藻检验。

未知名男性死者肺组织及胃内容内检见羽纹纲及中心纲硅藻，所检见的硅藻类型与送检水样中检见的硅藻类型基本一致；肝、肾组织内均检见硅藻，类型与送检水样中的硅藻类型一致。

（三）分析说明

1. 死因与死亡方式。

死者四肢被绳索捆绑，绳结位于躯体前侧，且双手之间绳索长度不短，尚有活动空间，因此绳索考虑为本人捆绑形成；死者全身躯干、四肢未见明显外伤，颅骨未见骨折，颈部肌肉未见明显出血，颈总动脉未见横断，舌骨完整，各脏器除双侧多发肋骨骨折，未见其他破口及挫裂伤，其双侧多发肋骨骨折，呈对称分布，考虑为水面冲击挤压胸腔形成；死者口鼻部可见蕈样泡沫，肺部肿胀，切面呈淤血状，硅藻检验显示死者肺组织及胃内容内检见羽纹纲、中心纲硅藻，所检见的硅藻类型与送检水样中检见的硅藻类型基本一致；综上，认定死者为溺水死亡，排除机械性暴力致死。

2. 死亡时间。

死者面部肿胀明显，全身腐败呈巨人观改变，头发轻拂即可脱落，四肢末端皮肤肿胀发白皱褶，双上肢皮肤呈袖套样脱落改变。全身腐败静脉网。会阴部器官肿胀明显。但肛门尚未见明显脱垂。内脏器官自溶征象明显，脑组织液化程度较明显。发现死者当日（2021年9月26日）气温：38℃/28℃，前一日（2021年9月25日）气温：38℃/29℃，大前日（2021年9月24日）气温：37℃/27℃。推测死亡时间为发现时前3日左右。

3. 确定身源。

由于死者头部肿胀，面部已无法进行人脸识别比对，先将死者衣着特征在雪亮智能应用平台中进行检索比对，未发现符合衣着特征人员。后根据尸检情况及法医对死亡时间的推测，结合湘江水流特点，推测死者坠河地点为据发现地600米外的湘江公铁大桥。推测坠河时间为9月24日凌晨。

经视频侦查，发现9月24日0时54分，一男子身背黑色双肩背包，手持一块砖头由北向南沿湘江南路步行至湘江公铁大桥，身高、衣着、发型特征与死者高度相符。为进一步确定身源，侦查员根据可疑男子面部进行人脸比对，经查，该男子与广西桂林籍男子李某某高度相似。随即对李某某的活动轨迹进行研判，发现李某某在株洲有开房记录，与死者随身物品中印有"×××株洲"黑色打火机印证。进而与李某某家属进行DNA比对，最终确定死者身源。

【思考题】

1. 请查阅相关文献了解死亡时间的判断有哪些方法？
2. 请结合硅藻检验实验了解本地水域中硅藻的种类。

【参考文献】

法庭科学　硅藻检验技术规范　微波消解—真空抽滤—显微镜法（GA/T 1662—2019）.

实验十一　模拟现场血迹形态分析

一、实验目的

（1）熟悉血迹形态分类、基本特征和意义。

（2）理解现场血迹形成机理。

（3）掌握滴落血迹、抛甩血迹的基本分析方法。

二、实验方法

（1）通过观察典型血迹图片，分析并理解血迹形态的分类和基本特征，辨识各类血迹形态及其法医学意义。

（2）通过模拟滴落血迹、抛甩血迹的形成，对血迹进行测量和分析，理解血迹形态形成机理，掌握根据血迹形态推断来源方向与接触角度的基本方法。

（3）根据案例资料，利用血迹形态相关知识进行实案分析。

三、实验内容

（一）常见血迹形态观察

根据形成机制，可将血迹形态分为被动血迹、投射状血迹、变动状血迹三大类。被动血迹，是指人体出血后仅受重力和摩擦力作用形成的血迹，包括滴落血迹（静态、动态）、流柱血迹、血泊、浸染血迹等。投射状血迹，是指伤口出血处或暴露的血液受到打击或其他外力作用所形成的血迹，包括溅落（冲撞）血迹、喷溅血迹、抛甩（挥洒）血迹、呼出喷溅状血迹等。变动状血迹，是指已暴露的血迹发生物理或生理变化，使其原状改变而形成新的血迹，也称被改变的血迹，包括擦拭血迹、转移血迹、血迹空白区、稀释血迹等。

1. 静态滴落血迹（见图 11-1、图 11-2）。

（1）观察要点：如图 11-1 所示血迹呈圆形，周围溅散血迹少；如图 11-2 所示血迹呈圆形，周围溅散血迹多，呈毛刺状。

（2）血迹形态分析：如图 11-1 所示血液垂直滴落到光滑载体瓷砖上形成；如图 11-2 所示血液垂直滴落到粗糙载体床单上形成。

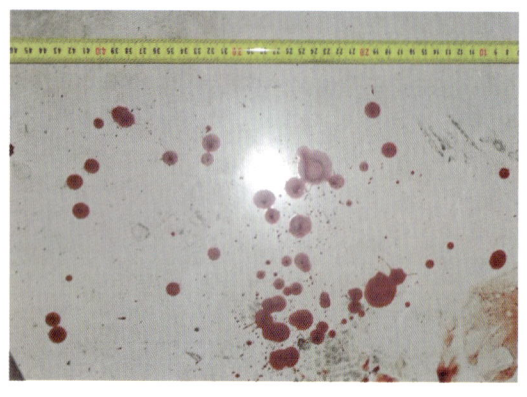

图 11-1

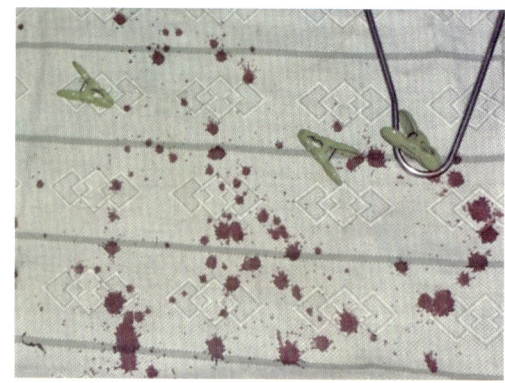

图 11-2

2. 动态滴落血迹（见图 11-3）。

（1）观察要点：血迹呈类圆形，一侧光滑，一侧边缘有毛刺状，周围卫星点不明显。

（2）血迹形态分析：伤者朝血迹毛刺方向慢走，血液滴落地面形成。

3. 流柱血迹（见图 11-4）。

（1）观察要点：成条柱状，上细下粗，上淡下浓；贴近表面，方向向下。

（2）血迹形态分析：尸体呈仰卧位，死者胸部血液朝背侧流柱，死者先失去行为能力仰卧后再被刀捅刺胸部。

图 11-3

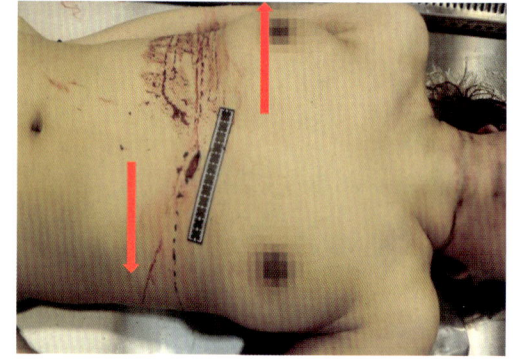

图 11-4

4. 血泊（见图 11-5）。

（1）观察要点：血液聚集成泊，现场所有血迹形态中较大的一种。

（2）血迹形态分析：图中有两处血泊，说明死者伤后在一处停留，然后移动至另一处。

5. 浸染血迹（见图 11-6）。

（1）观察要点：血液在有吸附性的物体上所形成的血迹，在观察血迹的分布时，要注意各种吸附性物体缝隙中的浸染血迹。

（2）血迹形态分析：被褥上呈人形浸染血迹。

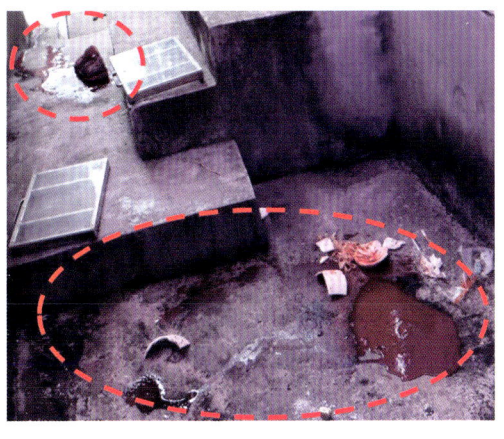

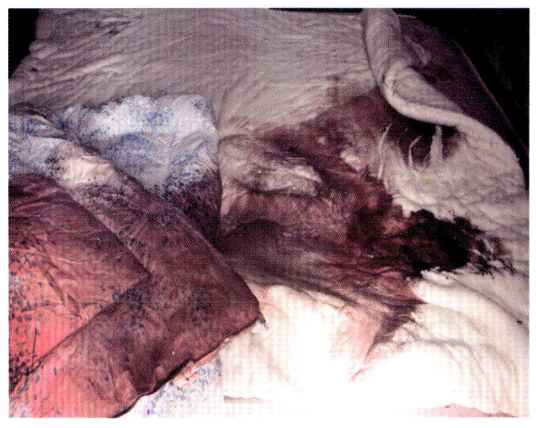

图 11-5 图 11-6

6. 溅落血迹（见图 11-7、图 11-8）。

（1）观察要点：如图 11-7 所示墙面上放射状分布的细小血滴；如图 11-8 所示血泊周围溅洒的细小血滴。

（2）血迹形态分析：如图 11-7 所示血迹为墙上溅落血迹，多次打击形成。如图 11-8 所示血迹为二次溅落血迹，固定位置有血滴持续滴落形成。

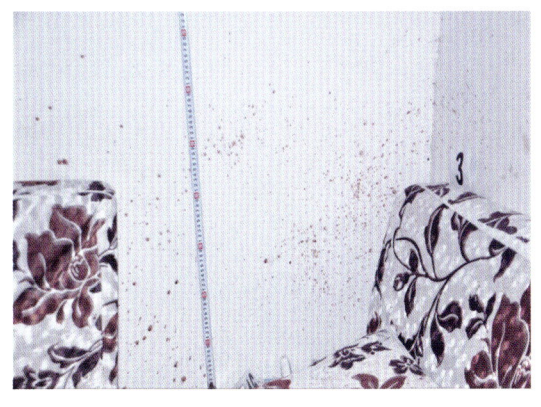

图 11-7 图 11-8

7. 喷溅血迹（见图 11-9、图 11-10）。

（1）观察要点：如图 11-9 所示墙面及床头形成片状、波浪状血迹，其尾呈拉链状，喷射血量大，下方形成了多条流柱血迹；如图 11-10 所示成组排列的椭圆形血迹，单个椭圆尾部与整组血迹呈明显夹角。

（2）血迹形态分析：如图 11-9 所示血迹为大动脉破裂喷溅形成；如图 11-10 所示血迹为伤者横向移动，小动脉破裂血液斜行向上喷溅形成。

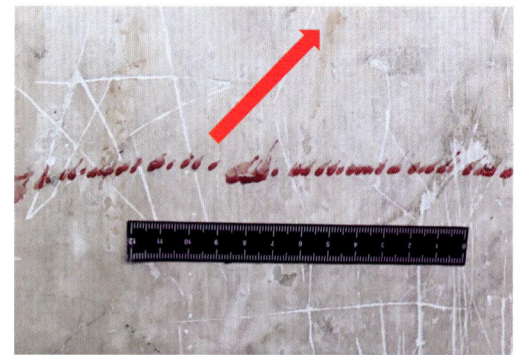

图 11-9

图 11-10

8. 抛甩血迹（见图 11-11、图 11-12）。

（1）观察要点：如图 11-11 所示墙面上弧形分布血迹起点多为圆形，逐渐变为椭圆形；如图 11-12 所示为天花板上一组椭圆形血迹。

（2）血迹形态分析：如图 11-11、如图 11-12 所示血迹为挥动工具在墙面和天花板上形成，抛甩血迹反映打击次数，发现一处抛甩血迹时即可判断为打击至少已有过 2 次。

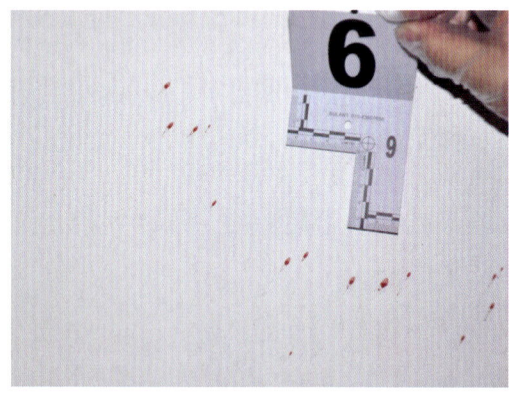

图 11-11

图 11-12

9. 转移血迹（见图 11-13、图 11-14）。

（1）观察要点：转移血迹大体可分为两类，人体的转移血迹和工具的转移血迹，两种转移血迹都是在不同的状态下形成的，由于主动载体表面的特征不同，形成的转移血迹形态也有很大差异。

（2）血迹形态分析：如图 11-13 所示血迹为血袜印；如图 11-14 所示血迹为致伤物钢管在被害人卧室床褥上转移形成。

图 11-13

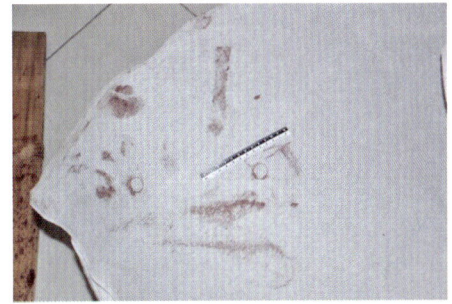

图 11-14

10. **擦拭血迹**（见图 11-15）。

（1）观察要点：一般都是在随手可触及的部位上；擦拭血迹大多分布在物体的表面突出部位，如家具外侧面，这些部位以无意碰擦、接触为主；现场有意识形成的拖擦血迹。

（2）血迹形态分析：挪动伤者躯体擦拭形成。

图 11-15

11. **血迹空白区**（见图 11-16、图 11-17）。

（1）观察要点：血痕形态中缺少血痕的一部分空白区域，空白区域的出现是出血当时曾经有一个中间载体存在的确证。

（2）血迹形态分析：如图 11-16 所示为血迹空白区，由中间载体阻挡血迹溅落形成；如图 11-17 所示复位中间载体——枕头。

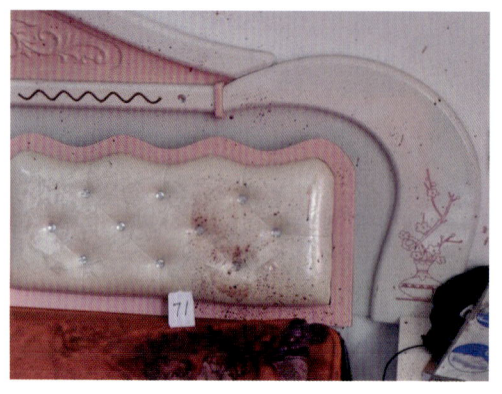
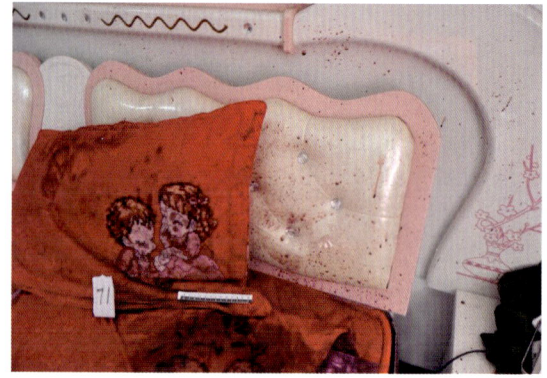

图 11-16   图 11-17

（二）模拟现场滴落血迹实验

1. 实验材料。

（1）实验用血：新鲜鸡血，取用鸡血前加入抗凝剂肝素（1.25 万 U），慢慢搅拌，在 2 小时内使用，常温保存。

（2）实验用具：卷尺、直尺、比例尺、塑料盆、白纸、防护服、数码相机。

（3）滴落工具包括：菜刀、方锤、钢管、手指、匕首。

2. 实验步骤。

（1）分组选用不同的工具模拟静态垂直滴落血迹，从 20~160cm 的高度垂直滴落到瓷砖地面和白纸上形成血痕，每次滴落高度间隔 20cm，观察滴落血迹的形态变化，拍照并测量滴落血迹的直径，做好实验记录，结合理论基础，分析规律。

（2）使用手指模拟动态垂直滴落血迹，同高度步行摆臂，观察血迹的方向。

（3）滴落血迹测量方法。

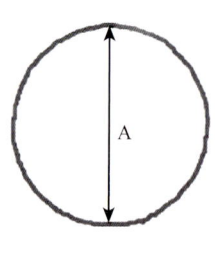
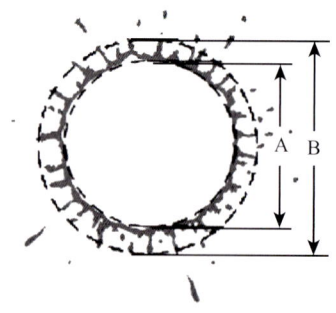

A.血迹直径   B.形态变化的直径

图 11-18

（4）实验报告。

姓名			学号			年级区队		
实训项目								
实训时间				实训地点				
客体类型								
工具类型 滴落高度（cm） 滴落高度（cm）		20	40	60	80	100	120	140	160
菜刀	A								
	B								
方锤	A								
	B								
钢管	A								
	B								
匕首	A								
	B								
手指	A								
	B								
实验结论								

（三）模拟现场抛甩血迹实验

1. 实验材料。

（1）实验用血：新鲜鸡血，取用鸡血前加入抗凝剂肝素（1.25 万 U），慢慢搅拌，在 2 小时内使用，常温保存。

（2）实验用具：卷尺、直尺、比例尺、一次性 5ml 注射器、白纸、防护服、数码相机。

（3）抛甩工具包括：菜刀、方锤、铁管、匕首、手指。

2. 实验步骤。

（1）使用不同的工具模拟垂直抛甩状血迹，同组内使用不同工具进行抛甩血迹实验的操作者应为同一名同学，以减少不同人之间的差异。记录操作者身高、肩高、臂长。操作者穿上防护服，分别用各种打击工具沾取约 5ml 新鲜抗凝鸡血。

（2）抛甩位置和次数。实验者自上而下进行垂直抛甩，在沾血工具运行轨迹与垂直墙面最近距离（抛甩点离墙面距离）30cm 处进行抛甩，连续抛甩 3 次。

（3）测量指标。纳入挑选离地高度在 70cm 以上的血迹形态较完整的所有血迹作为研究对象。测量每种工具抛甩血迹的分布跨度（即最高点至最低点之间的距离）；测量每种工具抛甩血迹的分布宽度。

（4）观察抛甩血迹的形态变化，拍照，然后选取典型抛甩状血迹起始端和远端数处，测量其长和宽并计算长宽比，做好实验记录，结合理论基础分析规律。

（5）抛甩血迹测量方法。

血滴角（α）和血痕长（a）、宽（b）的关系，即血滴角的正弦值等于所形成血滴椭圆的短轴长与长轴长之比，$\sin\alpha = b/a$。

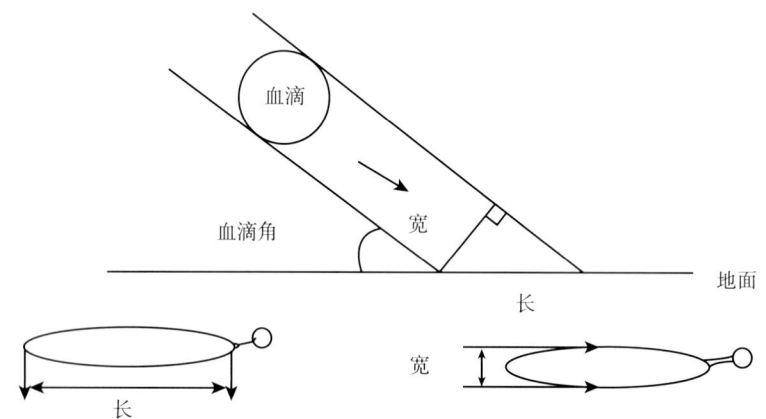

图 11-19 抛甩状血迹测量示意图

（6）实验报告。

姓名		学号		年级区队	
实训项目					
实训时间			实训地点		
工具类型	方锤	铁管	匕首	菜刀	手指
抛甩跨度					
分布宽度					
起始端点 1 宽/长					
起始端点 2 宽/长					
远端点 1 宽/长					
远端点 2 宽/长					
实验结论					

四、案例讨论

（一）案情摘要

××××年12月25日23时许，××市资江北路地段发现一具尸体。经调查：死者系李某（男，44岁），当天22时40分许与朋友分开后经该地段回住所时遇害，案发后，死者身上的钱包丢失。

（二）现场勘查

中心现场位于资江一桥西110m处的防洪大堤处，李某尸体头南脚北仰卧在资江北路与防洪大堤之间的斜坡上。尸体北1m是资江北路未修好地段，东南40m处是滨江公园的假山，西1000m是九江码头。

北侧资江北路未修好的地段石头上发现有滴落血迹，沿资江北路朝西发现成趟滴落血迹，血滴之间相隔10~30cm不等，在尸体西78m的资江北路北侧发现血迹消失。血迹消失处北侧是菜地，北60cm菜地埂上发现滴落血迹，沿菜地埂往西北8m一直发现滴落血迹，在菜地埂南侧的菜叶上有新鲜血迹，菜地北有一东西走向的田间小路，沿小路朝西靠南侧一直发现有滴落血迹，血滴之间相隔30~60cm不等，西23m处往南经资江北路通防洪大堤转亭。在通往转亭的地面上一直发现有滴落血迹，转亭下行左侧地面发现有滴落血迹，经转亭下至防洪大堤的绿化带，血滴之间相隔80~150cm不等，往南至靠资江的护栏处一直发现有滴落血迹，沿着护栏往西至九江码头一路上发现有成趟滴落血迹，血滴之间相隔3~15m不等，血迹大部分距护栏20cm左右，发现的最后一滴血迹在九江码头上，血迹北距码头台阶18.4m。上述血迹，大部分一端较光滑，另一端呈星芒状，指向九江码头方向；少数呈圆形；极少数一端光滑，另一端呈星芒状，指向中心现场方向。

（三）尸体检验

死者外穿黑色皮衣（衣背侧血染明显，后背可见17处破口，右袖子可见2处破口，左胸前下可见1处破口）及蓝色长裤（右腹股沟处有1破口），对应衣物破口处均有裂创，创缘均整齐，未见组织间桥，其中左胸部一处2.1cm长裂创深达胸腔；后正中线颈项部下5cm处有长2.6cm、1.7cm的两处裂创深达胸腔；左肩胛骨下方有长2.6cm、2.7cm的两处裂创深达胸腔。脚穿绿色解放鞋。

尸体解剖：左肺背侧与胸后壁粘连，左肺萎缩，左肺上叶背侧见一1.7cm长裂伤，左肺下叶背侧见长2.3cm、4.2cm的两处裂伤，左胸腔积血1500ml；右肺萎缩，右胸腔积血1200ml；胃内可见饭粒样物。

（四）分析讨论

血迹是命案现场上常见的物证之一，是人体伤亡过程的必然产物，它能客观地反映出案件发生的全过程，可靠地记录犯罪行为。本案中，通过现场血迹勘验，综合分析认为犯罪嫌疑人左前臂受伤，理由如下：

1. 血迹的范围，提示犯罪嫌疑人受伤：从中心现场（尸体位置附近）往西至九江码头，1000m 距离有成趋滴落血迹，形成死者创口的刺器携带的血量显然不够，说明除了死者外，现场还有另外一人受伤，此人应为犯罪嫌疑人。

2. 血迹的分布，提示犯罪嫌疑人行进方向：从中心现场（尸体位置附近）往西有成趋血迹一直延伸到九江码头。血迹由中心现场附近—菜地—绿化带—九江码头呈先密后疏分布，分析犯罪嫌疑人应该是在中心现场受伤，向九江码头方向行进。

3. 血迹的形态，印证犯罪嫌疑人行进方向，提示受伤部位：上述成趋血迹呈动态滴落状，大部分血迹指向九江码头方向；极少数血迹指向中心现场方向。动态滴落状血应为上肢等外侧部位受伤所形成，因为躯干受伤血液多沿躯体流柱，难以形成动态滴落状血。大部分血迹的方向指示行进方向，少数血迹呈圆形，极少数血迹指向行进方向的相反方向，正好对应了行走时"摆臂"动作，认为犯罪嫌疑人前臂受伤可能性大。

4. 血迹的分布方位，综合推断犯罪嫌疑人具体受伤部位：田间小路上的滴落血迹靠路的南侧，带有血迹的菜叶位于菜地田埂的南侧，绿化带血迹也大多位于路的南侧，而成趋血迹方向往西，判断犯罪嫌疑人为左侧前臂受伤。

案件的侦破正是通过对医院接诊的伤者紧急摸排调查，当晚便锁定了左手虎口处刀伤的犯罪嫌疑人刘某。

【思考题】

1. 血迹形态的分类及基本特征？
2. 现场有大量血迹时，如何选择重点提取送检 DNA？

【参考文献】

万立华. 法医现场学. 人民卫生出版社，2016.

实验十二 法医生物物证的发现、提取、保存和送检

一、实验目的

通过本实验，掌握现场血痕、精斑和微量生物物证的发现及提取方法；熟悉现场生物物证保存、送检的方法；理解物证、载体类型与发现、提取、保存方法之间的关联。

二、实验方法

通过对模拟案发现场的生物物证进行发现、提取、保存和送检全流程的实验操作，加深对理论知识的理解，熟练掌握并灵活运用各种操作方法和基本技术。

三、实验内容

（一）血痕的发现（见图 12-1）

1. 实验仪器设备与试剂。

红外潜血发现仪、剪刀、镊子、离心管、纯水、滤纸、联苯胺试剂、人血红蛋白检测金标试剂条（FOB）、蓝星试剂。

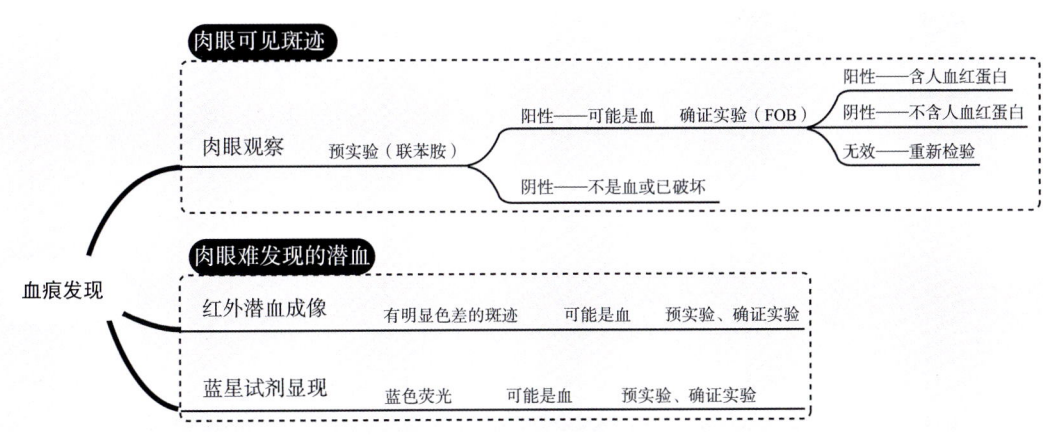

图 12-1 不同方法发现血痕操作流程图

2. 实验操作。

（1）肉眼观察。

①先用肉眼观察血痕的形态、颜色、数量和位置等特征。

②新鲜血液的颜色为鲜红色，流出体外后由于血红蛋白的变化而逐渐变为暗红色、暗褐色，陈旧或经温热过的血迹呈灰褐色，腐败血迹呈淡绿色或绿色。血迹如果附着在深色背景载体上，颜色会变得不明显。

③对发现的血痕进行拍摄记录。

（2）血痕预试验（联苯胺试验）。

①实验原理：血液中的血红蛋白或正铁血红素具有过氧化物酶活性，可以使过氧化氢释放出新生态氧，将无色的联苯胺氧化成为联苯胺蓝。

②操作步骤：通过擦、刮或剪等方法取检材少许至洁净滤纸上，或将洁净滤纸折叠，以折角轻轻擦拭斑痕，然后展开滤纸，斑痕朝上；依次加入冰醋酸、联苯胺、无水乙醇饱和液各 1 滴，观察有无蓝色出现；1~2 分钟后，若不出现蓝色，再加 3% 过氧化氢 1 滴。

③结果分析：立即出现蓝色的为阳性反应，说明检材中含有过氧化物酶活性；若不出现蓝色或数分钟后才出现淡蓝色，则为阴性反应。

④注意事项：

A. 联苯胺试验对血液是非特异性的，阳性结果表示可能但不肯定是血液；阴性结果可以肯定不是血液或已被破坏。

B. 联苯胺试验灵敏度高、操作快速简单，可以从大量物证中筛选出疑似血迹。

C. 联苯胺试剂对 DNA 检验会有抑制，因此只能从物证上取适量检材检测，不能直接滴加到物证上。

（3）人血确证试验（人血红蛋白检测金标试剂条法）。

①实验原理：金标记双抗体夹心法。金标记克隆抗人血红蛋白抗体与物证浸泡液中人血红蛋白特异性结合，形成金标记抗原抗体复合物，再与另一单克隆抗人血红蛋白抗体特异性结合。

②操作步骤：取适量疑似血痕的物证，放入 1.5ml 或 2ml 离心管中，加入约 0.5ml 纯水。可以通过低频振荡等方式加速物证溶解，浸泡约 30 分钟后，离心取出上清液至另一离心管中。将试剂条上带有 MAX 标记的一端插入上清液中并计时。约 5 分钟后取出试剂条，观察结果。

③结果分析：阳性结果为质控线及检测线均出现紫红色，说明浸泡液中含有人血红蛋白；阴性结果仅质控线出现紫红色，说明浸泡液中无人血红蛋白；失效时无带或仅检测线出现紫红色，说明试剂条无效，应更换试剂条重新检验（见图 12-2）。

④注意事项：

A. 试验中应做已知样本的阳性对照和空白阴性对照，当阳性对照和阴性对照均正确时，物证结果判定才有效。

B. 如果物证条件较好，可不必进行振荡器振荡和离心机离心。

C. 试剂条置于浸泡液中，不应超过 MAX 线。

D. 物证剪取量，纯水量以及浸泡时间视实际情况而定，陈旧物证的浸泡时间可以延长，同时应避免物证量太多导致浸泡液过浓。

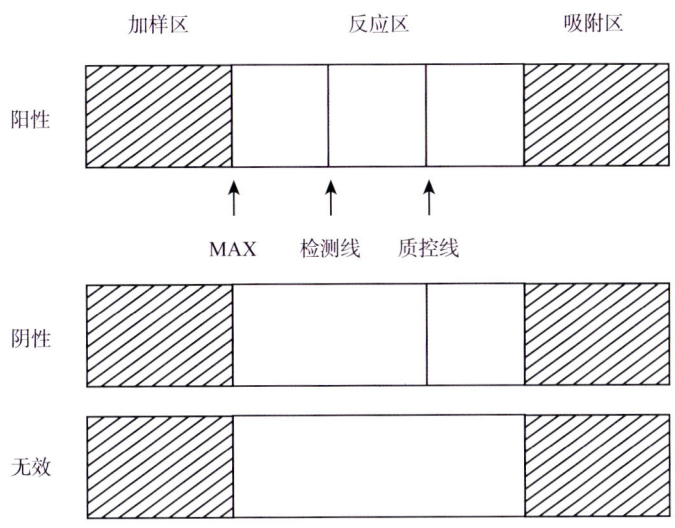

图 12-2　金标试纸条检验人血红蛋白示意图

（4）蓝星试剂显影法。

①实验原理：蓝星试剂能与血液红细胞中的铁产生氧化反应，发出强烈蓝色荧光。蓝星试剂不会影响 DNA 检验，灵敏度超高，适用于任何载体背景，专门用于潜血的搜寻。

②操作步骤：将配置好的蓝星试剂注入喷雾器，在避光条件下，向目标区域喷洒，然后立刻进行肉眼观察。

③结果分析：蓝星试剂喷洒过的区域如果有血迹，会立刻出现蓝色荧光。发光时间一般持续几十秒到几分钟，可以用夜间照相模式进行拍摄固定（见图 12-3）。

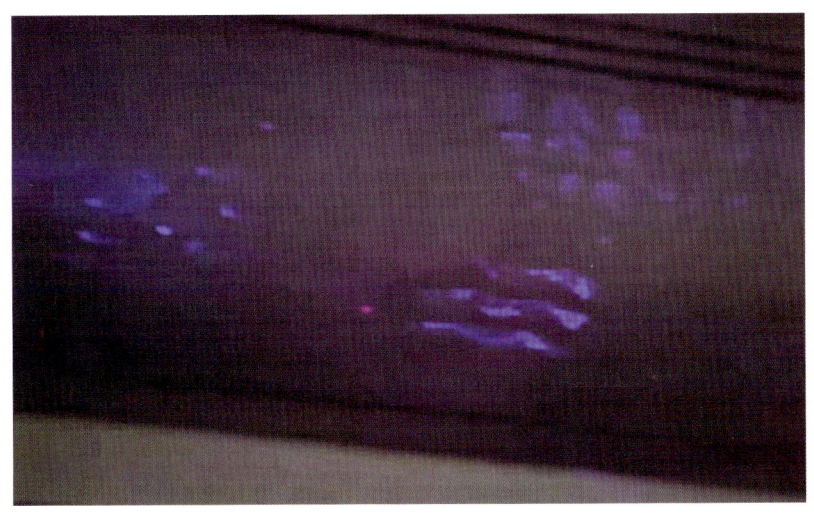

图 12-3　蓝星试剂潜血显现效果

④注意事项：

A. 蓝星试剂与铜、涂料、油漆、洗涤剂、含铁的代谢物或土壤等物质也会反应发光，但光强度、发射光谱和反应时间都和血迹有很大不同，假阳性反应明显发暗发白。

B. 蓝星试剂不是特异性与人血反应，与动物血液反应也会发光。

C. 蓝星试剂与唾液斑、尿斑等体液接触不会反应发光；但如果体液中包含微量血迹，则会发出蓝色荧光。

D. 蓝星试剂反应非常灵敏，单点喷雾剂量不用太大。

E. 喷洒蓝星试剂时最好呈雾化状态，过多喷洒容易汇聚成液态流动，从而改变血迹的原始状态，还会稀释血液浓度，不利于 DNA 检验。在垂直面喷洒，尽量避免试剂呈水滴状滑落。

F. 在暗黑环境下观察，蓝光更明显，更利于发现高度稀释的潜血。

（5）红外潜血成像法。

①实验原理：血迹对近红外光有较强吸收，会明显变暗，而载体因为对红外无吸收或者反射，从而与血迹形成明显反差。

②操作步骤：使用红外潜血发现仪，对目标区域进行红外照射，通过仪器屏幕上的红外成像进行搜寻。

③结果分析：观察到与载体背景有明显色差的斑迹，即为疑似血迹（见图 12-4）。

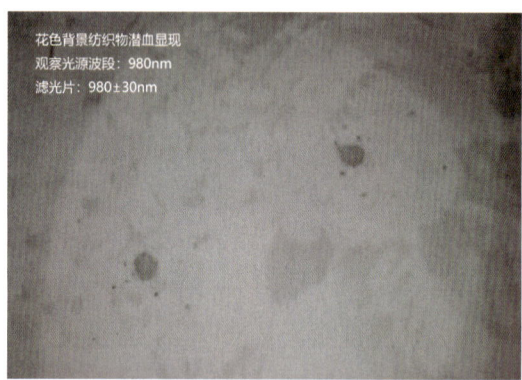

图 12-4　深色背景上潜在血痕的红外成像

④注意事项：

A. 红外成像技术主要应用于深色背景载体上的潜血搜寻。

B. 红外成像不接触物证，不会改变血迹原始形态，不影响 DNA 检验。对于血指纹、血掌纹或血足迹等物证，有机会获取具有比对价值的检材。

（二）精斑的发现

1. 实验仪器设备与试剂。

多波段光源设备、剪刀、镊子、离心管、纯水、人精液 PSA（前列腺特异性抗原）检测金标试剂条。

2. 实验操作。

（1）肉眼观察。

①实验原理：精液是睾丸生成的精子和前列腺、精囊和尿道球腺分泌液的混合物，具有特殊的气味，附着在载体上干燥后形成斑痕。

②操作步骤：先用肉眼观察精斑的形态、颜色、数量和位置等特征。

③结果分析：精斑呈灰白色或黄白色，浓厚时似糊糊状，而稀薄时不易用肉眼观察。

④注意事项：纺织物、棉布类载体上的精斑，以手触之有硬感。

（2）人精液确证试验（人精液 PSA 检测金标试剂条法）。

①实验原理：金标记双抗体夹心法，PSA 是人类精液中前列腺特异性抗原 p30 的简称，金标记单克隆抗人 PSA 抗体与物证浸泡液中人 PSA 特异性结合，形成金标记抗原抗体复合物，再与另一单克隆抗人 PSA 抗体特异性结合。

②操作步骤：取适量疑似精斑的物证，放入 1.5ml 或 2ml 离心管中，加入适量纯水。可以通过振荡等方式加速物证溶解，浸泡约 30 分钟后，离心取出上清液至另一离心管中。将试剂条上带有 MAX 标记的一端插入上清液中并计时。约 5 分钟后取出试剂条，观察结果。

③结果分析：阳性结果为质控线及检测线均出现紫红色，说明浸泡液中含有人 PSA；阴性结果仅质控线出现紫红色，说明浸泡液中无人 PSA；失效时无带或仅检测线出现紫红色，说明试剂条无效，应更换试剂重新检验（见图 12-5）。

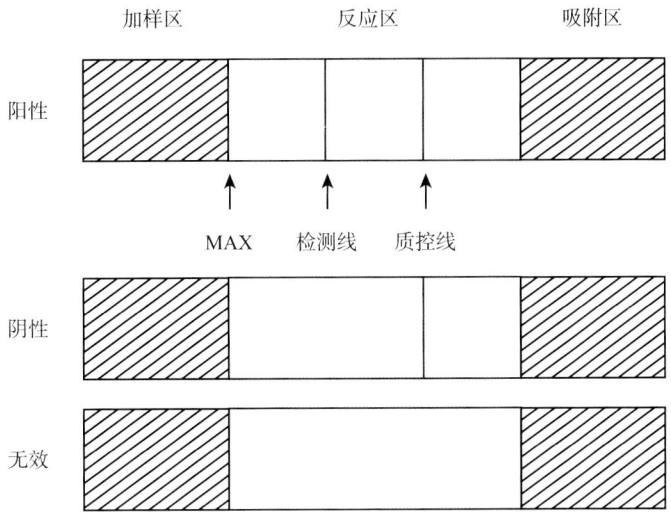

图 12-5　金标试纸条（PSA）检验人精斑示意图

④注意事项：

A. 试验中应做已知样本的阳性对照和空白样本阴性对照，当阳性对照和阴性对照均正确时，检验结果判定才有效。

B. 如果物证条件较好，可不必进行振荡器振荡和离心机离心。

C. 试剂条置于浸泡液中，不应超过 MAX 线。

D. 物证剪取量、纯水量以及浸泡时间视实际情况而定，陈旧物证的浸泡时间可以延长，同时应避免物证量太多导致浸泡液过浓。

（3）蓝光源搜寻法。

①实验原理：在适当的光波激发下，精斑会发出固有荧光。

②操作步骤：使用 450nm 左右的蓝光源对目标区域进行照射，在避光条件下同步进行肉眼观察。

③结果分析：观察到载体上有亮白光斑迹，即为疑似精斑（见图 12-6）。

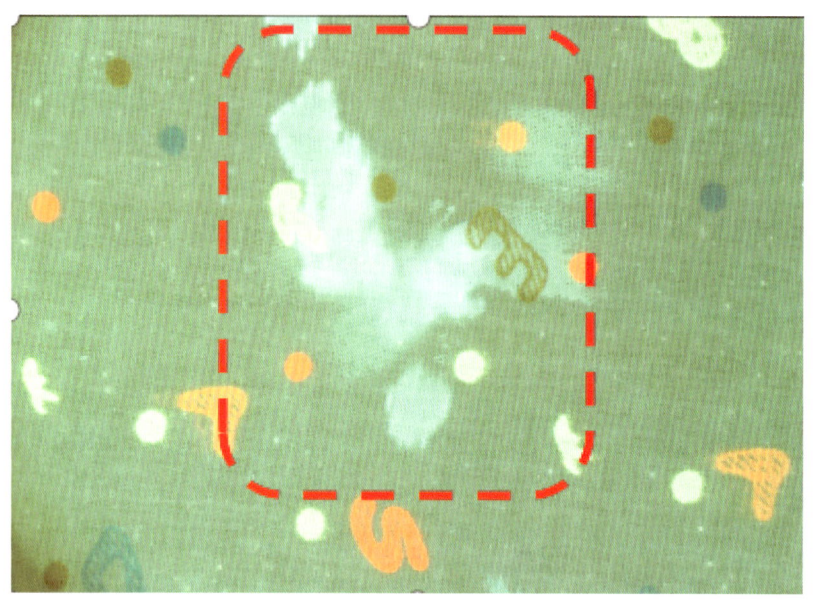

图 12-6　床单上疑似精斑

④注意事项：

A. 除血迹之外的其他体液斑，如唾液斑、汗液斑和尿液斑等，都适合用 450nm 左右的蓝光源来激发荧光显现。

B. 通过蓝光源搜寻到的体液斑，需要通过确证试验、形态特征或案情推理来判断物证类别。

C. 在蓝光照射下，应佩戴黄色滤镜片观察，保护眼睛不受损伤。

（三）　微量生物物证的发现

1. 实验仪器设备与试剂。

靶向微量生物物证发现仪、喷壶、靶向配套试剂。

2. 实验操作。

（1）靶向微量生物物证显影法。

①实验原理：

A. 微量生物物证通常指上皮脱落细胞，脱落细胞属于微米级，肉眼很难发现，常规的化学显影和光源激发等方法也收效甚微。有效解决脱落细胞发现和提取的问题，是提升 DNA 检出率的关键。

B. 微量生物物证有伴存脱落细胞和游离氨基酸的特征，靶向试剂可以与这类氨基酸特异性结合，并在特定波段的光源下激发荧光，通过跟踪发现氨基酸的位置锁定脱落细胞，使微量生物物证显影，实现精确定位和高效提取。

②操作步骤：

A. 根据现场实际情况，选择需要搜寻的区域，用靶向试剂进行喷洒。

B. 喷洒完后，等待 15～30 分钟至载体表面试剂基本干燥，再使用靶向微量生物物证发现仪上 500nm 左右的绿色激光对目标区域照射，在避光条件下同步开展肉眼观察。

C. 观察结果时需佩戴红色滤镜片，才能在强烈光源照射下看到荧光反应，同时保护眼睛不受损伤。

③结果分析：在靶向微量生物物证发现仪激光照射下，观察到发出绿白色荧光的痕迹，就是疑似微量生物物证（见图 12-7）。

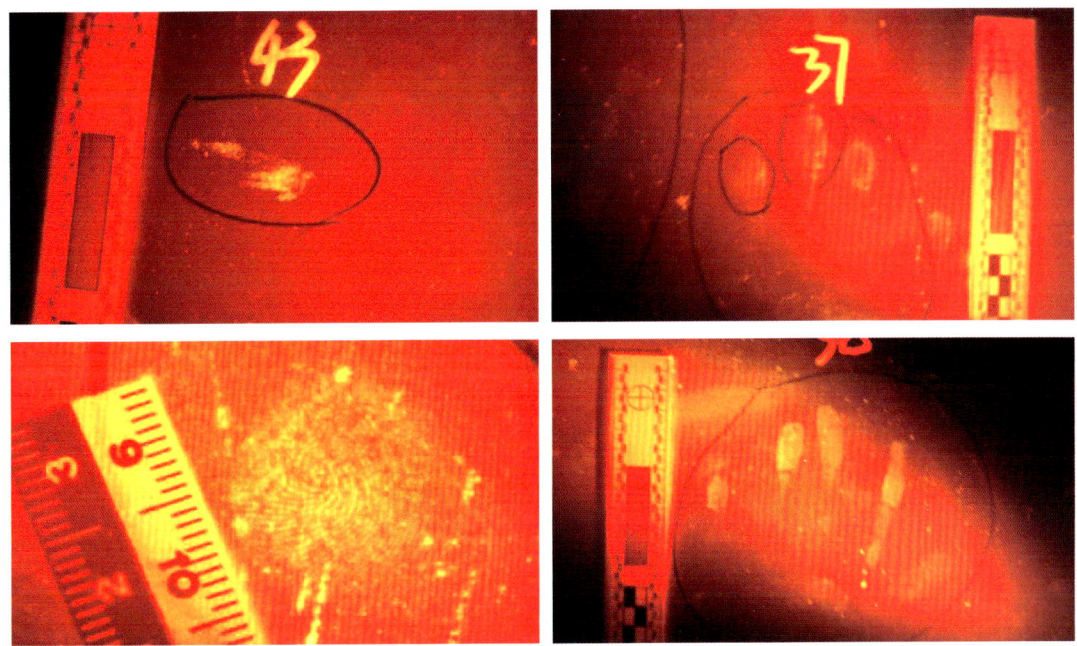

图 12-7　微量生物物证靶向激光显影

④注意事项：

A. 靶向试剂含有醋酸成分，喷洒后短时间内会有醋酸气味，但合格的试剂对人体无毒害，保持正常通风即可。

B. 目标区域表面必须保持干燥，才能喷洒试剂进行反应。

C. 试剂喷洒时尽量呈雾化状，确保试剂和物证能够充分结合反应。

D. 试剂喷洒量和反应时间视实际情况而定，陈旧物证可以适当增加喷洒剂量和延长反应时间。

E. 靶向试剂与除血迹之外的体液，如精斑、唾液斑、汗液斑和尿液斑等反应后，在绿色激光照射下，会产生同样的绿白色荧光。

F. 在活体或未腐败尸体的皮肤表面，能够显现出另一个体的接触痕迹。

G. 红色背景和土黄色背景上的荧光反应不明显，观察效果较差。

H. 纺织类和化纤类等含有荧光物质的载体，在激光照射下会激发出强烈的荧光，掩盖掉微量生物物证的荧光。

I. 其他物质上的游离氨基酸也能与靶向试剂结合反应，但荧光的颜色和形态都和微量生物物证差别很大，假阳性颜色呈亮绿色，分布有规律，形态缺乏接触遗留特征（见图 12-8）。

图 12-8　微量生物物证靶向激光显影假阳性反应

（四）生物物证的提取

1. 实验仪器设备与试剂。

剪刀、镊子、离心管、棉签、植绒拭子、粘取器、容器、物证袋、比例尺、纯水、刀片、滤纸。

2. 实验操作。

（1）直接擦拭：对于液态生物物证，可以使用干燥的棉签或植绒拭子直接擦拭。

（2）干湿两步法：对于干燥的斑迹状生物物证，非渗透性载体上的微量生物物证，常用干湿两步法提取。

①棉签提取：先用专用纯净水浸湿的专用棉签，对目标区域反复擦拭，再用干棉签对同一区域擦拭至载体表面干燥。

②植绒拭子提取：先用专用纯净水蘸湿植绒拭子的一面，在目标区域横向往返擦拭，然后旋转半圈，用干的一面在同一区域来回滚动擦拭至载体表面干燥。

③在载体表面轻柔地来回擦拭，注意尽量将生物物证富集在棉签或植绒拭子的一侧或小范围内。

（3）直接粘取：对于渗透性载体上的微量生物物证，常用粘取器直接粘取。

（4）原物提取：对于器官组织或易转移的载体，可以原物整件保存。

（5）分离提取：对于斑迹明显且易于分离的载体，可以采用剪、切、刮、削、锯、凿、挖取等方法，将物证连同载体一起从原物上分离下来，提取时要标记好提取部位。

（6）吸附法：对于大接触面的载体，可以使用负压吸附法，通过专用仪器吸取或特制吸附膜吸取富集生物物证。

（7）收集法：对于大量液体状生物物证，可以使用洁净的容器进行收集。

3. 注意事项。

（1）工具清洁：提取时使用的器具、容器和试剂都要保持洁净无污染；每提取一个物证要更换工具；使用过的器械、一次性物品要妥善处理。

（2）个人防护：提取检材时，应穿着洁净的工作服，戴帽子、口罩、一次性手套，帽子应包裹住头发，手套应戴过袖口，提取不同检材时，应更换手套。

（3）灵活应变：根据现场实际情况选择合适的提取方法。面对特殊材质或材质改变的载体，要综合应用多种提取方法。

（4）空白对照：从载体上提取物证时，可采用相同的方法提取对照样本。

（5）标记记录：在提取检材前应进行照相或录像，并有相应的提取记录，提取记录应包括：案（事）件名称、提取地点、提取时间、提取方法、检材名称、检材数量、检材外观描述（如颜色、形状等）、保存方法、见证人（签字）和提取人（签字）。检材提取记录与现场勘查笔录中对于检材的描述应保持一致。

（五）生物物证的保存

1. 实验仪器设备与试剂。
离心管、物证袋、容器。

2. 实验操作。

（1）棉签和植绒拭子提取的物证。

①提取了物证的棉签或植绒拭子用离心管、专用套管或洁净滤纸包裹，再用物证袋封装。

②干湿两步法提取完的两根棉签保存在一起。

（2）粘取器、富集器和吸附膜提的物证。粘取器、富集器和吸附膜提取完后用配套的容器密封，再用物证袋封装。

（3）整物或分离提取的载体。原物整体提取或部分分离提取的载体，用洁净滤纸或法医垫单包裹好后，再用物证袋封装。

（4）收集的液体物证。用洁净容器收集液体生物物证后，要做好密封，再用物证袋封存。

3. 注意事项。

（1）生物物证的包装物要洁净无污染，不能重复使用，包装完后进行密封。

（2）微量生物物证附着的载体保存时要力度轻柔，防止脱落细胞的损失；易碎载体要注意防挤压和震动；易散载体要严密包装。

（3）每个生物物证都应独立包装，同一载体上不同部分提取的生物物证也要单独包装，名称、编号和部位要标记清楚。

（4）潮湿生物物证要置于阴凉通风处自然干燥，禁止晒干或加热烘干；无法干燥的组织器官等要及时送冷冻（−20℃以下）保存。

（5）致伤物原物提取时，打击部和抓握部要用不同的物证袋分开包装。

（6）瓶、杯、罐等容器类物品原物提取时，若内部有不需要的残余液体，要先将液体抽离；不要用倾倒的方式抽离，防止液体污染开口处；可以从底部开口让液体流出，或用注射器抽取液体分离；容器本身若有封盖且是分离的，要按两个物证分别提取。

（7）根据载体体积选择合适的物证袋，确保将载体能够完全包裹。

（8）物证袋上必须标记案件名称、提取地点和时间、提取方法、检材名称及数量、形状、颜色、提取人等详细信息。

（9）生物物证的流转要严格管控和详细记录；要放置于专用保管室，由专人负责保管。

（10）疑似有传染性疾病等危险性的物证应按相关规定保存。

（六）生物物证的送检

1. 实验材料。

物证袋、委托书。

2. 实验操作。

（1）将需要送检的生物物证整理好，做好交接记录。

（2）详细填写鉴定委托书，并盖单位公章。

（3）两人以上共同转运物证去检验单位。

3. 注意事项。

（1）提取的生物物证检材要尽快送往实验室进行检验。

（2）在送检现场生物物证的同时，要采集与案件有关的人员（现场勘查人员、受害人、犯罪嫌疑人及其他相关人员等）的样本一起送检。

（3）所有物证送检时可以适当进行第二次包装；送检过程中要防止物证互相摩擦、冲撞以及掉落，防止易碎载体发生挤压和震动，要尽量避免物证受高温、高湿、日光照射及长时间运输。

（4）液体类和组织器官等易腐败的生物物证需要冷藏送检；斑迹类和毛发等已干燥的生物物证可以常温送检；硬组织（骨骼、牙齿）生物物证可以冷藏送检或干燥后常温送检。

（5）公安机关送检，需提供盖有单位公章的鉴定委托书或公函；公安机关以外的单位送检，应提供盖有单位公章的正式介绍信，等待受理单位领导的书面批准；送检人应详细填写鉴定委托书，上面需写明委托日期、委托单位、委托人、联系电话、简要案情、送检的物证等内容。

（6）送检应由至少两人一起完成，并在所有送检人在场的情况下移交物证。

鉴定委托书

委托编号：（送检系统自动生成）

委托鉴定单位				委托时间	
送检人	姓　名		职务	证件名称及号码	
	姓　名		职务	证件名称及号码	
	通信地址			邮政编码	
	联系电话			传真号码	
鉴定机构名称					
案（事）件名称				案件编号	执法办案系统自动生成
被鉴定人的情况		法医临床类鉴定人员信息，物证送检不需要填写			
案（事）件简要情况		时间、地点、人物、案件性质、简要经过等			
原鉴定情况		如果不是第一次送检，需要将前面送检的鉴定结果附上			
送检的检材和样本等情况（包括名称、数量、性状、包装，检材提取部位和方法等）					
委托鉴定单位的鉴定要求和诚信声明		鉴定要求： 　　我单位向你鉴定机构介绍的情况客观真实，提交的检材和样本等来源清楚可靠。 　　负责人签字：　　　　　　　　　　（单位印章）　　年　月　日			

四、案例讨论

案例一

（一）简要案情

2020 年 3 月某县公安机关根据线索侦查，发现了一起可能发生在 2012 年的抢劫杀人分尸案。由于案发在 8 年前，抛尸地点面目全非，尸块短时间无法找到。而分尸现场是一间出租屋，表面痕迹已经完全破坏，无法找到有价值的线索。一度使案件的真实性存疑，侦查工作也陷入困境。

（二）现场勘查

技术员对出租屋进行了更深入的勘查，结合分尸位置和房屋情况综合分析，推测出分尸过程中大量血迹会流动到地板砖缝隙处，并渗透到缝隙的水泥中，而案发后出租房没有经历装修，大概率能找到残留在地板缝隙水泥中的血迹。

（三）发现提取

确定了工作目标后，先将全屋地板砖撬开，针对边缘处水泥喷上蓝星试剂，在暗黑条件下发现多处蓝光反应（见图 12-9）。将有蓝星反应的水泥块敲下，将分离后成小块状的水泥用物证袋单独包装密封，直接送检 DNA 实验室。

图 12-9 蓝星显现地板缝隙中潜血

（四）侦破过程

DNA 实验室从水泥块中检出了受害人基因型，确定了案件的存在，坚定了侦破的信心。在后续工作中，办案单位从抛尸地点挖出了分袋包装的尸骸，从犯罪嫌疑人家里搜到了疑似作案工具的锯子。从以上物证中都检出了受害人的 DNA，为案件破获提供了坚实的证据。

（五）讨论分析

血迹是案件现场最常见的生物物证，特征明显，易于发现提取。但该案中，8 年后才发现的现场，肉眼可见的痕迹物证已经不复存在，即使存在也已经腐败降解，无法检出 DNA。技术员结合案情、环境和血迹的特点，推测出潜血的存在和检出 DNA 的可能。应用蓝星试剂显影法，快速精准地找到了残留在地板缝隙水泥中的血迹，成为突破该案的关键点。

案例二

（一）简要案情

2019 年 9 月某县某村发生命案，一名男性被杀，尸体上盖着一块木板，木板上压着 100 多块红砖。由于案发多日，尸体已经高度腐败。

（二）现场勘查

技术员根据现场痕迹分析，犯罪嫌疑人杀死受害人后，用木板和砖块先后掩盖尸体。整个过程中犯罪嫌疑人要频繁接触木板和砖块，必然会留下汗液或者脱落细胞。因尸体已经高度腐败，木板因直接接触被污染，砖块成为重点物证。由于现场环境有限，砖块数量过多，所以将所有砖块原物提取，然后送检 DNA 实验室。

（三）发现提取

在 DNA 提取室内，将提取的 100 多块红砖单独平铺，在砖块表面喷洒靶向配套试剂，使用靶向微量生物痕迹发现仪的绿色激光照射，然后逐个砖块上搜寻微量生物物证的荧光反应。经过两天的反复查看，最终从为数不多的几块红砖上发现了疑似脱落细胞的荧光反应（见图 12-10），使用干湿两步法擦拭提取发光区域。

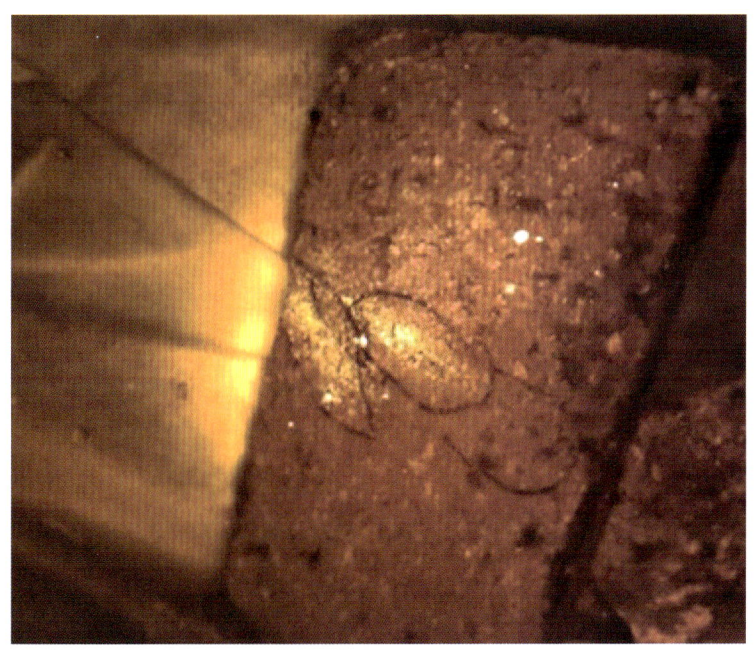

图 12-10　靶向激光显影砖块上微量生物痕迹

（四）侦破过程

从靶向显影处提取的检材，经过检验得到一名未知男性的 DNA。办案单位针对检验结果开展排查，最终比中抓获犯罪嫌疑人黄某。

（五）讨论分析

脱落细胞等微量生物物证，由于肉眼不可见，技术员通常只能凭借分析和经验进行盲提，提取和检验的效率都难以提升。靶向显影技术解决了这一难题，利用物理学受激荧光理论和生物学靶向跟踪方法，试剂螯合生物物证中极其微量的氨基酸物质，在高品质激光照射下，激发生物痕迹产生荧光反应，显现微量生物痕迹存在位置，从而实现"快速发现、精准定位和有效提取"的实战应用效果。

【思考题】

1. 微量生物物证发现注意事项有哪些？
2. 在案发现场如何高效发现提取生物物证？

【参考文献】

［1］人血红蛋白检测金标试剂条法（GA/T 765—2020）.

［2］人精液 PSA 检测金标试剂条法（GA/T 766—2020）.

［3］法医生物检材的提取、保存、送检规范（GA/T 1162—2014）.

实验十三　精斑的检验鉴定

一、实验目的

（1）掌握精子染色法的操作。

（2）学会使用显微镜观察精子形态的方法。

（3）了解差异裂解法与 Chelex 法提取混合斑中精子 DNA、PCR 复合扩增及 DNA 检验的实验室全流程，熟悉 DNA 检测结果及图谱判读。

二、实验方法

（1）精子染色法（快速改良巴氏法）。

（2）差异裂解法和 Chelex 法提取混合斑迹中精斑 DNA。

三、实验内容

（一）精子染色法（快速改良巴氏法）

1. 实验原理。

精子无色，头部有屈光性，尾部细长，且易断离，因此在一般光学显微镜下不易观察到，通过对细胞核、细胞浆进行染色，使得精子细胞在显微镜下呈现特殊的颜色。

2. 器材和试剂。

显微镜、移液枪、载玻片、TNE 缓冲液、95% 乙醇、精子染色液（核染色液、浆染色液、增色液）、精斑检材。

3. 实验步骤。

（1）检材处理：取可疑精斑部位检材适量，置于 1.5ml 离心管中，加适量生理盐水或 TNE 缓冲液浸没检材，轻轻振荡后室温下放置 5~20 分钟，陈旧精斑可适当增加浸泡时间，用移液枪反复冲洗检材，用移液枪枪头去除载体，5000rpm 离心 2 分钟，小心吸弃上清液，仅留 20~30ul 底部液体，用吸头充分吹吸混匀。

（2）精子染色：取 2ul 左右悬液涂于载玻片上，水平放置，空气中自然干燥；用 95% 乙醇固定 2~3 分钟，空气中自然晾干。干透后滴加 1~2 滴水静置 2 分钟，空气中自然干燥，滴加核染色液染色 2 分钟，流水轻轻洗净；滴加胞浆染色液染色 2 分钟，立即滴加增色液混合作用 5 秒左右，再用增色液冲洗一遍，滤纸吸干，显微镜下观察。

4. 结果判读。

精子顶体区染成淡紫色，顶体后区染成深紫色，精子体部及尾部染成淡红色（见图

133

13-1、图 13-2)。

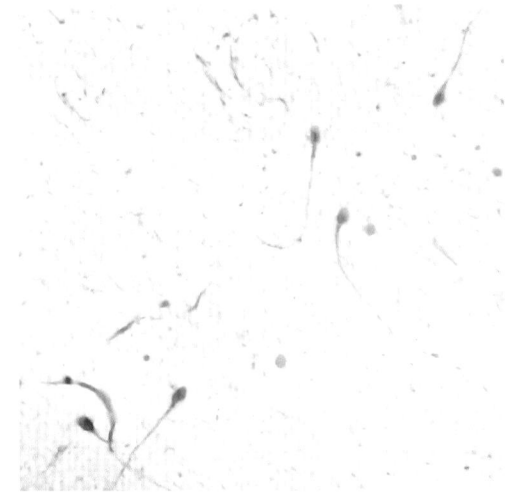

图 13-1 10 倍目镜下染色的精子　　　　　　　图 13-2 40 倍目镜下染色的精子

5. 注意事项。

（1）应用染色法检验精子时，必须耐心仔细地在显微镜下查找，只要发现一个典型的精子，即可确定为精斑。

（2）镜检观察时，注意阴道脱落细胞的影响；阴道液内有时有大小略小于精子头部的干扰物，但不具备精子头部的梯度染色特点，易于区分。

（二）差异裂解法和 Chelex-100 法提取混合斑迹中精斑 DNA

1. 实验原理。

（1）差异裂解法：强奸案件和猥亵案件检材一般为混合斑迹，利用女性上皮细胞与精子细胞结构上的差异，首先在蛋白酶 K 和 SDS 作用下裂解上皮细胞，漂洗去除女性 DNA，保留精子细胞；DTT、蛋白酶 K、Chelex-100 共同作用，进行二次消化，释放出精子 DNA。

（2）Chelex-100 法：Chelex-100 是由苯乙烯与二乙烯苯的共聚体组成的螯合树脂，其亚氨基二乙酸侧链起着螯合金属离子的作用，防止在其煮沸过程中 DNA 的降解，在高温低离子强度下也起着催化 DNA 释放的作用。

2. 器材和试剂。

高速离心机；振荡仪；水浴或恒温混匀仪；移液枪；PCR 扩增仪；遗传分析仪；5% Chelex-100 溶液；TNE 缓冲液；2mg/ml 蛋白酶 K 溶液；10% SDS 溶液；1M DTT 溶液；纯水；基因检测试剂盒等。

3. 实验步骤。

（1）DNA 提取：

①将带有混合斑迹的检材约 1cm^2，装入 1.5ml 离心管中，加入适量 TNE 缓冲液，37℃保温 0.5～1 小时，在振荡仪上充分振荡，使精子从载体上脱落，用移液器枪头将载体去除，加入 400ul 10%SDS 和 20ul 2mg/ml 蛋白酶 K，56℃消化 2 小时以上或 37℃过夜消化

女性阴道上皮细胞。

②12000rpm 离心 2 分钟，上清液 30ul 转移至另一 1.5ml 离心管内备用，其余上清丢弃。

③沉淀物离心管内加入 TNE 缓冲液 1000ul，12000rpm 离心 2 分钟，丢弃上清液，重复此操作 3 次，充分去除女性阴道上皮细胞的 DNA。

④沉淀物离心管内加入 100～150ul Chelex-100、10ul 蛋白酶 K 和 20ul DTT 溶液，置恒温混匀仪上 56℃消化 30 分钟至 1 小时；100℃加热 8 分钟，12000r/min 离心 2 分钟，上清用于 PCR 复合扩增，其余放入 4℃冰箱内备用。

（2）PCR 复合扩增：提取好的 DNA 离心后取上清，采用基因检测试剂盒 10ul 扩增体系：4ul DNA 模板+6ul PCR 混合液（4ul mix+2ul primer）；使用 PCR 扩增仪，选定程序进行复合扩增：95℃，11 分钟，循环 0 次；94℃，20 秒，59℃，3 分钟，28～29 次循环；60℃，10 分钟，4℃，保温。

（3）DNA 检验结果：扩增产物用遗传分析仪进行电泳，应用 ABI GeneMapper ID-X 软件分析 DNA-STR 结果。

4. 结果判读

检验结果以表格的形式列出，标明检材编号、基因座名称及分型。每个检材在各个基因座上的基因型以数字表示，杂合子标为两个数字，按从小到大排列；纯合子只标出一个数字；未出谱带的基因座分型标为-；完全未出谱带的检材在表格后以文字形式说明，如"×号检材未获得 STR 分型"；检验结果为多个体混合时不给出 DNA 分型。Amelogenin 基因座，女性标为 X，男性标为 XY。

在所有检测的遗传标记系统均未发现不匹配时，可以计算似然率，按下列分段标准进行评价：

似然率值小于 10^4，"有限支持"两份检材来自同一个体的假设；

似然率值在 10^4～10^6，"中等强度支持"两份检材来自同一个体的假设；

似然率值在 10^6～10^{10}，"强力支持"两份检材来自同一个体的假设；

似然率值大于 10^{10}，"极强力支持"两份检材来自同一个体的假设。

5. 注意事项

（1）检材用量不要过大，以利于充分浸泡、消化，并避免 DNA 模板浓度过高，导致小片段优势扩增。

（2）女性物质过多时，可延长第一步消化时间，增加漂洗次数；或将保留的一半沉淀物再次进行消化。

（3）精斑 DNA 的含量较高，进行 DNA 提取、复合扩增时一定要小心，防止造成实验室气溶胶污染。

四、案例讨论

（一）简要案情

于某报警称 2020 年 10 月 5 日 4 时左右，在苏惠路环球 1111 室，被当事人朱某强奸了。

（二）现场物证

女性阴道拭子；犯罪嫌疑人朱某口腔拭子。

（三）案例分析

（1）首先确认于某阴道拭子上是否有精斑：胶体金抗原 p30 检测试纸条（PSA 试纸条）检测阳性或者通过精子染色法显微镜下寻找精子。

（2）去除女性上皮细胞 DNA：差异裂解法去除于某阴道上皮细胞 DNA，获得精子细胞。

（3）提取犯罪嫌疑人精子 DNA：Chelex-100 法提取犯罪嫌疑人朱某精子细胞 DNA。

（4）DNA 检验结果分析：通过 DNA 检验获得受害者于某阴道内的精子 DNA-STR 图谱（见图 13-3），犯罪嫌疑人朱某本人口腔拭子 DNA-STR 图谱（见图 13-4），对两者 DNA 检验数据进行比对（见表 13-1）；

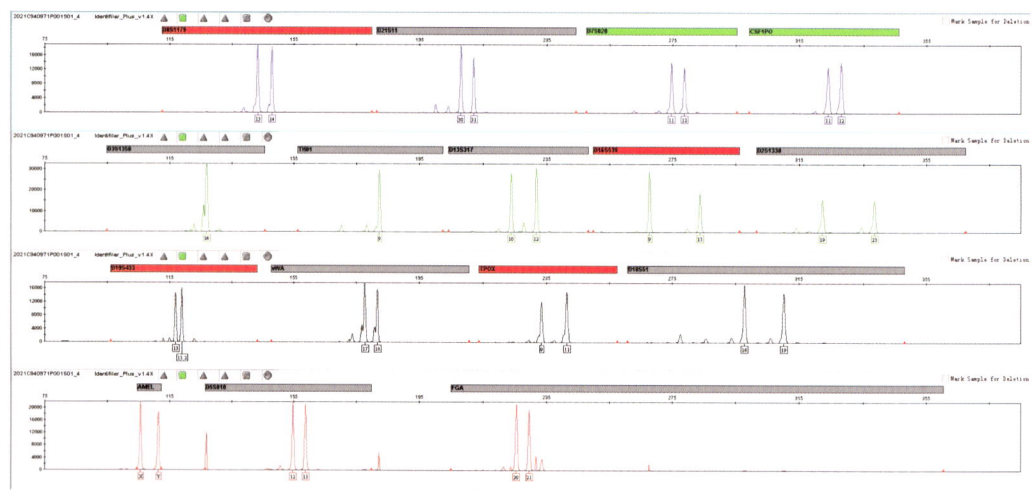

图 13-3　精子 DNA 图谱

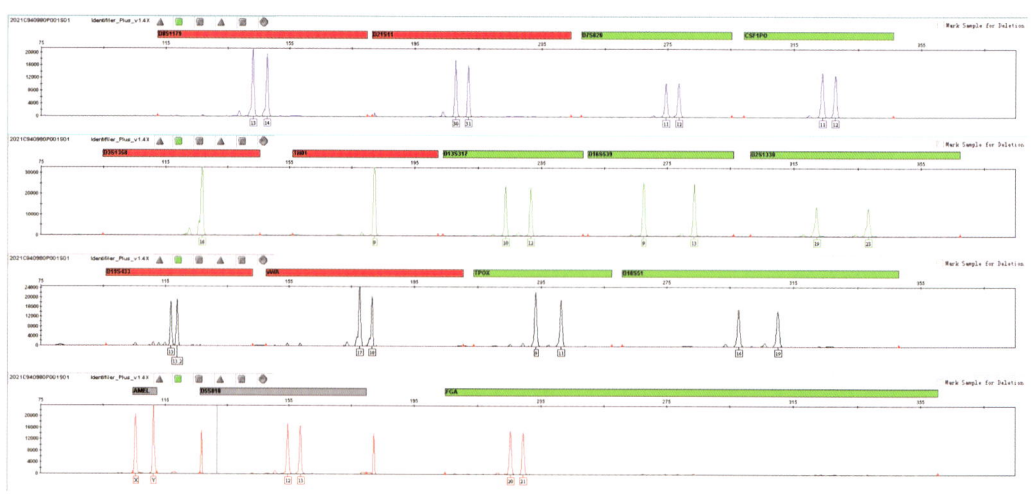

图 13-4　犯罪嫌疑人口腔拭子 DNA 图谱

（5）结论：送检的于某阴道拭子中检出的 DNA 与嫌疑人朱某口腔拭子在 D8S1179 等 15 个基因座基因型相同，其似然率为 $8.59×10^{17}$，似然率值大于 10^{10}，"极强力支持"两份检材来自同一个体的假设。

表 13-1　DNA 检验结果比对表

基因座	AMEL	D8S1179	D21S11	D7S820	CSF1PO	D3S1358	TH01	D13S317
女性阴道拭子	X/Y	13/14	30/31	11/12	11/12	16	9	10/12
嫌疑人口腔拭子	X/Y	13/14	30/31	11/12	11/12	16	9	10/12
基因座	D16S539	D2S1338	D19S433	vWA	TPOX	D18S51	D5S818	FGA
女性阴道拭子	9/13	19/23	13/13.2	17/18	9/11	16/19	12/13	20/21
嫌疑人口腔拭子	9/13	19/23	13/13.2	17/18	9/11	16/19	12/13	20/21

【思考题】

1. 精子染色法操作注意事项有哪些？
2. 如何进行初步 DNA 检验结果判读？

【参考文献】

［1］法庭科学 DNA 实验室检验规范（GA/T 383—2014）.
［2］法庭科学 DNA 实验室建设规范（GA/T 382—2014）.

实验十四　常见生物检材的 DNA 检验鉴定

一、实验目的

（1）熟悉常见生物检材的 DNA 检验方法和流程。
（2）掌握 DNA 检验图谱和鉴定报告的判读。

二、实验方法

使用 Chelex – 100 法提取常见生物检材 DNA，如血痕、唾液斑、软组织、毛发等的 DNA。

三、实验内容

（一）实验原理

Chelex-100 是一种化学螯合树脂，由苯乙烯、二乙烯苯共聚体组成，它对高价金属离子有很高的亲和力和螯合作用，特别是对镁离子的螯合能有效地去除其在下游 PCR 反应体系中的抑制作用。通过初始检材清洗即可去除可能的污染以及血红素和其他蛋白抑制物。在低离子强度、碱性及煮沸等条件下，可以使细胞膜裂解、蛋白质破坏并使 DNA 变性为单链，高速离心使 Chelex 悬浮颗粒和细胞碎片沉降到离心管底部，上清 DNA 溶液即可用于进一步的 PCR 扩增及 STR 分型检测。

（二）器材和试剂

高速离心机；水浴或者恒温混匀仪；移液器；PCR 扩增仪；遗传分析仪；5% Chelex-100 水溶液；2mg/ml 蛋白酶 K；超纯水；基因检测试剂盒等。

（三）操作步骤

1. 生物检材 DNA 提取。

（1）取适量生物检材，如过滤嘴纸质外层、血斑转移纱线等，放入 1.5ml 的离心管中，加入 0.5ml 纯水，振荡混匀，室温浸泡 15～30 分钟；

（2）13000rpm 离心 3 分钟，去除上清液，保留载体；

（3）加入 100μl 5% Chelex-100 溶液和 5μl 2mg/ml 蛋白酶 K，56℃保温 30 分钟，振荡 5～10 秒；

（4）在热循环仪上 100℃保温 8 分钟，振荡 5～10 秒；

（5）13000rpm 离心 3 分钟，4℃保存备用。

2. PCR 复合扩增。

（1）提取好的 DNA 离心后取上清，采用基因检测试剂盒 10ul 扩增体系：4ul DNA 模板+6ul PCR 混合液（4ul mix+2ul primer）。

（2）使用 PCR 扩增仪，选定程序进行复合扩增：95℃，11 分钟，循环 0 次；94℃，20 秒，59℃，3 分钟，28~29 次循环；60℃，10 分钟，4℃，保温。

3. DNA 检验结果。

扩增产物用遗传分析仪进行电泳，应用 ABI GeneMapper ID-X 软件分析 DNA-STR 结果。

4. 结果判读。

检验结果以表格和图谱的形式列出，标明检材编号、基因座名称及分型。每个检材在各个基因座上的基因型以数字表示，杂合子标为两个数字，按从小到大排列；纯合子只标出一个数字；未出谱带的基因座分型标为-；完全未出谱带的检材在表格后以文字形式说明，如 "×号检材未获得 STR 分型"；检验结果为多个体混合时不给出 DNA 分型。Amelogenin 基因座，女性标为 X，男性标为 XY。

5. 注意事项。

（1）饮料罐、水杯口上的唾液斑可分两步提取转移，先用湿棉签或纱布擦拭，再用干棉签或纱布擦拭，一并放入离心管中提取 DNA。擦拭时尽量少用载体。

（2）对于量少的检材可直接加入 5% Chelex-100 溶液和蛋白酶 K 保温。

（3）对于一些难以酶解的检材可以适时、适量补加蛋白酶 K。

（4）唾液、血斑 DNA 的含量较高，进行 DNA 提取、复合扩增时一定要小心，防止造成实验室气溶胶污染。

四、案例讨论

××司法鉴定中心司法鉴定意见书

苏××物鉴（法物）字〔2022〕×××号

一、基本情况

（一）委托单位

××省××市公安局××工业园区分局刑事警察大队三中队

（二）送检人

李某、张某　苏××物受（法物）字〔2022〕×××1 号

王某、肖某　苏××物受（法物）字〔2022〕×××2 号

（三）受理日期

2022 年 2 月 1 日　　苏××物受（法物）字〔2022〕×××1 号

2022 年 2 月 7 日　　苏××物受（法物）字〔2022〕×××2 号

（四）简要案情

苏××受（法物）字〔2022〕×××1 号记载：报警人谈某称：2022 年 2 月 1 日 15 时 30 分，在工业园区水纺街河内，看到一具漂浮的无名尸体，遂报警。

（五）送检物证及样本

1. 标识为"尸体心血"的检材，编号为 2022C×××1P001S01。

2. 标识为"疑父袁某口腔拭子"的检材，编号为 2022C×××2P001S01。

3. 标识为"疑母董某口腔拭子"的检材，编号为 2022C×××2P002S01。

（六）检验要求

对上述检材进行 DNA 检验及分析。

（七）检验开始日期

2022 年 2 月 1 日　苏××物受（法物）字〔2022〕×××1 号

2022 年 2 月 7 日　苏××物受（法物）字〔2022〕×××2 号

（八）检验地点

××市公安局××工业园区分局物证鉴定室 DNA 实验室。

二、检验

（一）检验过程

按照行标 GA/T 383—2014 进行检验分析。

1. DNA 提取：取上述检材适量，用 Chelex-100 法提取模板 DNA。

2. 常染色体 STR 多态性检验：取上述检材 DNA 适量，使用 Identifiler plus 试剂盒进行 PCR 扩增，扩增产物应用 ABI3500XL 全自动荧光分析仪进行检测，按照行标 GA/T 1163—2014 分析上述检材的基因分型。

（二）检验结果

检材 ＼ 基因座	AMEL	D8S1179	D21S11	D7S820	CSF1PO	D3S1358	TH01	D13S317
2022C×××1P001S01	X/Y	11/12	29/30	11/12	10	16/17	6/7	8/12
2022C×××2P001S01	X/Y	12/13	30	12	10	15/17	6/9.3	10/12
2022C×××2P002S01	X	11/15	29/30	11/12	9/10	15/16	7/9	8/10

检材 ＼ 基因座	D16S539	D2S1338	D19S433	vWA	TPOX	D18S51	D5S818	FGA
2022C×××1P001S01	11/12	20/23	13/14	14	8/9	17/20	9/12	22/23
2022C×××2P001S01	9/12	21/23	14/15	14/17	8/9	13/20	9/11	19/22
2022C×××2P002S01	11/12	20	13/14	14/17	8	14/17	11/12	22/23

三、论证

本次鉴定选择的 D8S1179、D21S11、D7S820、CSF1PO、D3S1358、TH01、D13S317、D16S539、D2S1338、D19S433、vWA、TPOX、D18S51、D5S818、FGA 基因座均是独立且按照孟德尔规律遗传的遗传标记，其累积个人识别能力（TDP）为 $1-7.47\times10^{-18}$，其累积非父排除率（三联体）为 $1-1.00\times10^{-6}$，其累积非父排除率（二联体）为 $1-2.28\times10^{-4}$，联合应用可以进行个体识别及亲权鉴定。

亲权鉴定一般依据亲权指数（PI）来判定。大于 1 支持嫌疑父是孩子生父的假设，小于 1 则支持随机男子是孩子生父的假设。在排除双胞胎和近亲等前提下，PI 值越大，表示亲权关系成立的可能性越大。

2022C×××1P001S01 号检材在 D8S1179 等 15 个基因座的一个等位基因可从 2022C×××2P001S01号样本的相应基因座基因型中找到来源，另一个等位基因可从 2022C×××2P002S01号样本的相应基因座基因型中找到来源，其累计亲权指数为 6.12×10^6，即 2022C×××2P001S01 号检材、2022C×××2P002S01 号检材所属个体为 2022C×××1P001S01 号检材所属个体生物学父、母亲的可能性是无关个体为 2022C×××1P001S01 号检材生物学父、母亲可能性的 6.12×10^6 倍。

四、鉴定意见

袁某、董某是送检尸体心血（2022C×××1P001S01）所属男性个体生物学父、母亲，亲权指数为 6.12×10^6。

附件：鉴定机构资格证书复印件
　　　　鉴定人资格证书复印件

　　　　　　　　　中级警务技术职务任职资格　　　李某
　　　　　　　　　副高级警务技术职务任职资格　　　张某
　　　　　　　　　　　　　　　　　　　　　　　　×××× 年 × 月 × 日

本鉴定机构声明：

1. 本鉴定意见仅对受理的检材和样本有效。

2. 如对本鉴定书作出的鉴定意见有任何异议或者疑问请尽早与本鉴定机构取得联系。

3. 未经本鉴定机构的书面同意任何单位或者个人不得部分复印本鉴定书（全部复制除外）。

附：DNA 检验图谱（见图 14-1 至图 14-3）

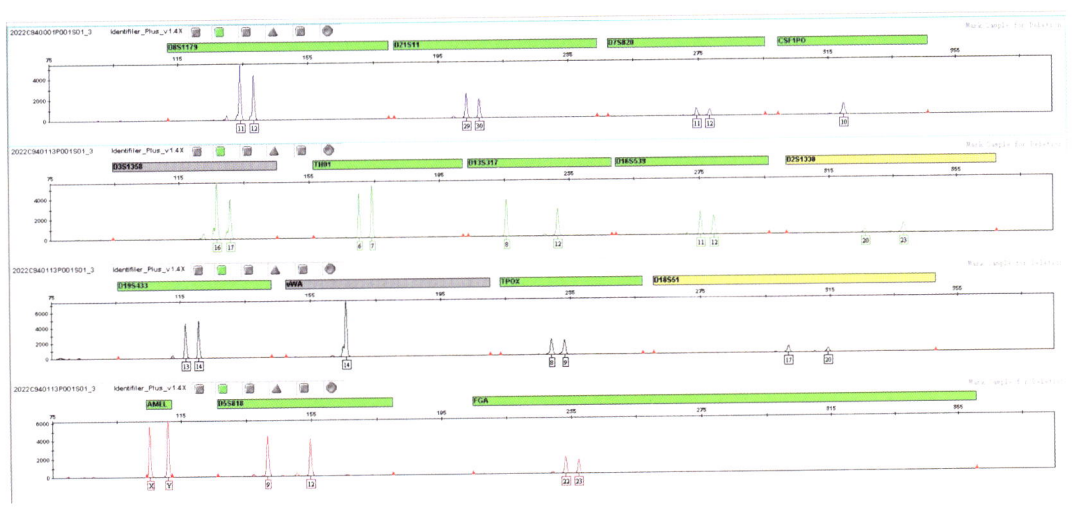

图 14-1　尸体心血 DNA 图谱

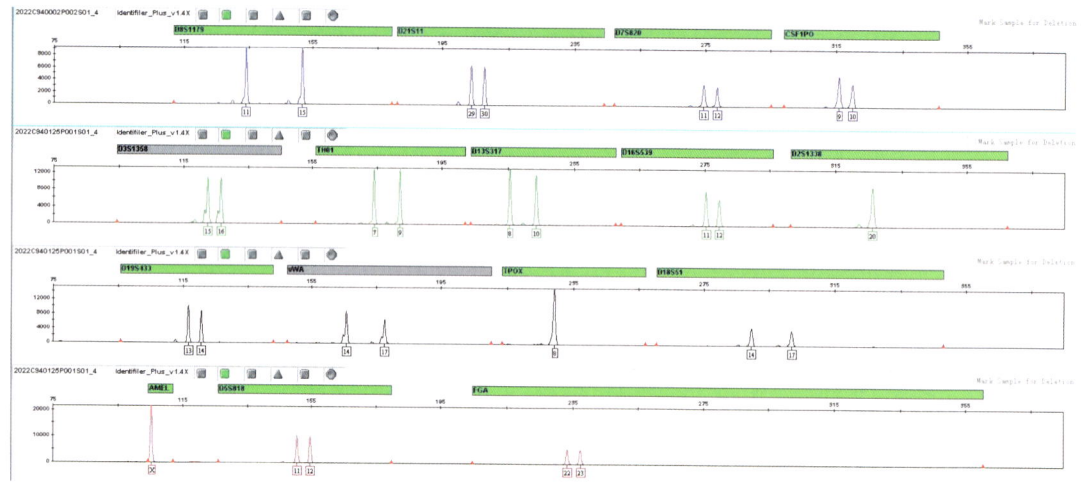

图 14-2　疑母董某口腔试子 DNA 图谱

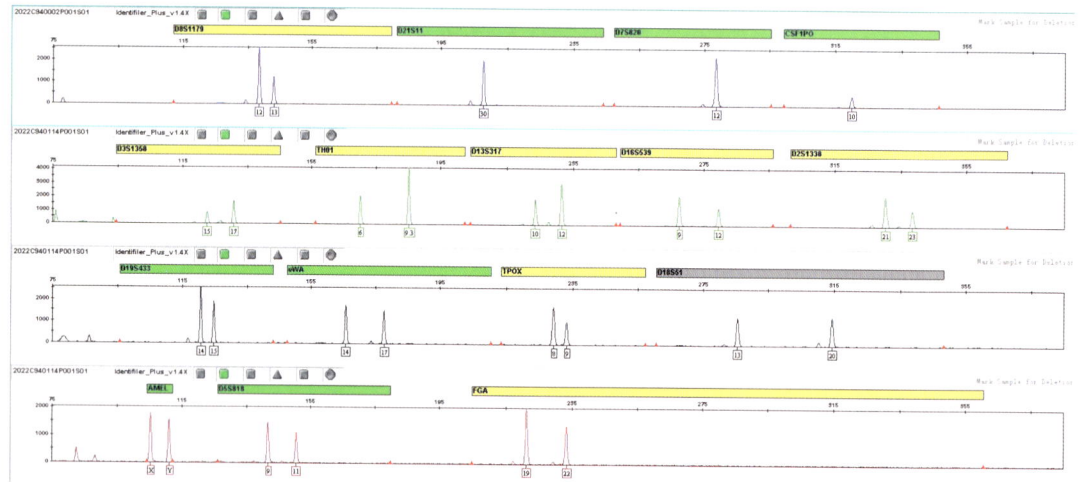

图 14-3　疑父袁某口腔试子 DNA 图谱

【思考题】

1. 如何通过 DNA 检验图谱，初步分析亲缘关系？
2. 常见生物检材的 DNA 检验鉴定注意事项。

【参考文献】

法庭科学 DNA 实验室建设规范（GA/T 382—2014）.

实验十五　人体损伤程度鉴定

一、实验目的

（1）掌握人体常见损伤的损伤程度的鉴定标准与方法。
（2）学会损伤程度鉴定的基本程序和方法，能准确地理解运用鉴定意见。

二、实验方法

（1）轻微伤、轻伤、重伤鉴定。
（2）案例讨论。

三、实验内容

（一）轻微伤鉴定

1. 面部与体表损伤（见图 15-1、图 15-2）。

（1）案情摘要：某男子与人产生纠纷，被他人用木棍致伤头面部、左上肢及左下肢等处。

（2）法医学检验：额部见一长 3.3cm 挫裂伤；左前臂中段外侧见一 4cm×0.4cm 挫擦伤，伴周围有一 5.5cm×3cm 大小青紫肿胀。

（3）鉴定结果：根据《人体损伤程度鉴定标准》第 5.2.5a）条（面部软组织创）、第 5.11.4a）条（擦伤面积 20.0cm² 以上或者挫伤面积 15cm² 以上）之规定，评定为轻微伤。

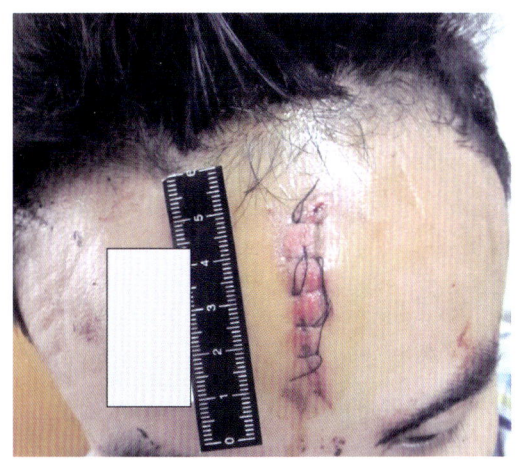

图 15-1

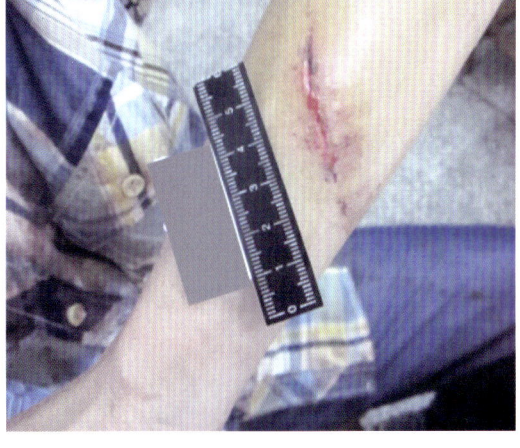

图 15-2

2. **头部损伤**（见图15-3）。

（1）案情摘要：某男子与他人产生纠纷，被他人用刀砍伤头枕部。

（2）法医学检验：后枕部见一长6cm砍创，已缝合，CT片显示后枕部颅骨外板骨折，可见骨皮质翘起。

（3）鉴定结果：根据《人体损伤程度鉴定标准》第5.1.4d）条（颅骨骨折）、附则第6.7条［骨皮质的砍（刺）痕或者轻微撕脱性骨折（无功能障碍）的，不构成本标准所指的轻伤］、第5.1.5c）条（头皮创口或者瘢痕）之规定，评定为轻微伤。

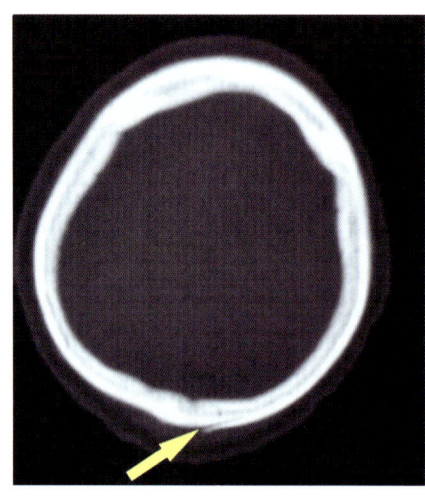

图15-3

3. **鼻部损伤**（见图15-4）。

（1）案情摘要：某男子与人纠纷，被他人拳击面部致鼻部损伤。

（2）法医学检验：左侧鼻翼稍肿胀，压痛，CT片显示左侧鼻骨骨折，未见明显错位。

（3）鉴定结果：根据《人体损伤程度鉴定标准》第5.2.5g）条（鼻骨骨折；鼻出血）之规定，评定为轻微伤。

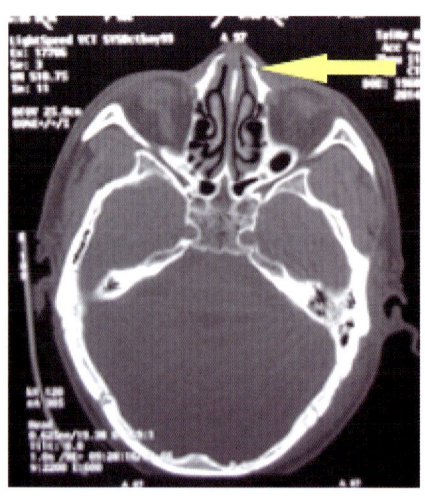

图15-4

4. 头皮损伤（见图 15-5、图 15-6）。

（1）案情摘要：某男子与他人产生纠纷，被他人用刀砍伤。

（2）法医学检验：右颞侧见一长约 4.5cm 缝合创口，右颞顶部见一长约 4cm 缝合创口（见图 15-5），累计长度达 8.5cm。经调查，伤者伤后医院就诊时仅见右颞侧头皮三处刀划伤，右颞顶部无损伤（见图 15-6），认定右颞顶部损伤为伪造伤，不予认定。

（3）鉴定结果：根据《人体损伤程度鉴定标准》第 5.1.5c）条（头皮创口或者瘢痕）之规定，评定为轻微伤。

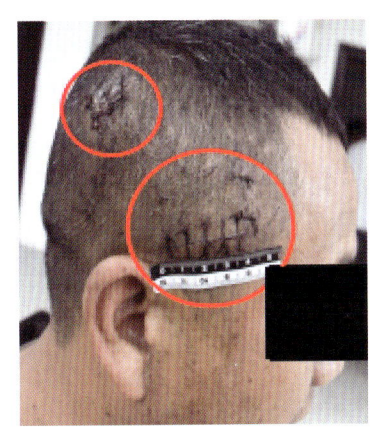 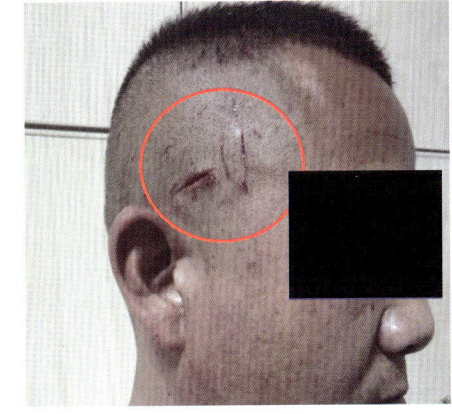

图 15-5　　　　　　　　　　　　　　　　图 15-6

（二）轻伤鉴定

1. 手损伤（见图 15-7）。

（1）案情摘要：某男子与他人产生纠纷，被人用棍棒打击手背致伤。

（2）法医学检验：右手背肿胀，压痛，骨擦感（+），X 片显示右手第 3、4 掌骨中段骨折。

（3）鉴定结果：根据《人体损伤程度鉴定标准》第 5.10.4d）条（舟骨骨折、月骨脱位或者掌骨完全性骨折）之规定，评定为轻伤二级。

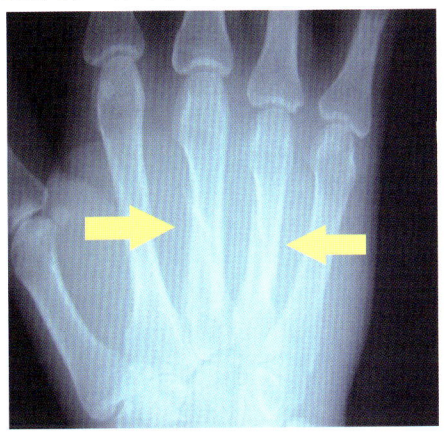

图 15-7

2. 头面部损伤（见图 15-8）。

（1）案情摘要：某男子与人纠纷，被人用刀砍伤头面部。

（2）法医学检验：右侧头顶部有长 3.6cm 疤痕，右额顶面部有长 7cm（头皮 4.5cm+面部 2.5cm）疤痕，头面部瘢痕累计为 3.6cm+7cm＝10.6cm。

（3）鉴定结果：根据《人体损伤程度鉴定标准》第 5.1.4a）条（头皮创口或者瘢痕长度累计 8cm 以上）及附则 6.17 条（对于两个部位以上同类损伤可以累加，比照相关部位数值规定高的条款进行评定）之规定，评定为轻伤二级。

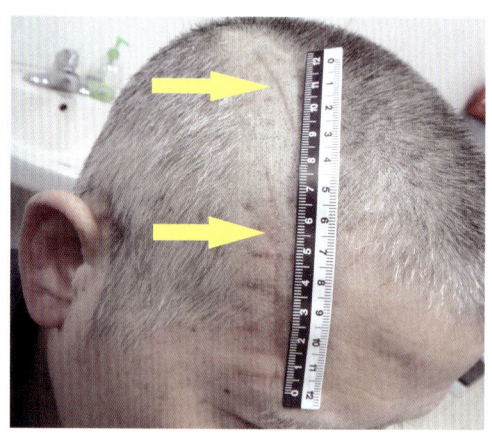

图 15-8

3. 颈部损伤（见图 15-9）。

（1）案情摘要：某女子被人持铁棍击伤头部及全身多处。

（2）法医学检验：左额部有一纵行 3cm 条状疤痕，项部下段压痛明显，胸部 CT 检查示 T1 椎体棘突骨折，断端分离错位。

（3）鉴定结果：根据《人体损伤程度鉴定标准》第 5.9.4d）条（椎骨骨折或者脊椎脱位；外伤性椎间盘突出）之规定，评定为轻伤二级。

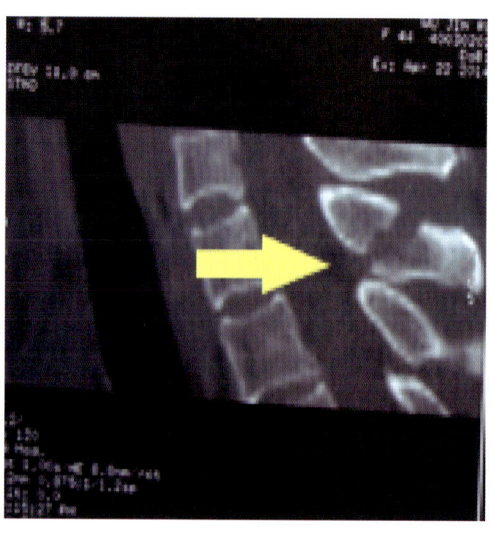

图 15-9

4. 腕肘部损伤（见图 15-10 至图 15-12）。

（1）案情摘要：某女因纠纷被人推倒在地致右腕肘部受伤。

（2）法医学检验：右肘部有一 8cm 手术缝合创口，右肘及右前臂前内侧广泛青紫淤血，右前臂下段有一 5.5cm 手术缝合创口（见图 15-10）。右腕关节活动受限。X 片示右侧肱桡关节脱位，右肱骨内外侧髁撕脱骨折（见图 15-11），右侧桡骨远端粉碎性骨折，右侧尺骨茎突骨折（见图 15-12），行右桡骨远端骨折切开复位内固定术+右肘关节神经松解术+关节囊修补、韧带关节修补+石膏托外固定术。

（3）鉴定结果：根据《人体损伤程度鉴定标准》第 5.9.3e）条（四肢长骨粉碎性骨折或者两处以上骨折）之规定，评定为轻伤一级。

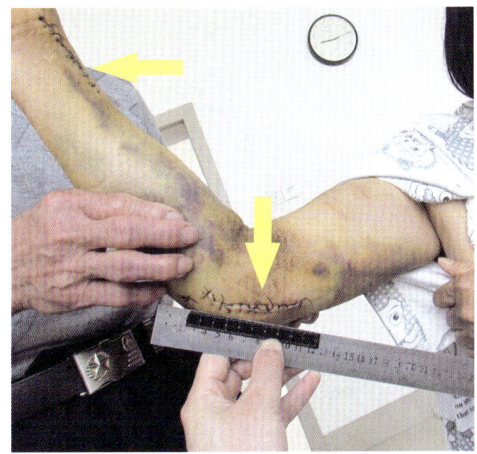

图 15-10

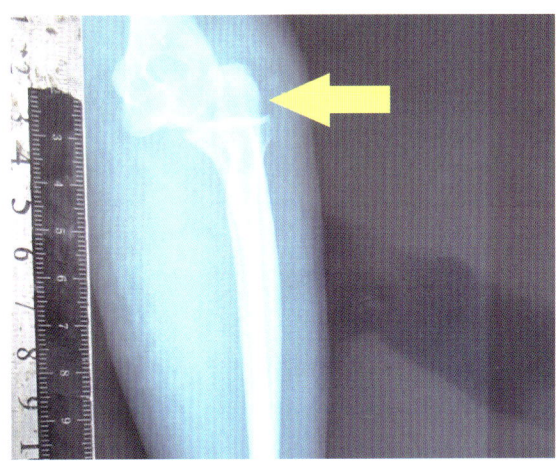

图 15-11

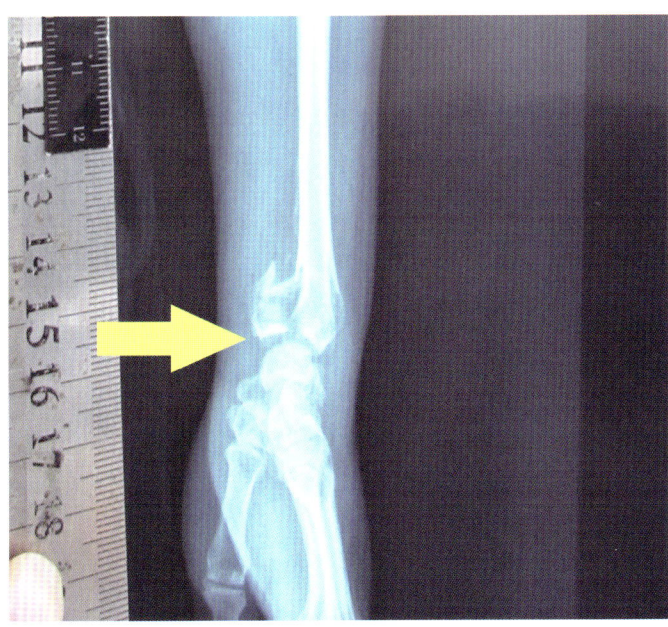

图 15-12

147

5. 肋骨骨折（见图 15-13、图 15-14）。

（1）案情摘要：因纠纷被多人持棍棒等打伤全身多处。

（2）法医学检验：头顶部有一直径 3cm 头皮血肿（见图 15-13），右耳后有一 2cm×1cm 青紫，三维 CT 示左侧 6~8 肋骨骨折（见图 15-14）。

（3）鉴定结果：根据《人体损伤程度鉴定标准》第 5.6.4b）条（肋骨骨折 2 处以上）之规定，评定为轻伤二级。

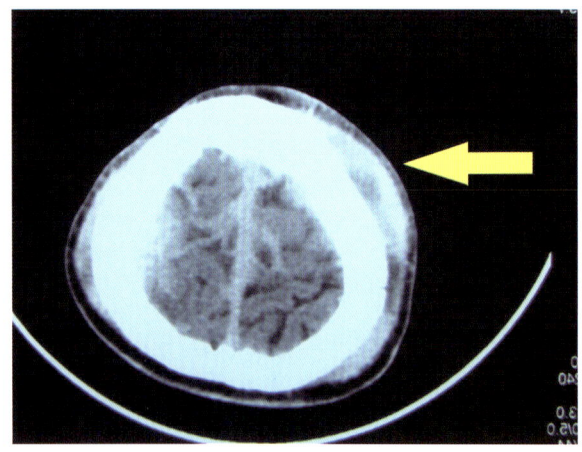

图 15-13

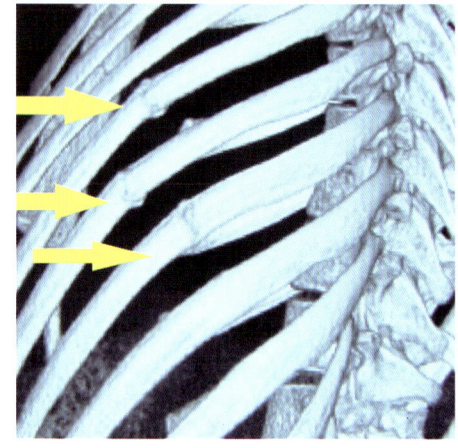

图 15-14

6. 鼻骨骨折（见图 15-15、图 15-16）。

（1）案情摘要：因纠纷被人用拳头打伤面部。

（2）法医学检验：鼻根部稍肿胀，压痛，稍向右偏（见图 15-15）。CT 示右上颌骨额突及鼻骨骨折（见图 15-16）。

（3）鉴定结果：根据《人体损伤程度鉴定标准》第 5.2.4o）条（鼻骨骨折合并上颌骨额突骨折）之规定，评定为轻伤二级。

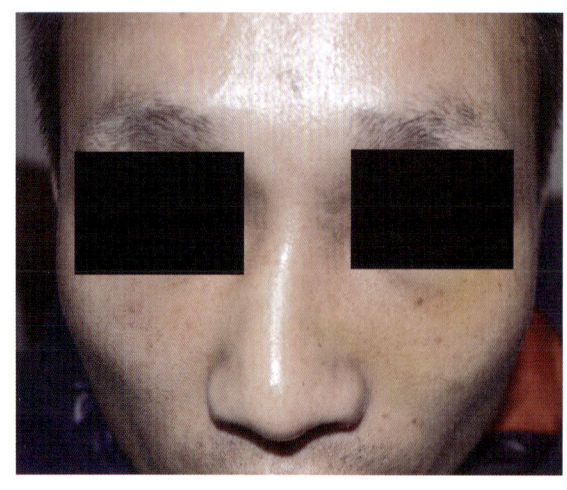

图 15-15

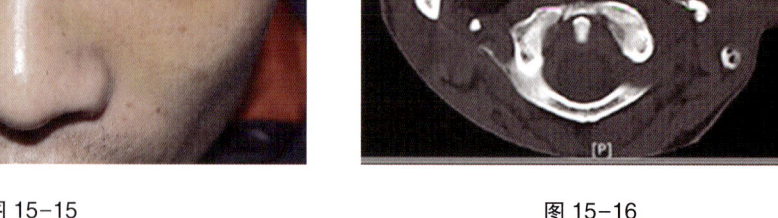

图 15-16

（三）重伤鉴定

1. 胸部损伤（见图 15-17）。

（1）案情摘要：某男被人用刀砍刺伤头面部、胸部、背部、腰部、双上肢等处。

（2）法医学检验：右胸部见一长 2cm 裂创，外侧见一长 2.9cm 裂创及一长 10.2cm 手术切口；右腋后侧见一长 2cm 裂创；右背部见一长 2.8cm 裂创；左背部见一长 4.2cm 划伤；左腰部见一长 3cm 裂创；以上裂创创缘整齐，裂创及手术切口均已缝合。胸部 CT 示：右侧胸腔闭式引流术后改变，右侧胸腔大量积液、积血（其内可见活动性出血）并右肺部分膨胀不全；右侧颈部、腋下及胸壁下气肿。急诊行"右侧剖胸、右胸积血清除、止血、右下肺楔形切除、肺修补术"。

（3）鉴定结果：根据《人体损伤程度鉴定标准》第 5.6.2f）条（肺破裂，须手术治疗）之规定，评定为重伤二级。

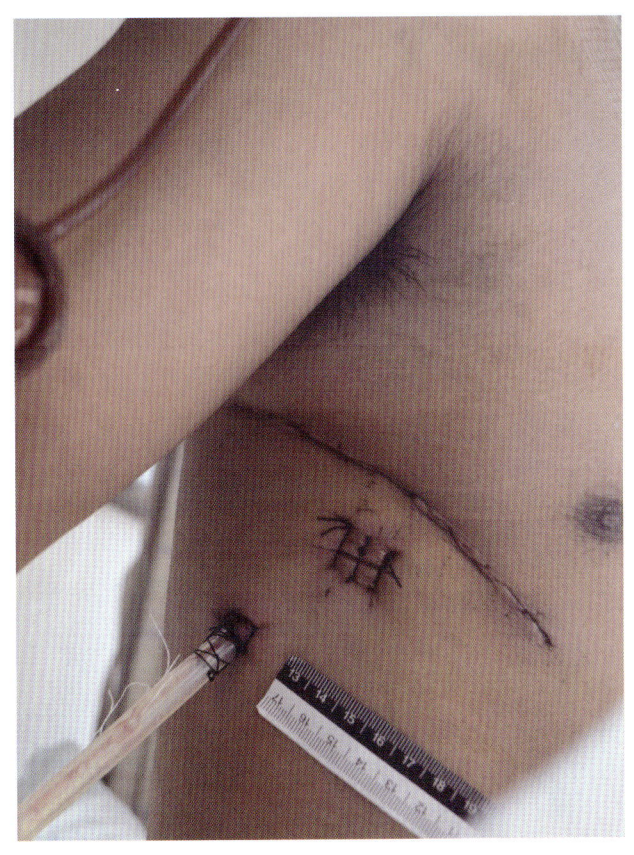

图 15-17

2. 腹部损伤（见图 15-18）。

（1）案情摘要：某男在歌厅与他人产生纠纷致伤腹部。

（2）法医学检验：腹部见一处纵行手术切口，长 10.5cm，其右侧见一处引流性切口，大小为 0.8cm×0.8cm。急诊行"剖腹探查+小肠修补术"，术中见腹腔内少量血性液体，小肠穿孔，大小为 0.5cm×0.5cm，有肠内容物流出，其肠系膜有约 5cm×4cm 血肿。

（3）鉴定结果：根据《人体损伤程度鉴定标准》第5.7.2b）条（胃、肠、胆囊或者胆道全层破裂，须手术治疗）之规定，评定为重伤二级。

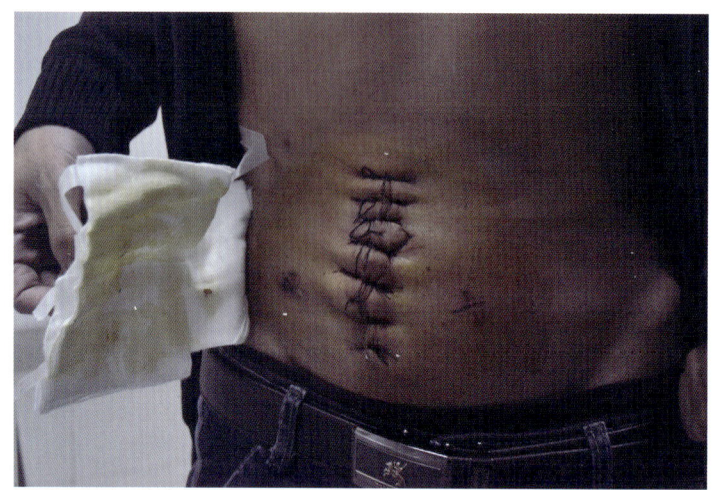

图 15-18

3. 颅脑损伤（见图 15-19 至图 15-21）。

（1）案情摘要：某男与邻居产生纠纷被刀致伤头部。

（2）法医学检验：额部延至左颞部有 0.1cm×15.5cm 手术切口，已缝合（见图 15-19），左颞部有 1.5cm 头皮裂伤，已缝合，头部全麻下行"颅脑清创术+颅骨凹陷性骨折复位术"，术中见硬膜外少许血肿，予清除，约 2ml，硬脑膜上一约 3cm×3cm 破口，硬脑膜张力不高，做硬脑膜四周悬吊，剪开硬脑膜，见左额叶脑挫裂伤明显，并血肿形成，CT片示：左侧额叶脑挫裂伤并颅内积气（见图 15-20），左额骨开放性骨折（见图 15-21），右顶骨骨折，头皮血肿，右顶头皮内异物，左胸壁积气，双下肺挫伤。

（3）鉴定结果：根据《人体损伤程度鉴定标准》第5.1.2b）条（开放性颅骨骨折伴硬脑膜破裂）之规定，评定为重伤二级。

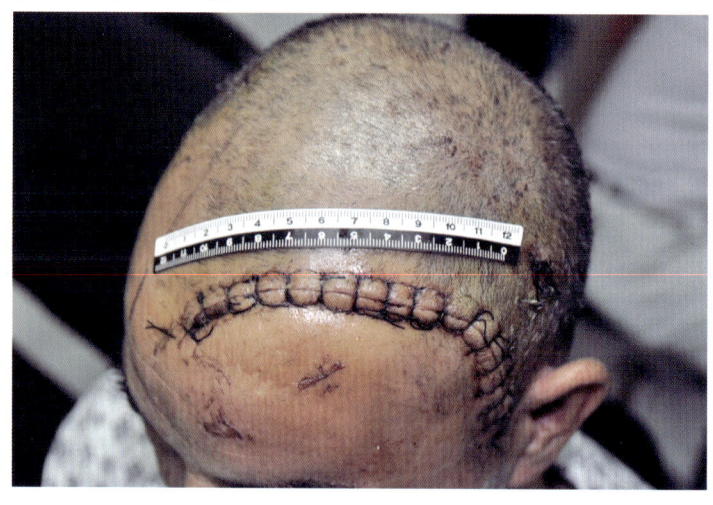

图 15-19

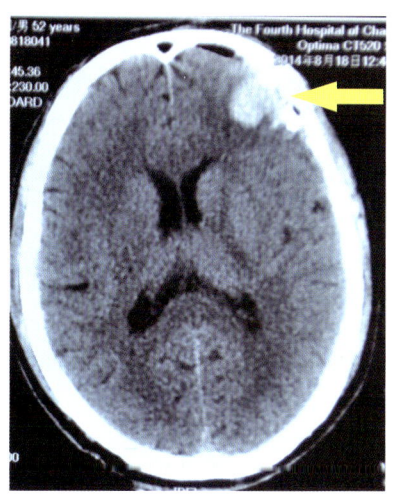
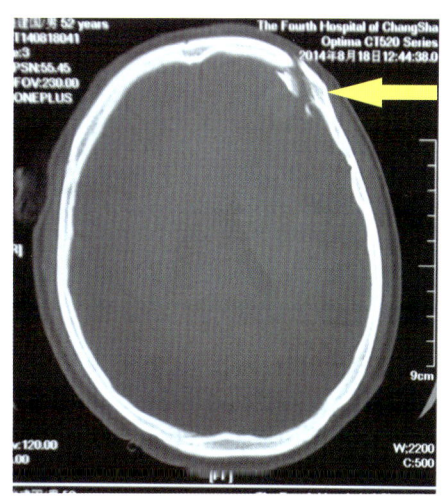

图 15-20 图 15-21

4. 神经损伤（见图 15-22 至图 15-24）。

（1）案情摘要：某女被人砍伤右上肢。

（2）法医学检验：伤后 8 个月检查，右肩前侧"T"形疤痕 8.8cm，右上臂中段不规则条形疤痕 27cm（见图 15-22），右前臂背侧肌肉萎缩，右前臂旋后受限，右腕关节垂腕畸形（见图 15-23），右腕关节背伸肌力Ⅱ级，桡偏、尺偏肌力Ⅱ级，右手垂指畸形，右拇指不能外展，右 2~5 指背伸肌力Ⅱ级，右手各指对指握拳可，握力Ⅳ级；右前臂及右手皮肤浅感觉正常。X 片显示为右肱骨干骨折（见图 15-24），神经肌电图示：右桡神经严重受损（桡神经沟以上水平）；右肌皮神经部分受损。

（3）鉴定结果：根据《人体损伤程度鉴定标准》第 5.9.2d）条［桡神经肘部以上损伤，遗留肌瘫（肌力 3 级以下）］之规定，评定为重伤二级。

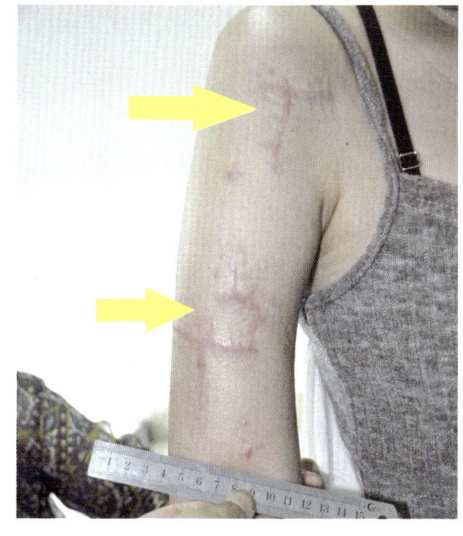

图 15-22 图 15-23

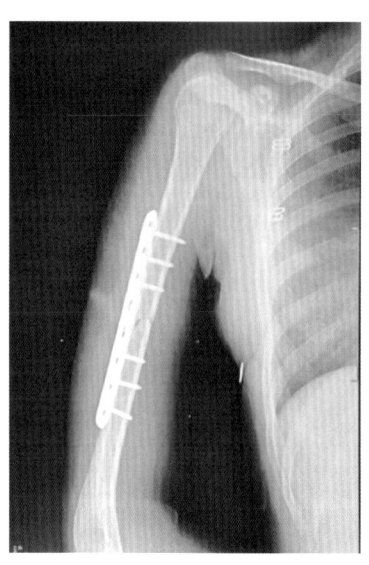

图 15-24

四、案例讨论

湖南省××司法鉴定中心法医临床鉴定意见书

××司鉴中心〔××××〕临鉴字第××号

一、基本情况

委托单位：××县公安局××派出所

委托鉴定事项：被鉴定人张××的损伤程度鉴定

受理日期：2017 年 4 月 1 日

鉴定材料：××市××医院病历资料一份

检验日期：2017 年 4 月 4 日

鉴定日期：2017 年 4 月 4 日—2017 年 4 月 8 日

鉴定地点：湖南省××司法鉴定中心

被鉴定人：张××，男，19××年 9 月 6 日生，××省××县××乡

在场人员：×××、×××

二、案情简介

据鉴定委托书记载：2017 年 3 月 30 日 9 时许，张××与他人发生纠纷后在××安置区的出租房内被人持刀刺伤。伤后于××市××医院治疗，现要求做损伤程度鉴定。

三、病历摘要

××市××医院病历资料摘抄：患者因刀刺伤致胸背部疼痛流血 2 小时于 2017 年 3 月 30 日入院。查体：右侧胸廓稍饱满，呼吸运动稍急促，右侧胸壁压痛，胸廓挤压征阳性，右侧背部见一长约 4cm 伤口，活动性出血，探查进入胸腔，并可触及肋骨骨折断端，右侧语颤减弱，右下肺叩诊实音，右肺呼吸音低，床旁 B 超示右侧胸腔积血。急诊行右下肺破裂修补术+右侧开胸止血术+右侧胸腔闭式引流术。术中见右侧胸腔内积血，总量约 3000ml，右肺背段可见一长约 4cm 裂口，深约 2cm，活动性渗血漏气，右侧第 7 肋间动脉断裂，活动性出血，右第 8 后肋不完全骨折。目前诊断：1. 失血性休克；2. 右侧胸部刀刺伤：右侧开放性血气胸、右肺破裂、右侧第 7 肋间动脉断裂、右第 8 肋不完全骨折。继续住院治疗。

四、鉴定过程

（一）检验规范、使用标准及检查设备

检验规范：《法医临床检验规范》（SF/Z JD0103003—2011）、《法医临床影像学检验实施规范》（SF/Z JD0103006—2014）。

使用标准：《人体损伤程度鉴定标准》。

检查设备：直尺、比例尺、照相机、阅片灯。

（二）法医临床学检查

被鉴定人张××自行步入诊室，一般情况可，神清合作，对其受伤经过能够回忆。检查见：卧床接受检查，胸腰部绷带包裹，拆开见右胸外侧有一斜行 16cm 缝合伤口，下方有一 1cm 引流口，右背部有一 3cm 缝合伤口。余（−）。

五、分析说明

根据法医学检验所见结合医院病历资料分析：被鉴定人张××所受损伤符合他人持锐器作用所致，损伤致右侧胸腔大量积血，于××市××医院急诊行开胸探查，见右肺破裂、右侧第 7 肋间动脉断裂，右侧胸腔积血约 3000ml，其损伤程度根据《人体损伤程度鉴定标准》第 5.6.2f）条之规定，已达重伤二级标准。

六、鉴定意见

被鉴定人张××胸肺部损伤程度评定为重伤二级。

司法鉴定人：×××

《司法鉴定人执业证》证号：××××××××××

司法鉴定人：×××

《司法鉴定人执业证》证号：××××××××××

2017 年 4 月 8 日

附：鉴定照片（见图 15-25、图 15-26）

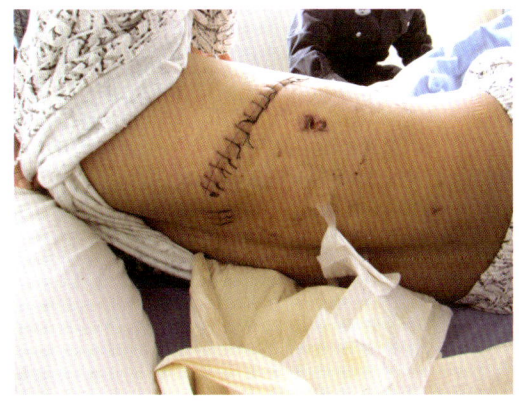

图 15-25

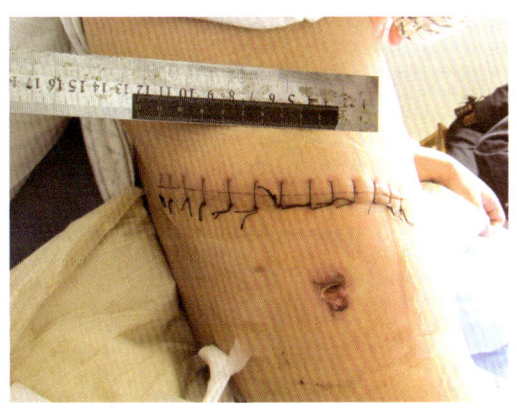

图 15-26

【思考题】

1. 病历摘要中记录的损伤情况与法医鉴定检查阅片不一致时应该怎么做?

2. 鉴定标准中涉及损伤长度与面积作为评定标准时,儿童出现类似损伤应该如何处理?

【参考文献】

［1］人体损伤程度鉴定标准.

［2］法医临床学检验规范(SF/Z JD0103003—2011).

实验十六　人体损伤伤残等级鉴定

一、实验目的

（1）掌握人体常见损伤伤残等级的鉴定标准与方法。

（2）了解《人体损伤致残程度分级》以及《劳动能力鉴定职工工伤与职业病致残等级》两个标准的不同适用和等级划分。

（3）学会伤残等级鉴定的基本程序和方法，能准确地理解运用鉴定意见。

二、实验方法

（1）人体损伤致残程度分级鉴定。

（2）劳动能力鉴定职工工伤与职业病致残等级鉴定。

（3）案例讨论。

三、实验内容

（一）人体损伤致残程度分级鉴定

1. 颌面部牙齿损伤（见图 16-1 至图 16-3）。

（1）案情摘要：2017 年 6 月 23 日王某某因交通事故致伤。

（2）法医学检验：$_{21}+_{12}$ 缺失（见图 16-1），张口度部分受限，上下牙列间置入垂直的示指及中指，2017 年 7 月 8 日在全麻下行"面颌骨多发骨折切开复位内固定术"，术中见颞下颌髁状突颈部斜行断裂，髁状突内陷至关节内下方，上颌骨骨折，下颌骨体骨折（见图 16-2、图 16-3）；CT 片示：右侧上颌窦前外侧壁、蝶骨右翼、下颌骨体部、右侧下颌头多发骨折，部分骨折线累及右侧颈动脉管，双侧颞下颌关节对位不佳。

（3）鉴定结果：根据《人体损伤致残程度分级》第 5.10.2.27）条（张口受限Ⅰ度）之规定，其头面部损伤评定为十级伤残。

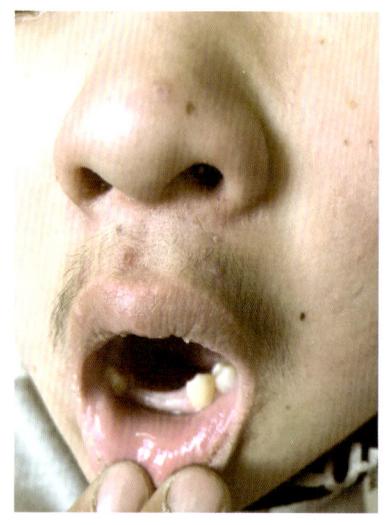
图 16-1

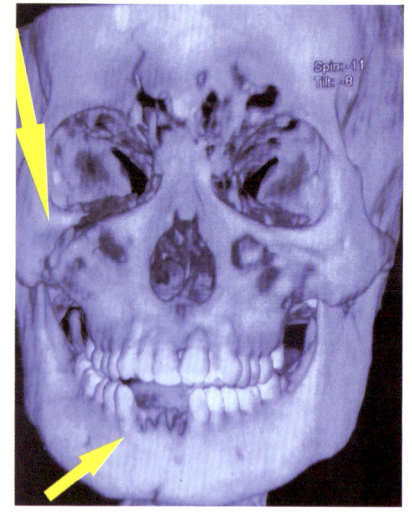
图 16-2

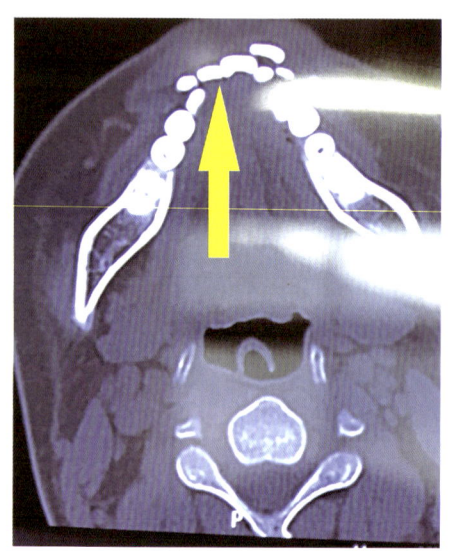
图 16-3

2. 四肢大关节损伤（见图 16-4 至图 16-6）。

（1）案情摘要：2016 年 11 月 27 日冯某某工作时摔跌致右下肢、骨盆等处损伤。

（2）法医学检验：右臀部见一长约 11cm 手术瘢痕（见图 16-4），右下腹可见一长约 12cm 手术瘢痕，右髂前上棘向后下方呈倾斜畸形改变，右髋活动部分受限，前屈约 90°，后伸约 5°，外展约 30°，内收基本正常，外旋约 25°，内旋约 30°，2016 年 12 月 5 日已行"右髋臼骨折切开复位内固定术"（见图 16-5）。CT 片示：右髋臼粉碎性骨折（见图 16-6），右髂骨粉碎性骨折，错位明显。

（3）鉴定结果：根据《人体损伤致残程度分级》第 5.10.6.11）条［四肢任一大关节（踝关节除外）功能丧失 25%以上］之规定，评定为十级伤残。

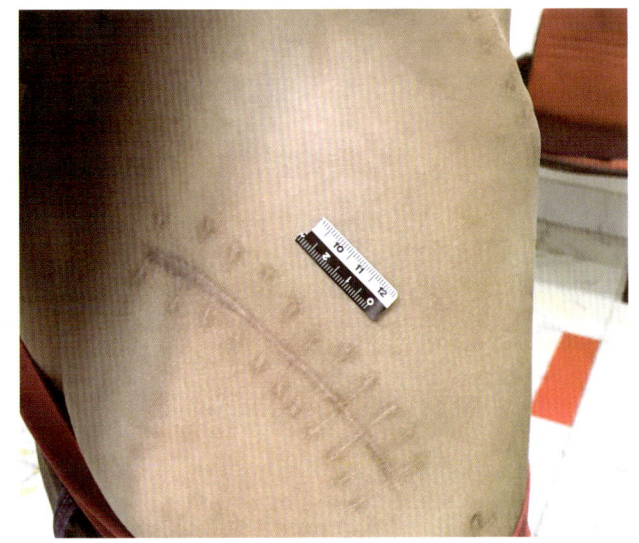

图 16-4

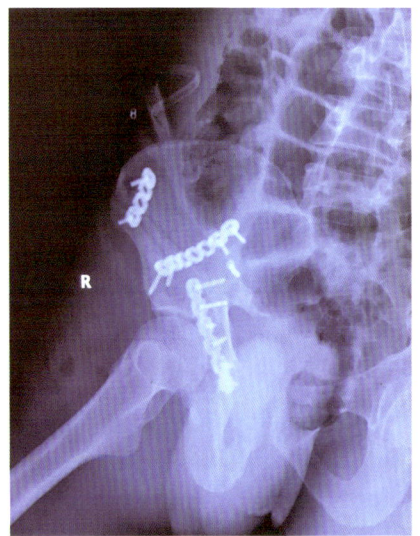

图 16-5

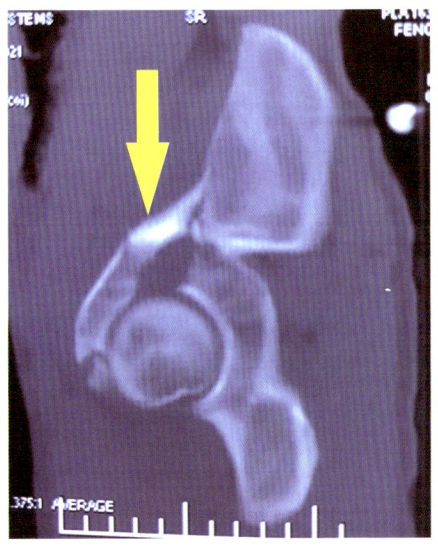

图 16-6

3. 四肢大关节损伤（见图 16-7、图 16-8）。

（1）案情摘要：2018 年 1 月 27 日贺某因交通事故致右下肢等处损伤。

（2）法医学检验：右髋部见一长约 18cm 手术瘢痕，右髋压痛，活动部分受限，CT 片示：右股骨颈骨折（见图 16-7）。2018 年 1 月 31 日已行"右人工全髋关节置换术"（见图 16-8）。

（3）鉴定结果：根据《人体损伤致残程度分级》第 5.9.6.5）条（四肢任一大关节行关节假体置换术后）之规定，评定为九级伤残。

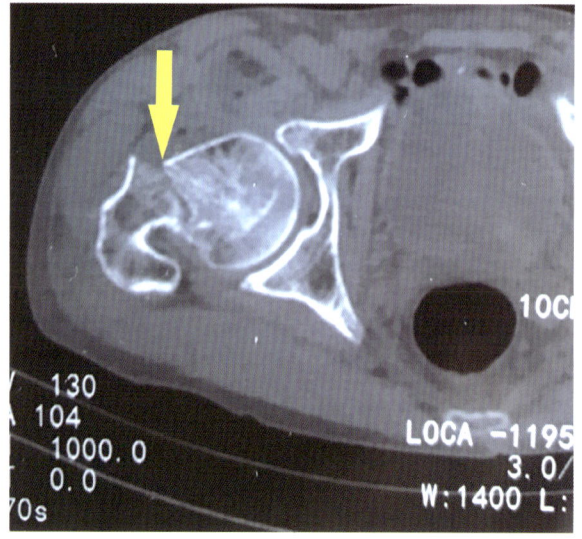
图 16-7

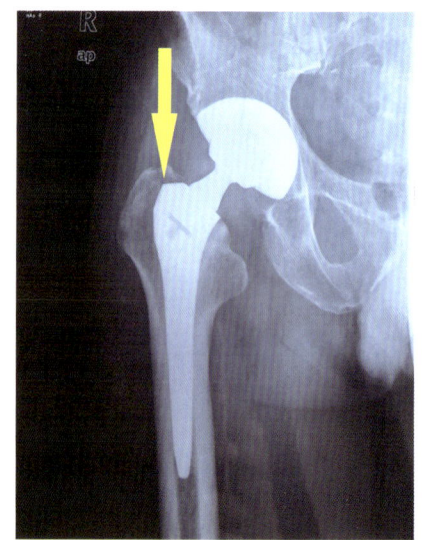
图 16-8

4. 脊柱损伤（见图 16-9、图 16-10）。

（1）案情摘要：2018 年 9 月 14 日，谢某某在某路段骑乘电动车时因交通事故致伤。

（2）法医学检验：2019 年 3 月 13 日体查见腰部两处点块状瘢痕（术后瘢痕），正中压痛明显，以 L1、L2 处为甚；腰部活动受限；X 片显示 L1、L2 椎体压缩性骨折（见图 16-9），脊柱骨折经皮球囊扩张椎体后凸成形术（PKP 术）后（见图 16-10）。

（3）鉴定结果：根据《人体损伤致残程度分级》第 5.9.6.2）条（二椎体压缩性骨折）之规定，评定为九级伤残。

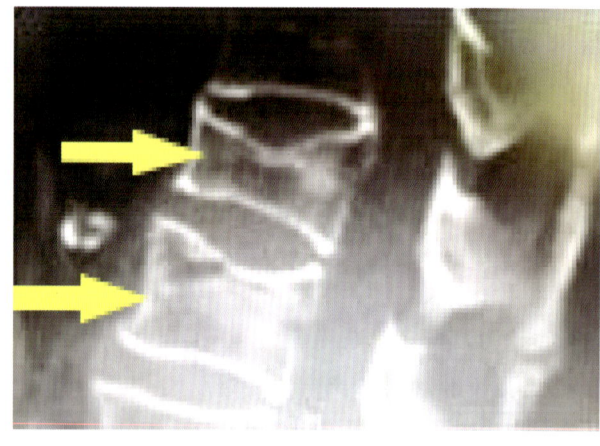
图 16-9

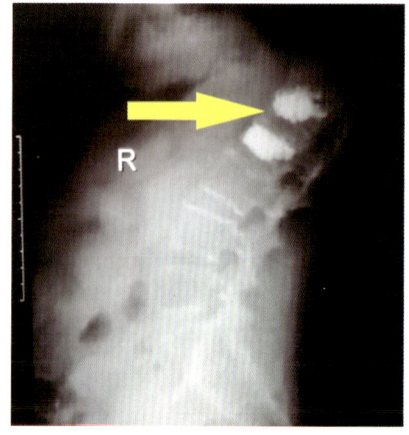
图 16-10

5. 肋骨骨折（见图 16-11）。

（1）案情摘要：2020 年 1 月 24 日，王某某在某路段行走时因交通事故致伤。

（2）法医学检验：2020 年 9 月 24 日体查见胸廓挤压征阳性；CT 片显示左侧 6~9 肋骨折，骨折断端错位明显（见图 16-11）。

（3）鉴定结果：根据《人体损伤致残程度分级》第 5.10.3.7）条（肋骨骨折 4 根以上并后遗 2 处畸形愈合）之规定，评定为十级伤残。

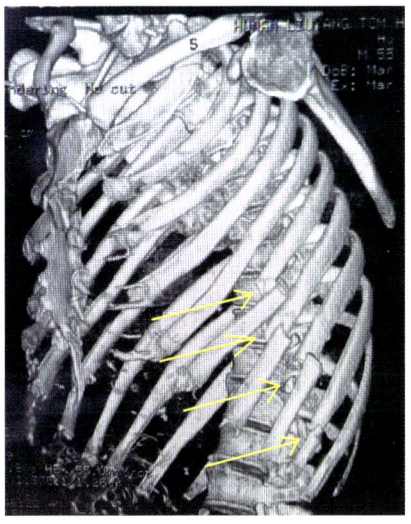

图 16-11

6. 头面部损伤（见图 16-12）。

（1）案情摘要：2021 年 1 月 4 日，刘某某在某路段驾驶小汽车时因交通事故致伤。

（2）法医学检验：2021 年 4 月 15 日体查见前额有三处长条状纵行排列挫裂伤瘢痕，从右至左分别长 8cm、3.5cm、7cm，累计长约 18.5cm；瘢痕稍许凹陷，颜色深（见图 16-12）。

（3）鉴定结果：根据《人体损伤致残程度分级》第 5.10.2.4）条（面部条状瘢痕形成，累计长度达 10.0cm）之规定，评定为十级伤残。

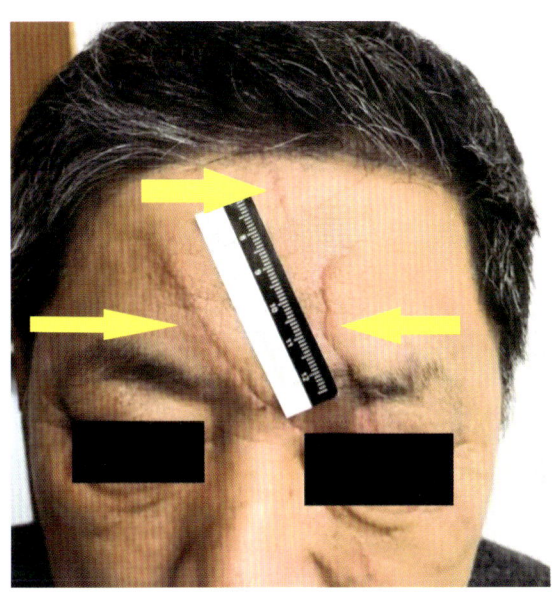

图 16-12

7. 颅脑损伤（见图 16-13）。

（1）案情摘要：2018 年 6 月 9 日，樊某某在某路段行走时因交通事故致伤。

（2）法医学检验：2018 年 12 月 25 日体查见右额颞顶部一弧形手术瘢痕，长约 16cm，可触及颅骨表面凸起修补物，未见明显神经系统症状和体征；CT 片显示右侧额颞顶部硬膜下血肿及开颅术后（见图 16-13）。

（3）鉴定结果：根据《人体损伤致残程度分级》第 5.10.1.8）条（开颅术后）之规定，评定为十级伤残。

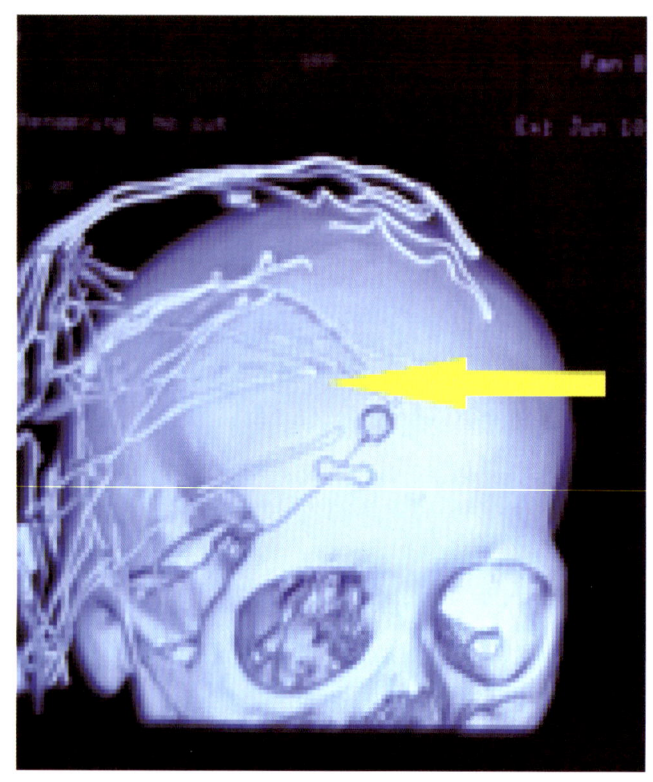

图 16-13

（二）劳动能力鉴定职工工伤与职业病致残等级鉴定

1. 骨盆骨折（见图 16-14）。

（1）案情摘要：2016 年 5 月 3 日，王某某在某建筑工地工作时不慎从高处坠落致伤。

（2）法医学检验：2017 年 6 月 16 日体查体表未见明显异常，骨盆分离挤压征弱阳性。X 片显示右髂骨体部骨折（见图 16-14），骨盆形态未见明显异常。

（3）鉴定结果：根据《劳动能力鉴定职工工伤与职业病致残等级》第 5.10.2.12）条（身体各部位骨折愈合后无功能障碍或轻度功能障碍者）之规定，评定为十级伤残。

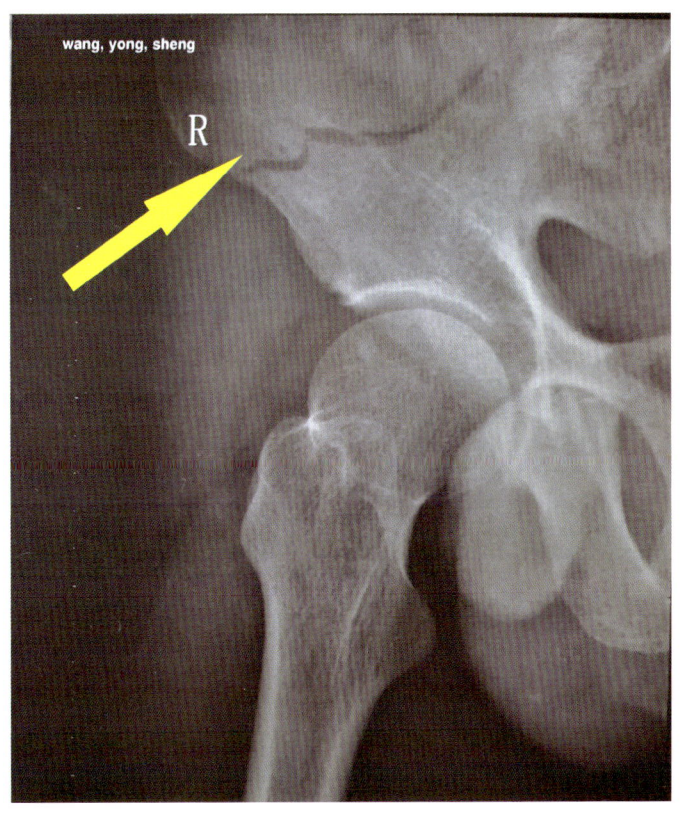

图 16-14

2. 四肢长骨骨折内固定术后（见图 16-15、图 16-16）。

（1）案情摘要：2018 年 5 月 23 日，王某某在某工地工作时从高处坠落致伤。

（2）法医学检验：2018 年 8 月 31 日体查左上臂上段内侧一手术瘢痕，长约 18cm，右上臂上段内侧一手术瘢痕，长约 17cm。双上肢肩关节活动部分受限；X 片显示左肱骨近端斜行完全性骨折并行内固定术后（见图 16-15），右肱骨外科颈完全性骨折及双侧肱骨骨折行内固定术后（见图 16-16）。

（3）鉴定结果：根据《劳动能力鉴定职工工伤与职业病致残等级》第 5.9.2.23）条（四肢长管状骨骨折内固定或外固定支架术后）之规定，其双侧肱骨骨折均构成九级伤残，根据第 4.2 条晋级原则（对于同一器官或系统多处损伤，或一个以上器官不同部位同时受到损伤者，应先对单项伤残程度进行鉴定。如果几项伤残等级不同，以重者定级；如果两项及以上等级相同，最多晋升一级），其双上肢损伤综合评定为八级伤残。

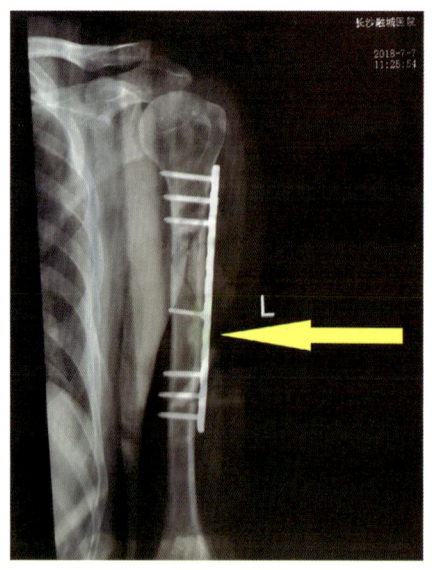

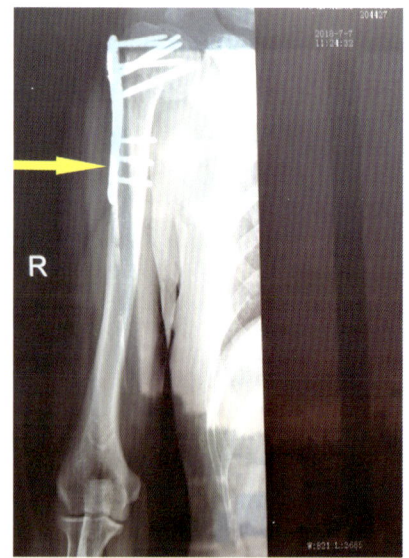

图 16-15   图 16-16

3. 手损伤（见图 16-17 至图 16-19）。

（1）案情摘要：2016 年 12 月 27 日，卞某某在某工厂工作时不慎被一电锯致伤左手。

（2）法医学检验：2017 年 5 月 17 日体查左手拇指桡侧一条状瘢痕，长约 2cm，指间关节处一不规则状环状瘢痕，长约 7cm（见图 16-17），左拇指指间关节伸展位强直，屈曲活动基本不能完成；X 片显示左拇指近节指骨远端骨折并关节面破损（见图 16-18），骨折修复期显示左拇指掌指关节间隙变窄模糊（见图 16-19）。

（3）鉴定结果：根据《劳动能力鉴定职工工伤与职业病致残等级》第 5.9.2.17）条（一拇指指间关节僵直于功能位）之规定，评定为九级伤残。

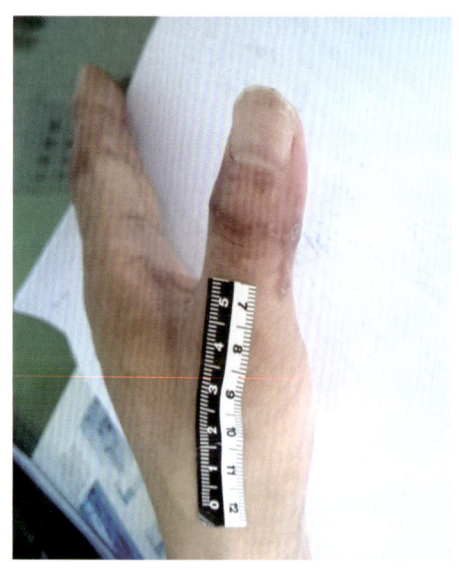

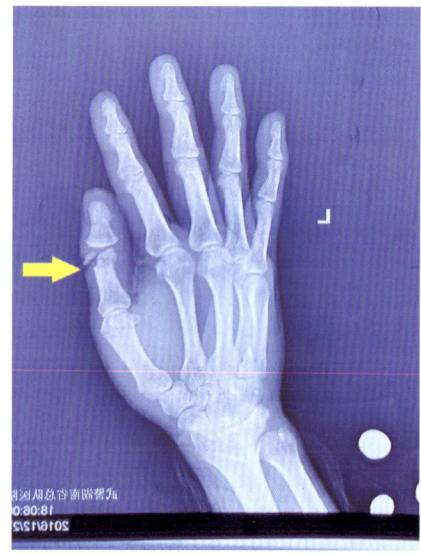

图 16-17   图 16-18

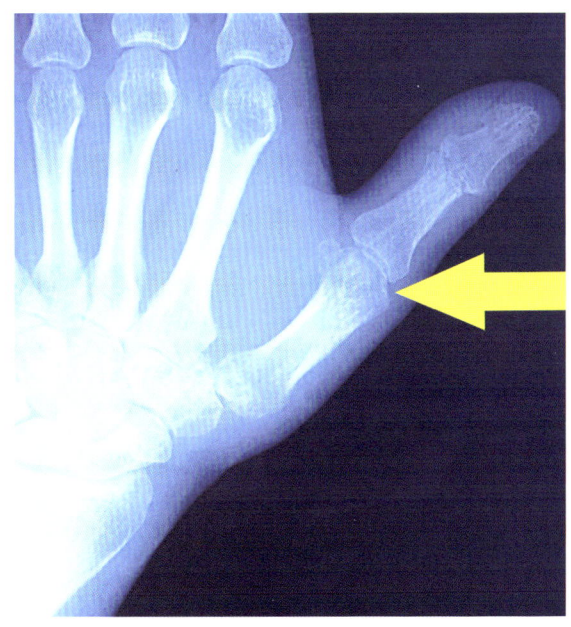

图 16-19

四、案例讨论

案例一

××司法鉴定中心司法鉴定意见书

××司鉴中心〔2021〕临鉴字第××××号

一、基本情况

委托单位：××市公安局交通警察支队××大队

委托事项：对李某某进行伤残程度鉴定

受理日期：2021 年 12 月 30 日

鉴定材料：1.××省第二人民医院病历 1 份 4 页（住院号：××××××）；2.××省第二人民医院 X 片 2 张（影像号：DR××××××，DR×××××）。

鉴定日期：2021 年 12 月 30 日—2022 年 1 月 10 日

鉴定地点：××司法鉴定中心鉴定室

被鉴定人：李某某，女，身份证号码：××××××××××××××××

在场人员：×××、×××

二、基本案情

据被鉴定人陈述：2020 年 12 月 26 日，被鉴定人在××市××区某路段行走时因交通事故致伤，伤后到××省第二人民医院诊治。

三、资料摘要

××省第二人民医院住院病历（住院号：381102）摘要：住院时间：2020 年 12 月 26

日至 2021 年 3 月 11 日。患者因"外伤致左大腿，左腕部肿胀疼痛，活动受限 2 小时余"入院。入院时体查：左下肢短缩畸形，左大腿肿胀明显，中上段压痛明显，可扪及骨擦感和假关节活动，左腕部肿胀畸形，压痛明显，可扪及骨擦感，左腕关节活动受限。嘴唇部肿胀，上唇有一长约 0.8 厘米挫裂伤口，少许渗血。X 线片：左桡骨远端粉碎性骨折，左股骨上段粉碎性骨折。入院后于 2020 年 12 月 27 日行"左股骨近端粉碎性骨折切开复位髓内钉内固定术"。出院诊断：左股骨近端粉碎性骨折；左桡骨远端粉碎性骨折；多处软组织挫裂伤；慢性支气管炎并肺气肿；双肺下叶支气管扩张合并感染；慢性丙型病毒性肝炎；失血性贫血；低蛋白血症。

四、鉴定过程

（一）检验规范、使用标准及检查设备

检验规范：《法医临床检验规范》（SF/T 0111—2021）、《法医临床影像学检验实施规范》（SF/T 0112—2021）。

使用标准：《人体损伤致残程度分级》；检查设备：直尺、比例尺、照相机、关节量角器、阅片灯。

（二）法医临床学检查

2021 年 12 月 30 日在××司法鉴定中心鉴定室对李某某进行法医临床学检查。

被鉴定人李某某神清合作，跛行入诊室。诉伤处疼痛，左下肢活动不利。查：左髋部一条状手术瘢痕，长约 6cm，左大腿外侧一条状手术瘢痕，长约 11.5cm；左髋关节活动明显受限：前屈 90°（右侧 120°），后伸 5°（右侧 10°），外展 30°（右侧 40°），内收 10°（右侧 20°），外旋 25°（右侧 40°），内旋 25°（右侧 40°），按照方向均分法计算其左髋关节功能丧失达 37.5%；左下肢负重行走困难；左腕关节活动可。

（三）阅片记录

阅 2020 年 12 月 26 日××省第二人民医院 X 片（影像号：DR××××××）示：左股骨近端粉碎性骨折。

阅 2021 年 1 月 8 日××省第二人民医院 X 片（影像号：DR××××××）示：左股骨近端粉碎性骨折内固定术后。

五、分析说明

根据提供的病历及影像学资料，结合本中心检验所见，综合分析认为：

被鉴定人李某某因外伤致：左股骨近端粉碎性骨折，左桡骨远端粉碎性骨折，多处软组织挫裂伤，诊断明确。被鉴定人左下肢损伤遗留左髋关节功能障碍，根据三部两院 2017 年 1 月 1 日施行的《人体损伤致残程度分级》第 5.10.6.11）条［四肢任一大关节（踝关节除外）功能丧失 25% 以上］之规定，构成十级伤残。

六、鉴定意见

被鉴定人李某某左下肢损伤构成十级伤残。

司法鉴定人：×××

《司法鉴定人执业证》证号：××××××××××

司法鉴定人：×××

《司法鉴定人执业证》证号：××××××××××

2022 年 1 月 10 日

附：被鉴定人李某某损伤照片（见图16-20、图16-21）

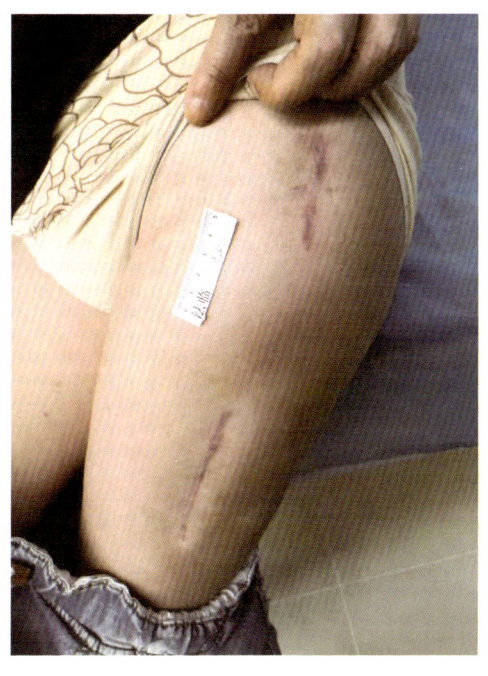

图16-20

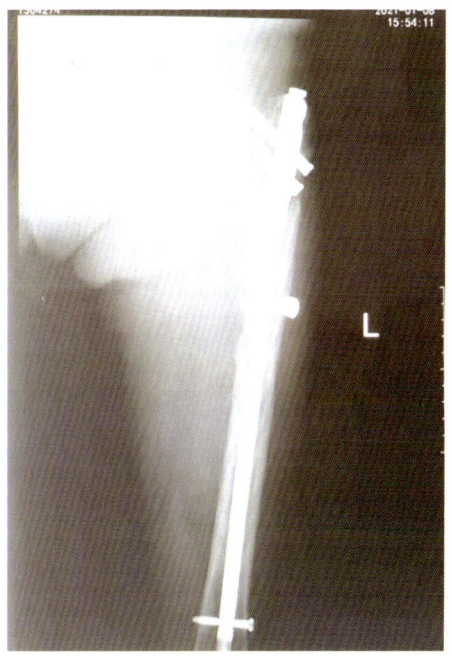

图16-21

案例二

××司法鉴定中心司法鉴定意见书

××司鉴中心〔××××〕临鉴字第××号

一、基本情况

委托单位（人）：刘某某

委托事项：被鉴定人刘某某伤残等级评定

受理日期：2018年10月24日

鉴定材料：1.××市第一医院病历1份（住院号：×××××）；2.××市第一医院CT 2张（影像号：××××××××，××××××××）；3.××市第一医院X片1张（影像号：××××××××）。

鉴定日期：2018年10月24日至2018年11月1日

鉴定地点：湖南××司法鉴定中心鉴定室

被鉴定人：刘某某，男，身份证号码：×××××××××××××××××。

在场人员：×××、×××

二、案情简介

据被鉴定人陈述：2018年7月3日，被鉴定人在××市某工厂工作时意外致伤，伤后到××市第一医院诊治。目前病情平稳，诉伤处疼痛，腰背部活动不利等。

三、资料摘要

××市第一医院病历（住院号：×××××）摘要：住院时间：2018年7月4日至2018

年8月8日。患者因"外伤致腰痛、活动受限1天"入院。入院体查：被动体位，胸腰骶椎压痛、叩击痛，翻身活动明显受限；右腹股沟、右足踇趾多处压痛；左耳部、面部、右侧臀部可见多处皮肤擦伤，左耳郭裂伤，伤口不规整，约6cm，并已缝合。CT示：T10~T12、L2椎体压缩骨折，L1~L3右侧横突骨折，右侧耻骨下支骨折。MRI示：T10、T12及L2、L5压缩性骨折，S1~3骨挫伤。诊疗经过：入院后于2018年7月9日在腰麻下行"腰2椎体骨折切开复位内固定术"，术后进行防感染、促伤口愈合等治疗。出院诊断：1. 腰椎爆裂性骨折（L2）；2. 脊柱骨折（T10、T12、L5、L1-3、S1-3）；3. 耻骨骨折；4. 踇趾骨折；5. 胸腔积液；6. 耳郭外伤。

四、鉴定过程

（一）检验方法

2018年10月24日按照《法医临床检验规范》（SF/Z JD0103003—2011）和《法医临床影像学检验实施规范》（SF/Z JD0103006—2014）对被鉴定人进行检验。

（二）体格检查

被鉴定人刘某某神清合作，步行进入诊室。病人诉伤处疼痛，腰部活动不利。查：左耳郭挫裂伤痕隐约可见；腰背正中一条状手术瘢痕，长约15cm，色素沉着，周围压痛；腰部活动部分受限。

（三）阅片情况

阅2018年7月5日××市第一医院CT片（影像号：×××××××）示：T10、T12及L2、L5压缩性骨折，L1~L3右侧横突骨折。

阅2018年7月6日××市第一医院CT片（影像号：×××××××）示：右侧耻骨下支骨折。

阅2018年7月13日××市第一医院X片（影像号：×××××××）示：L2骨折内固定术后，内固定装置累及3个节段。

五、分析说明

根据提供的病历及影像学资料，结合本中心检验所见，综合分析认为：被鉴定人刘某某因外伤致：L2椎体爆裂性骨折，脊柱骨折（T10、T12、L5、L1~3、S1~3），耻骨骨折，胸腔积液，耳郭外伤，软组织挫裂伤。经体查及医院病历及影像学资料证实，诊断明确。被鉴定人L2骨折已行内固定术。根据中华人民共和国国家标准《劳动能力鉴定职工工伤与职业病致残等级（GB/T16180—2014）》第5.8.2.14)条（3个及以上节段脊柱内固定术）之规定，构成八级伤残，根据第5.9.2.11)条（两个以上横突骨折）之规定，其L1~L3右侧横突构成九级伤残，根据第5.10.2.12)条（身体各部位骨折愈合后无功能障碍或轻度功能障碍者）之规定，其耻骨骨折构成十级伤残；根据第4.2条晋级原则，其损伤综合评定为八级伤残。

六、鉴定意见

被鉴定人刘某某的损伤综合评定为八级伤残。

司法鉴定人：×××

《司法鉴定人执业证》证号：×××××××××

司法鉴定人：×××

《司法鉴定人执业证》证号：×××××××××

2018年11月1日

附：被鉴定人损伤照片（见图 16-22 至图 16-26）

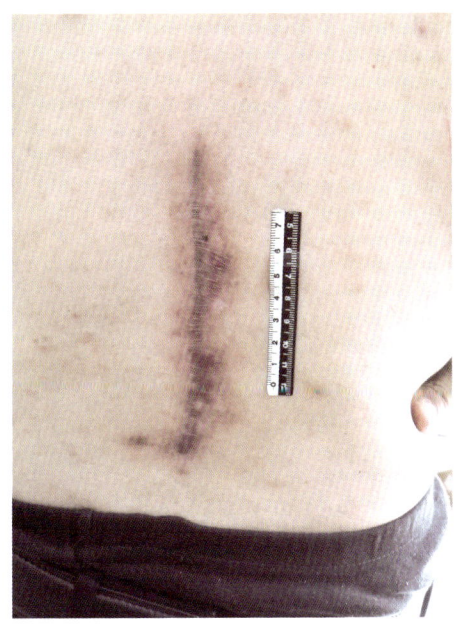

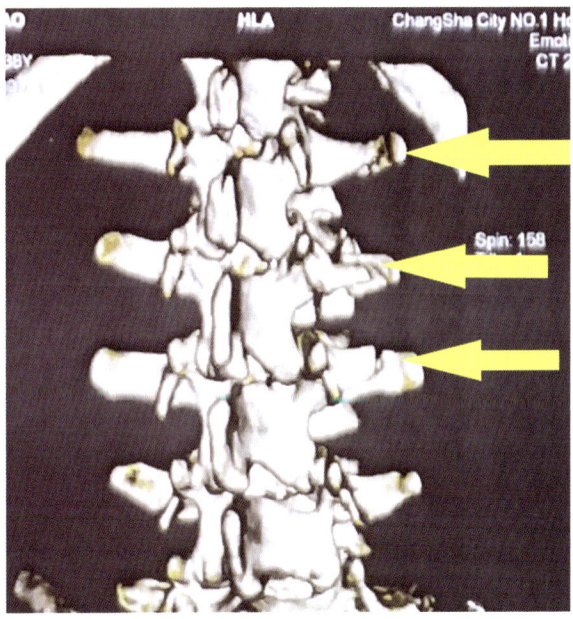

图 16-22

图 16-23

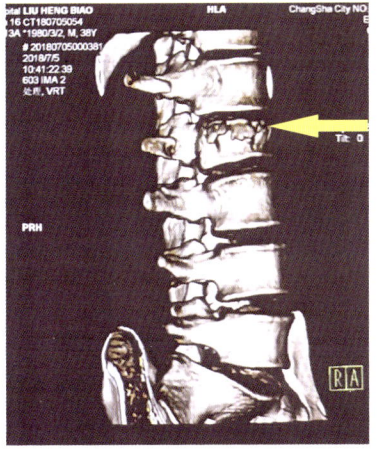

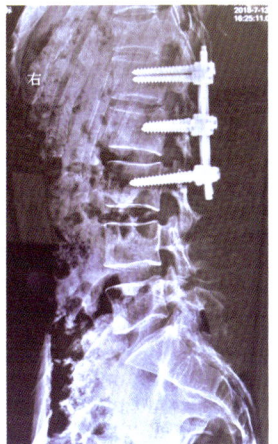

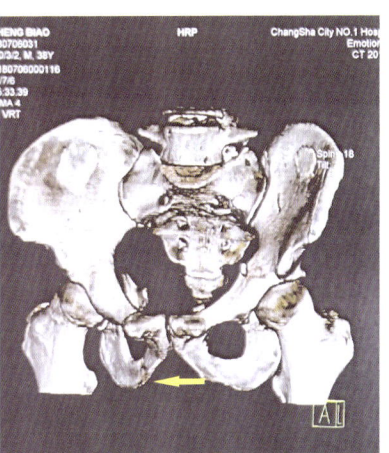

图 16-24

图 16-25

图 16-26

【思考题】

1. 根据《人体损伤致残程度分级》评残时，四肢大关节骨性损伤评定关节功能丧失程度应当选用什么方法测算？

2. 根据《劳动能力鉴定 职工工伤与职业病致残等级》评残时，为什么有的被鉴定人损伤后没有遗留功能障碍也可以评残？

【参考文献】

［1］人体损伤致残程度分级.

［2］劳动能力鉴定 职工工伤与职业病致残等级（GB/T 16180—2014）.

实验十七 命案现场勘查虚拟仿真实验

一、实验目的

1. 掌握命案现场勘查的步骤与程序。
2. 掌握手印、足迹、血迹的发现与提取办法。

二、实验原理与平台

（一）实验原理

1. 《公安机关刑事案件现场勘验检查规则》（2015 版）。
2. 现场手印的显现、提取与送检。
3. 现场足迹的发现与提取。
4. 现场生物物证（血迹）的发现、提取、包装与送检。

（二）实验平台

http://172.17.193.60/virexp/login。

三、实验步骤

（一）接报案

1. 点击开始实验，进入指挥中心场景，在此场景中，可以以第一人称视角 360° 观察（见图 17-1）。

图 17-1

2. 指挥中心电话响起，进行接报案，弹出报案人与指挥中心对话框（所有对话内容均有配音），点击三角箭头，进行对话（见图 17-2）。

图 17-2

3. 报案后，点击现场勘查，指挥中心安排出警，赶赴现场勘查；点击"我要再了解下案情"回顾刚才案情（见图 17-3）。

图 17-3

4. 对话完成后，自动切换到赶赴现场场景。

（二）现场勘查

1. 刑警大队到达案发现场。

2. 局长与本辖区派出所民警沟通，进行对话。点击三角箭头，进行对话（见图 17-4）。

图 17-4

3. 对话完毕，出现操作提示，点击是，法医进入现场。

4. 点击确认，法医进入现场勘查，键盘"W"代表前进，"A"代表向左走，"S"代表后退，"D"代表向右走，四个键进行法医前后左右移动操作，按住鼠标右键拖动转换视角，鼠标左键选择取消使用工具。

5. 进入现场，出现系统提示："选择踏板工具，并在室内铺设"，系统提示消失后，点击右侧箭头，打开勘查箱（见图 17-5）。

图 17-5

6. 点击下方打开勘查箱，打开勘查箱界面（见图 17-6），拖动滑动条到底部，找到踏板工具，选中（见图 17-7），点击关闭勘查箱（见图 17-8），勘查箱界面关闭。踏板工具加入常用勘查装备栏中（见图 17-9）。

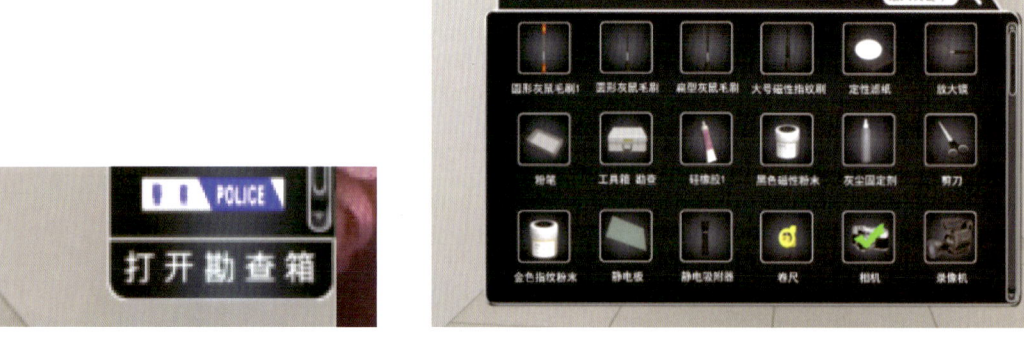

图 17-6

图 17-7

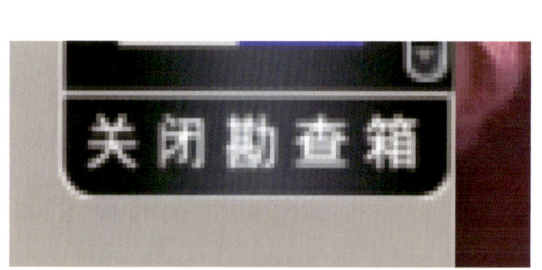

图 17-8

图 17-9

7. 鼠标左键选择踏板工具，在场景地面点击，生成踏板工具（见图 17-10）。

图 17-10

8. 踏板铺设完毕，鼠标右键再次点击踏板工具，出现操作提示，点击确认，播放法医进入现场动画（见图 17-11）。

9. 法医进入现场，出现系统提示，点击是，播放对尸体进行检查动画（见图 17-12）。

图 17-11

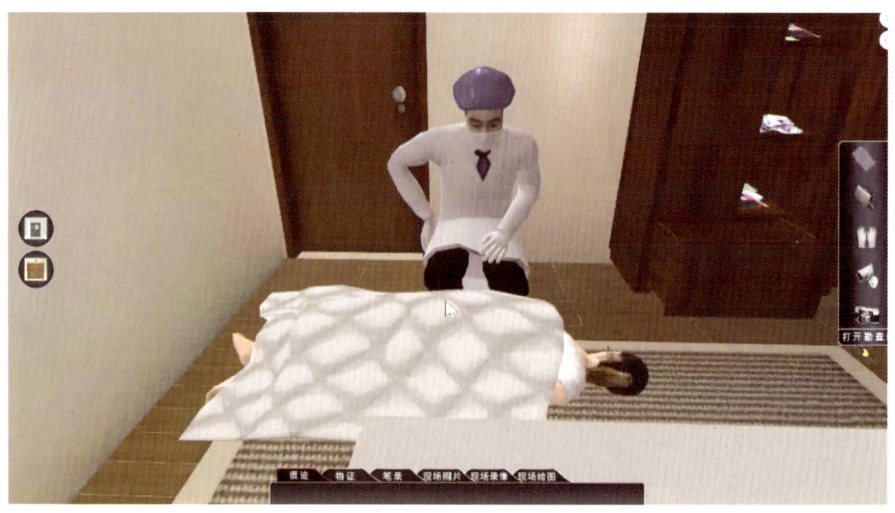

图 17-12

10. 动画播放完毕，出现操作提示，点击确认，对话，法医向局长汇报情况，点击三角箭头，持续对话。

11. 对话完毕，操纵人物进行现场环境勘查。

12. 现场环境勘查完毕之后，局长布置勘查人员对现场进行勘查对话，对话完毕，进行现场勘查。

13. 点击右侧箭头，打开勘查箱（见图 17-13）。

14. 选择相机，点击右下角对号照相完成，弹出操作提示，点击确认。

15. 鼠标选择勘查箱中摄像机，点击大门上监控开始视频提取。

16. 进入小区，寻找到小区监控，点击后视频提取。

17. 寻找到案发现场所在单元楼的监控，点击后视频提取（见图 17-14）。

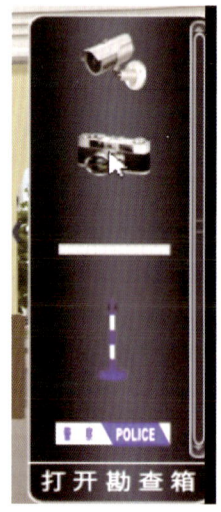

图 17-13

图 17-14

18. 提取的监控视频都作为物证，显示在下方的物证栏中（见图 17-15）。

图 17-15

19. 打开勘查箱，找到无人机，在空旷位置点击，放置无人机，"W"键前进，"A"键向左走，"S"键后退，"D"键向右走，"Q"键上升，"E"键下降（见图 17-16）。

图 17-16

20. 点击右下角相机按钮，拍摄照片，照片拍摄完毕，点击确认，加入物证栏中。

21. 照片拍摄完毕，点击返回，进入案发现场走廊勘查。

22. 进入单元楼后，左侧地址栏点亮"单元门"地点标志出现，进入案发房间，左侧地址栏多出"案发房间"地点标志（见图 17-17）。

23. 进入走廊，首先收集脚印：使用足迹强光灯照射地面，发现脚印（见图 17-18）。

图 17-17

图 17-18

24. "亮度"滑块调整足迹强光灯亮度，"水平"滑块调整足迹强光灯水平转动，"垂直"滑块调整足迹强光灯垂直灯光方向（见图 17-19）；右下角滑块向左滑动视角放大，向右滑动视角缩小；点击向上箭头，视角上升，点击向下箭头视角向下（见图 17-20）。

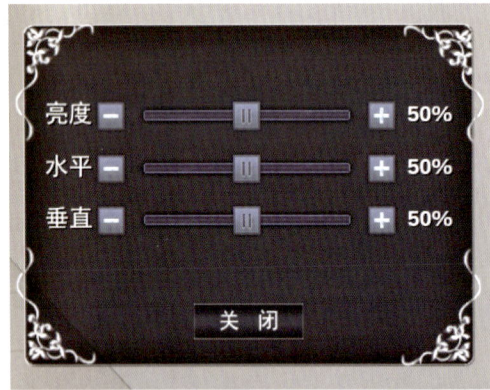

图 17-19

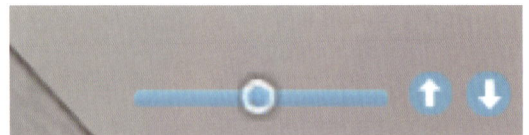

图 17-20

25. 勘查箱中选择物证标签工具，使用物证标签标记足迹（见图 17-21）。

图 17-21

26. 勘查箱中选择相机工具，使用照相机拍摄细目照片（见图17-22）。

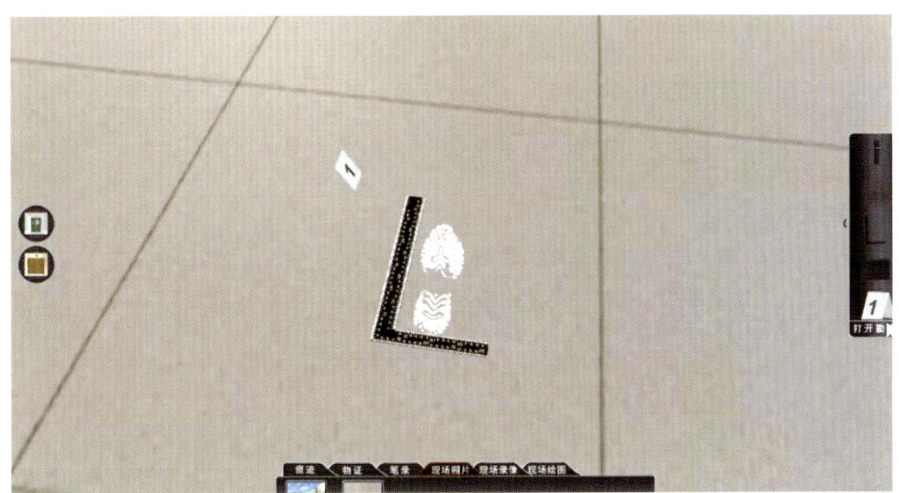

图 17-22

27. 勘查箱中选择静电吸附器工具，使用静电吸附器提取脚印，点击确认（见图17-23）。

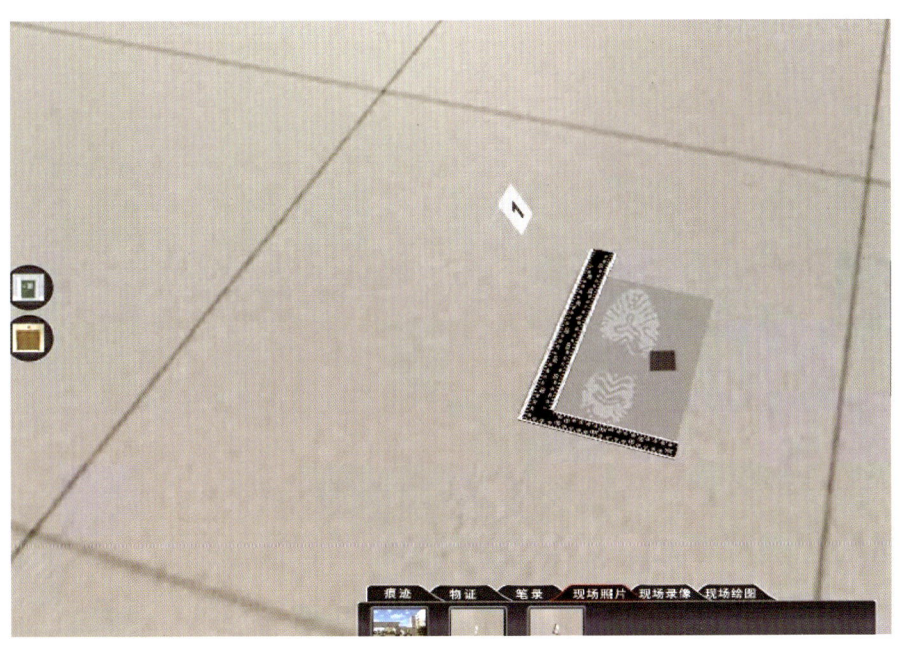

图 17-23

28. 勘查箱中选择物证标签工具，选择物证标签，标记烟头（见图17-24）。

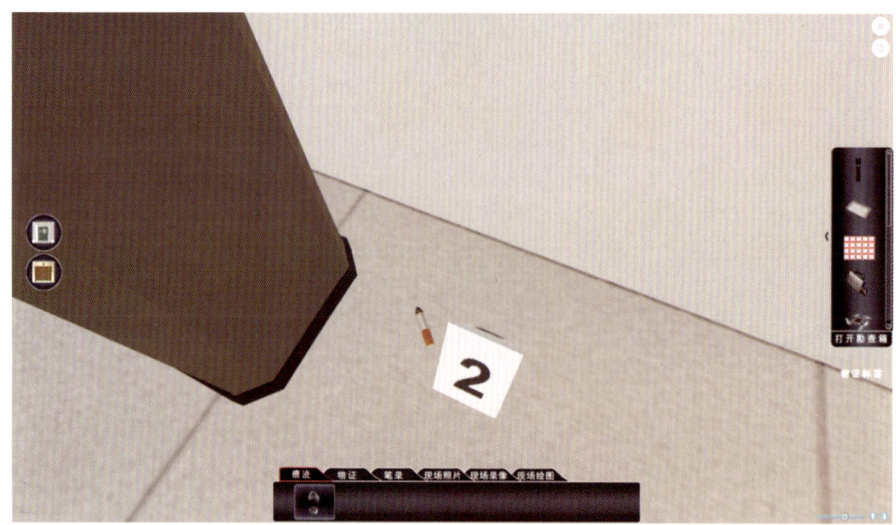

图 17-24

29. 勘查箱中选择比例尺工具，选择比例尺放置于烟头旁（见图17-25）。

图 17-25

30. 勘查箱中选择相机工具，选择相机拍摄细目照片；勘查箱中选择镊子工具，选择镊子提取烟头（见图 17-26）。

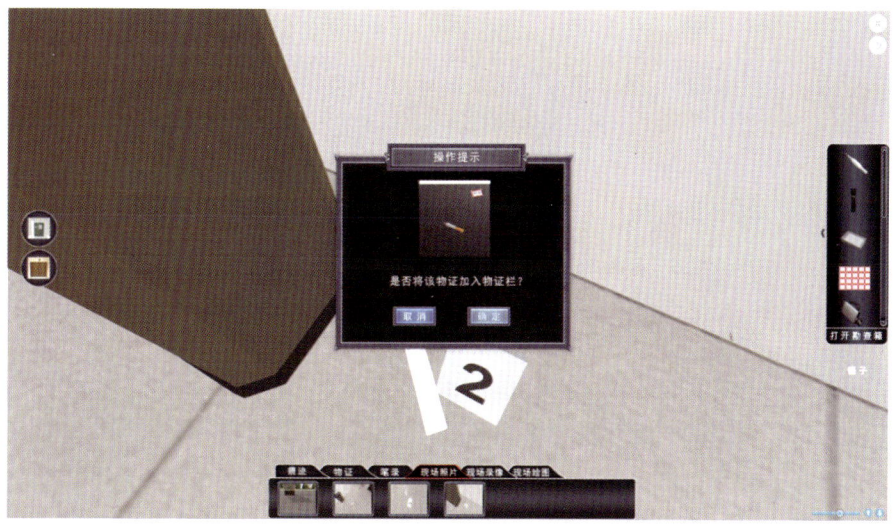

图 17-26

31. 勘查箱中选择物证标签工具，使用物证标签，标记矿泉水瓶（见图 17-27）。

图 17-27

32. 勘查箱中选择相机工具，选择相机拍摄概貌照片（见图17-28）。

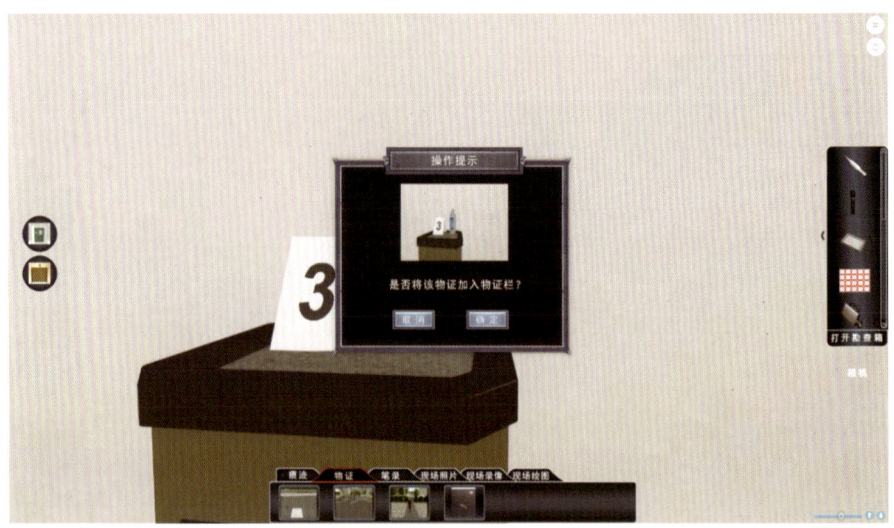

图 17-28

33. 鼠标点击矿泉水瓶，直接提取矿泉水瓶（见图17-29）。

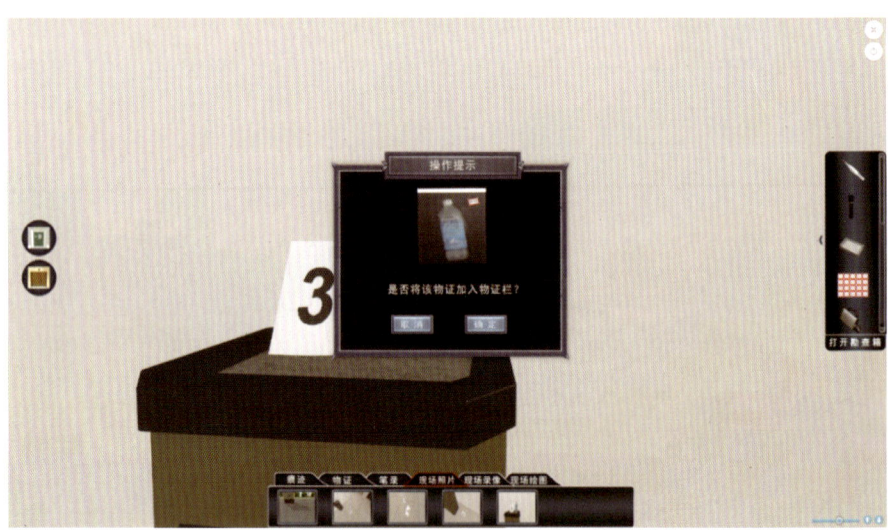

图 17-29

34. 进入房间，勘查箱中选择相机工具，对房间拍摄概貌照片。

35. 收集现场指纹，勘查箱中选择黑色磁性粉末及磁性刷，用磁性刷吸取黑色磁性粉末后刷显指纹（见图 17-30）。

图 17-30

36. 勘查箱中选择物证标签工具，物证标签标记指纹（见图 17-31）。

图 17-31

37. 勘查箱中选择比例尺工具，在指纹一侧放置比例尺（见图17-32）。

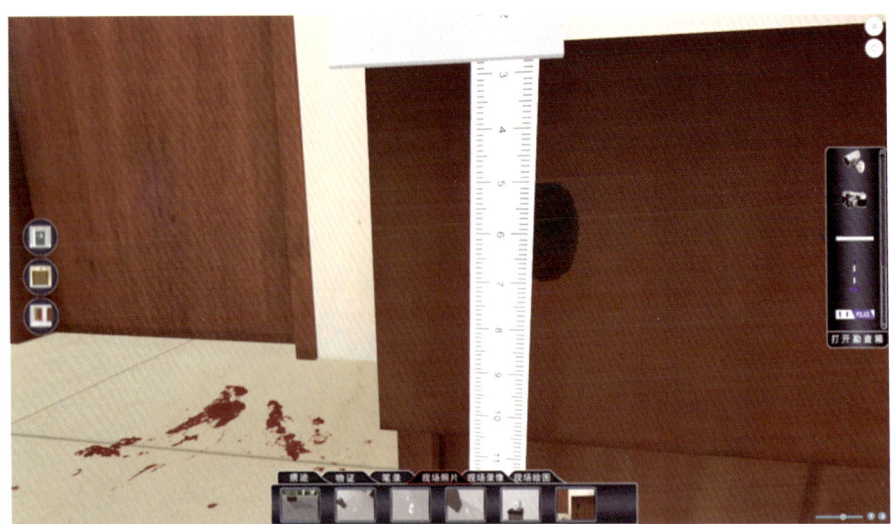

图 17-32

38. 勘查箱中选择照相机工具，选择相机拍摄细目照片（见图17-33）。

图 17-33

39. 勘查箱中选择指纹胶带工具，选择指纹胶带提取指纹（见图17-34）。

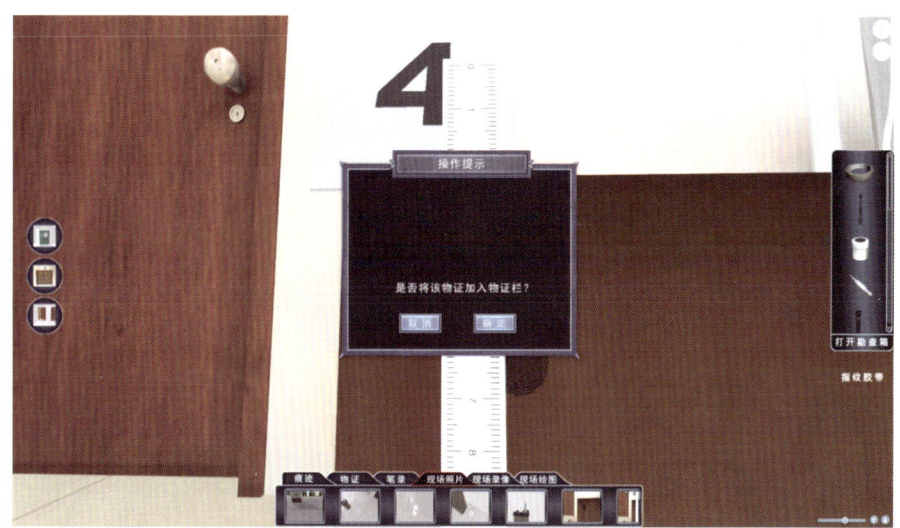

图 17-34

40. 对各种血迹物证进行提取保存（见图17-35）。

图 17-35

41. 提取手机并保存（见图 17-36）。

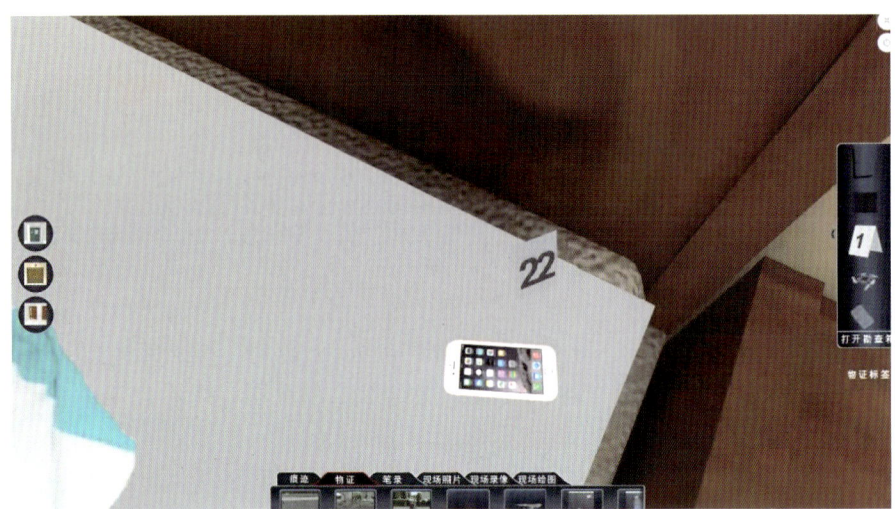

图 17-36

42. 对卫生间血迹物证进行提取。

43. 勘查箱中选择物证标签，标记血迹。

44. 勘查箱中选择比例尺，放置在血迹附近（见图 17-37）。

图 17-37

45. 勘查箱中选择照相机，拍摄细目照片（见图17-38）。

图 17-38

46. 勘查箱中选择棉棒，点击血迹进行提取（见图17-39）。

图 17-39

47. 对现场各类工具进行提取、包装、保存（见图 17-40）。

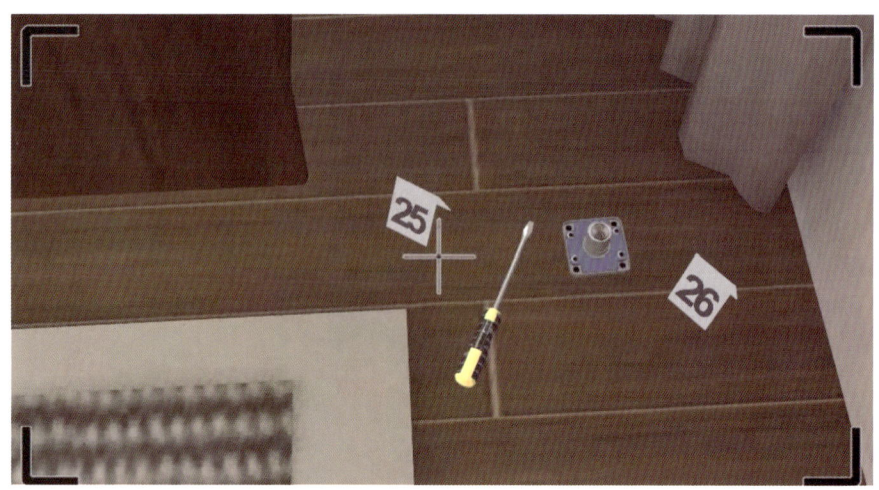

图 17-40

（三）调查走访

1. 走到保安面前，和保安通过对话进行走访调查，点击三角箭头进行对话（见图 17-41）。

图 17-41

2. 走到清洁工面前，和清洁工通过对话进行走访调查，点击三角箭头进行对话。

3. 去张大爷家，和张大爷通过对话进行调查走访，点击三角箭头进行对话。

（四）案情分析

1. 去专案组，进行案情分析。

2. 点击局长头像，局长作案情分析发言。

3. 点击现场勘查组警察头像，现场勘查组作案情分析汇报。

4. 点击法医头像，法医对尸体解剖情况进行汇报。

5. 点击现场走访组警察头像，现场走访组对走访内容进行汇报。

6. 点击局长头像，局长对案件进行总结性发言。

（五）技术侦查

1. 进行技术侦查，将物证栏中矿泉水瓶指纹拖到电脑指纹库中，对矿泉水瓶上指纹进行入库比对，无匹配结果（见图17-42）。

图 17-42

2. 将物证栏中提取的匕首、矿泉水瓶、烟头、棉签上的生物物证拖到电脑中 DNA 数据库，比对匕首、矿泉水瓶、烟头、棉签上 DNA，无匹配结果（见图17-43、图17-44）。

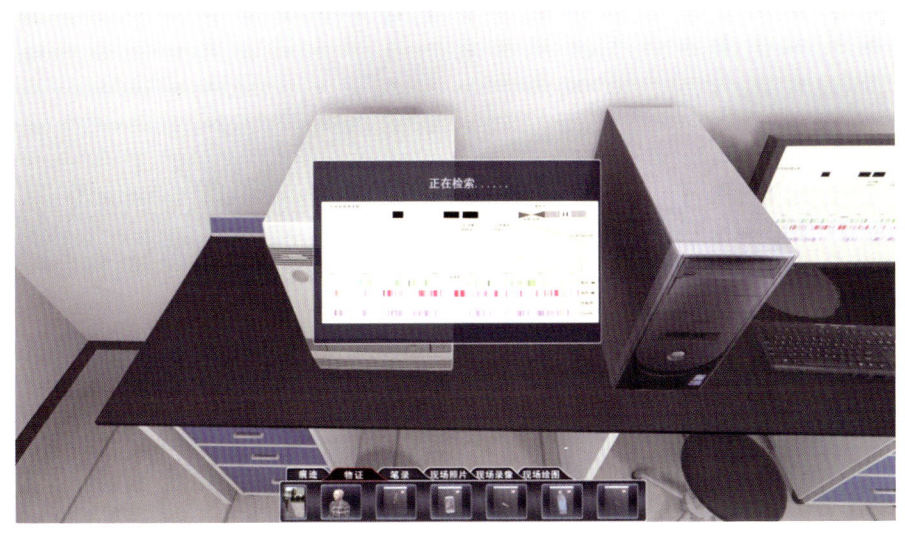

图 17-43

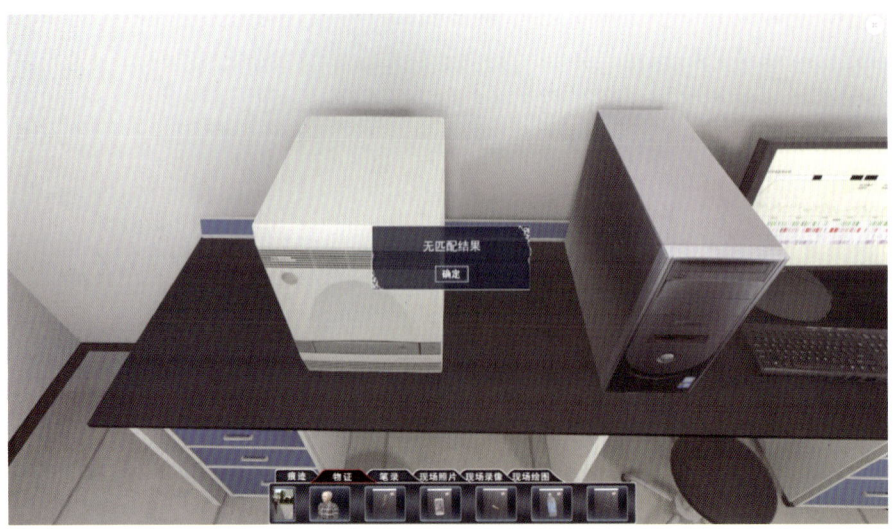

图 17-44

（六）视频与电子物证技术

1. 将物证栏中的三个监控视频拖到电脑人像比对库中，对现场提取到的视频进行分析研判，确定犯罪嫌疑人范围（见图 17-45）。

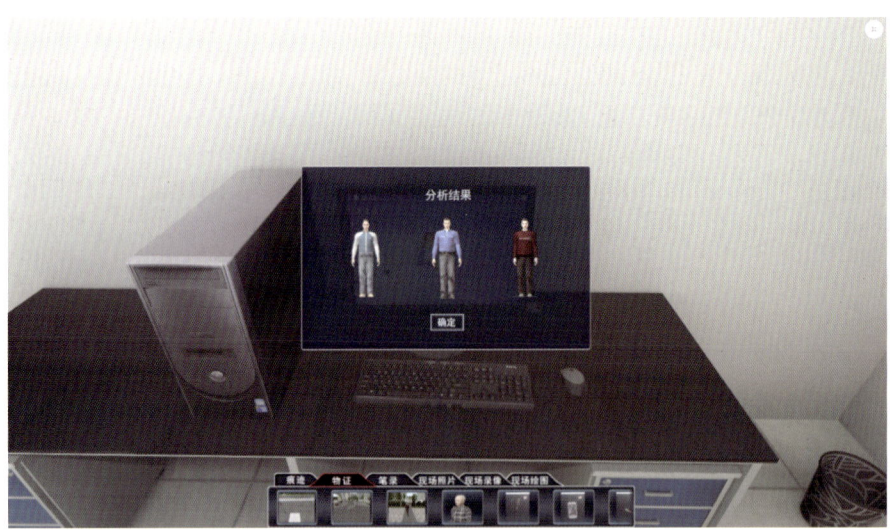

图 17-45

2. 将物证栏中的张大爷拖入到场景中，辨认犯罪嫌疑人（见图 17-46）。

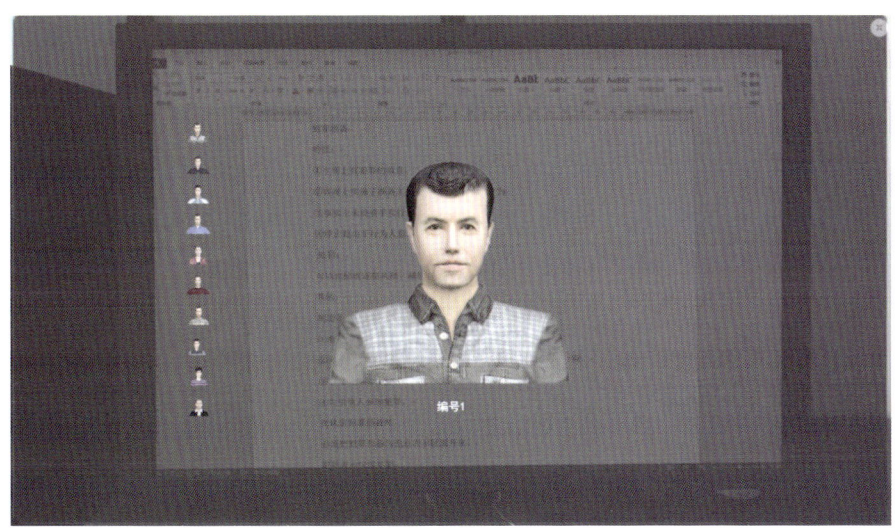

图 17-46

3. 检索现场收集到的手机内的信息，确定犯罪嫌疑人（见图 17-47）。

图 17-47

（七）抓捕与审讯

1. 确定犯罪嫌疑人，点击抓捕，抓捕犯罪嫌疑人（见图17-48）。

图 17-48

2. 鼠标点击右侧指纹，生成指纹图标，再次点击犯罪嫌疑人，采集到犯罪嫌疑人指纹；鼠标点击右侧脚印，生成脚印图标，再次点击犯罪嫌疑人，采集到犯罪嫌疑人脚印；鼠标点击右侧毛发DNA，生成毛发DNA图标，再次点击犯罪嫌疑人，采集到犯罪嫌疑人毛发DNA（见图17-49）。

图 17-49

3. 将检材中的指纹、脚印、DNA信息分别拖入检材中，将痕迹栏中从现场采集到的指纹、脚印、DNA信息分别拖入样本栏中，点击比对按钮进行比对（见图17-50至图17-52）。

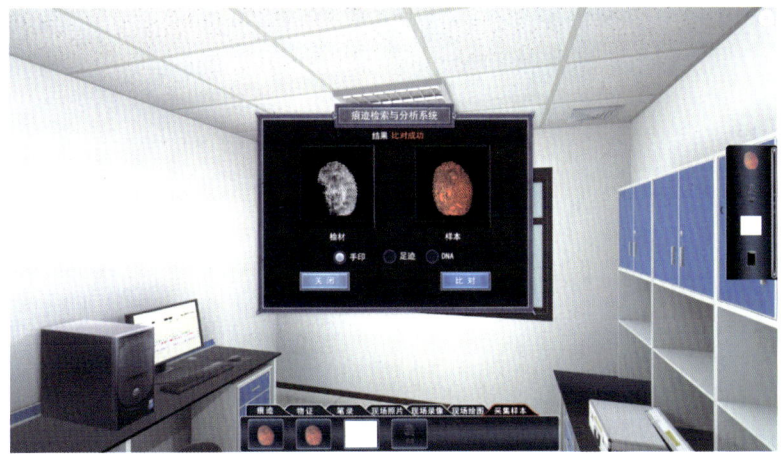

图 17-50

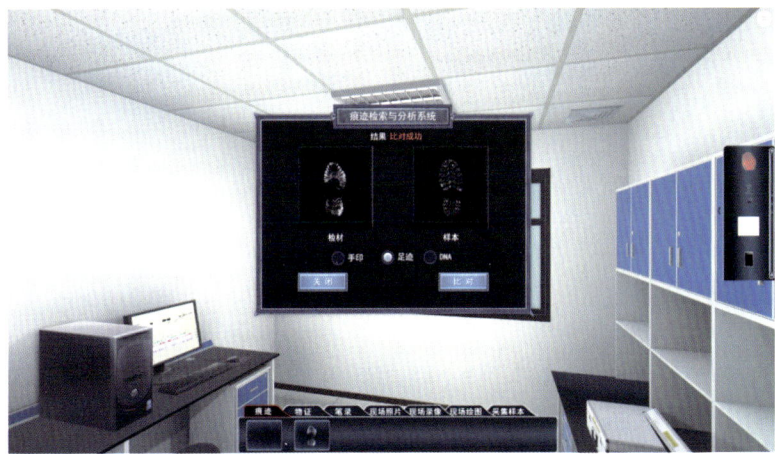

图 17-51

图 17-52

4. 信息比对成功，对犯罪嫌疑人进行第一次审讯，依次点击左边讯问列表，对犯罪嫌疑人进行讯问（见图 17-53）。

图 17-53

5. 讯问完毕，去犯罪嫌疑人家里收集物证，点击犯罪嫌疑人床上的背包和银行卡，物证收集完毕。

6. 物证收集完毕，第二次审讯犯罪嫌疑人，按照左侧审讯列表依次讯问（见图 17-54）。

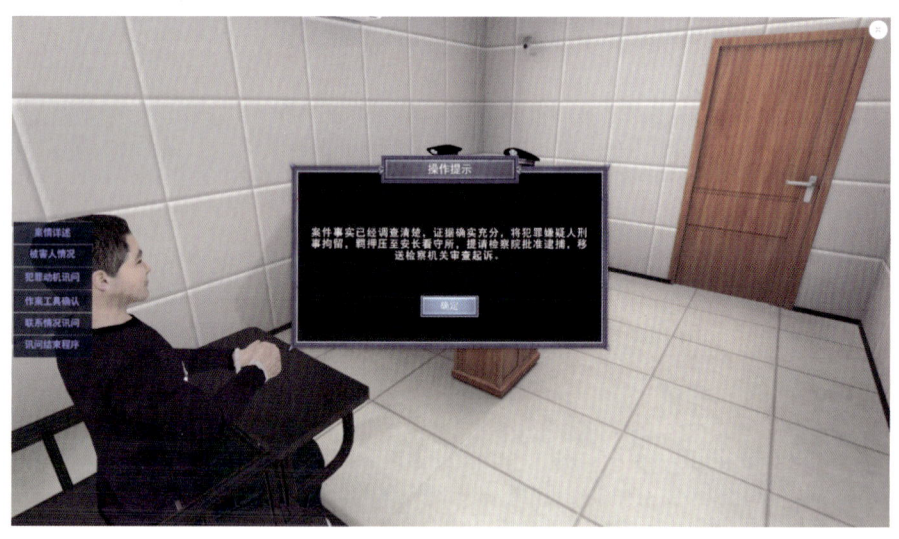

图 17-54

（八）撰写现场勘查记录

完成命案现场勘查记录。系统根据操作记录及得分点得出成绩。

【思考题】

1. 命案现场勘查的一般步骤是什么?
2. 请叙述命案现场血迹的发现与提取方法。

【参考文献】

［1］ 公安机关刑事案件现场勘验检查规则（2015 版）.
［2］ 法医生物检材的提取、保存、送检规范（GA/T 1162—2014）.
［3］ 现场手印检材的包装、送检规则（GA/T 725—2007）.
［4］ 法庭科学　血足迹提取规程（GA/T 1676—2019）.

实验十八　基于机械性损伤致死案例尸体检验虚拟仿真实验

一、实验目的

（一）掌握

1. 机械性损伤尸表检验的基本知识、流程以及方法。
2. 机械性损伤尸体解剖的基本知识、流程以及方法。
3. 机械性损伤法医学生物物证提取、保存、送检方法。
4. 法医学病理检材的处理方法。

（二）熟悉

1. 致伤物推断与认定。
2. 利用尸体现象对死亡时间进行推断。
3. 死亡原因推断的基本方法。
4. 机械性损伤的损伤痕迹和征象。

二、实验内容与平台

（一）实验内容

1. 尸表检验。
2. 尸体解剖。
3. 物证提取。

（二）实验平台

http://183.214.173.230:6380/virexp/jyjx。

三、实验步骤

　　平台交互性操作步骤主要分为尸表检验、尸体解剖和物证提取三大模块，共计 28 个步骤。详细操作步骤如下：

　　1. 进入实验，做好防护，阅读案情，概貌拍照。学生以尸体检验人员身份进入实验。引导操作者做好防护，培养安全意识，了解案情简介，对尸体概貌拍照固定（见图 18-1）。

图 18-1

2. 学生开始衣着检验前查看并标记衣物损伤位置，并破坏双上肢尸僵，选择正确工具与方法去除衣物，对去除衣物后的尸体进行拍照固定（见图 18-2、图 18-3）。

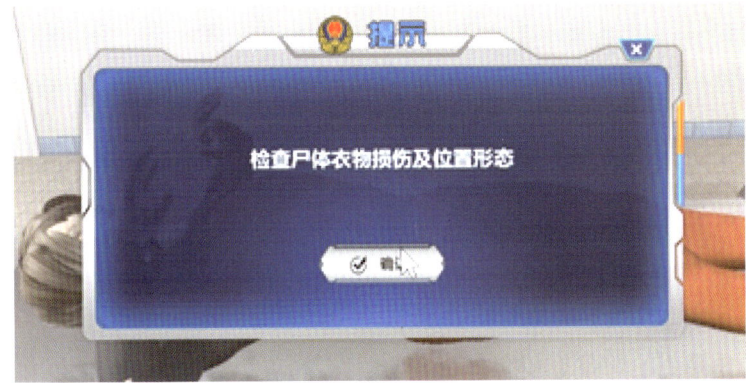

图 18-2

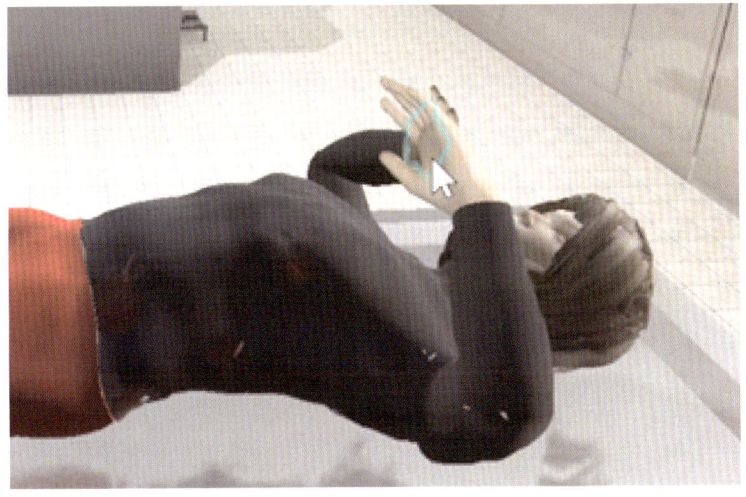

图 18-3

3. 衣着检验。结合案情，对衣物上每处损伤先拍照固定，拍照前必须选用比例尺，然后选择工具测量长度与宽度，记录好损伤的形态大小（见图18-4）。

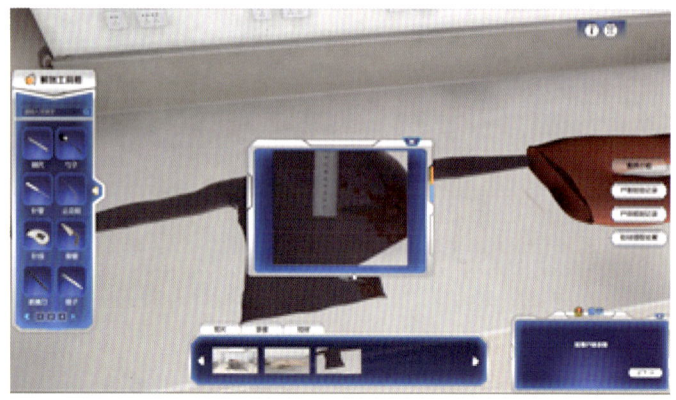

图 18-4

4. 尸体损伤概貌拍照。对尸体概貌拍照固定，无须选择比例尺，要求至少从身体两侧和正面三个不同角度进行拍摄（见图18-5）。

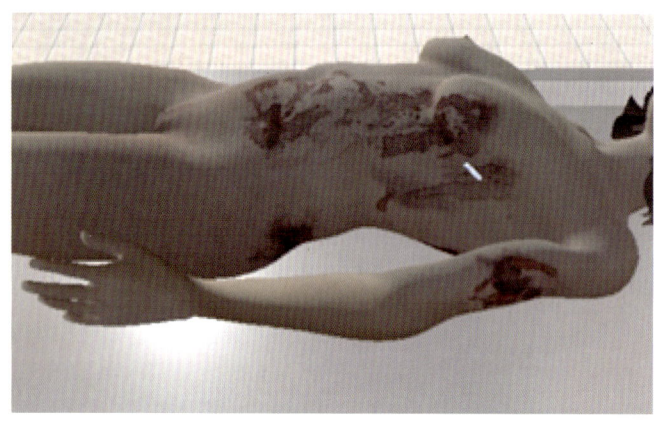

图 18-5

5. 物证提取，选择正确的提取工具，采取正确的包装方法并记录（见图18-6、图18-7）。

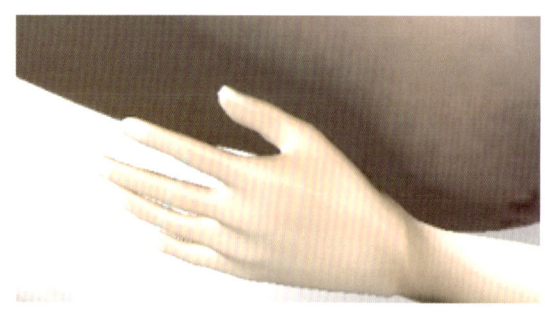

图 18-6

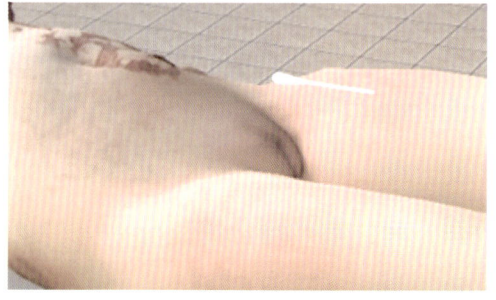

图 18-7

6. 选择清洗工具，进行尸体清洗（见图18-8）。

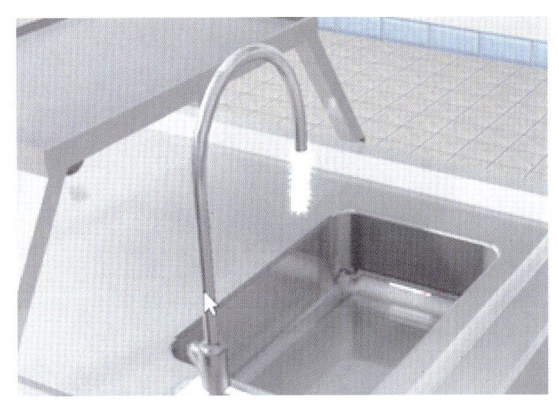

图 18-8

7. 尸表损伤检验。在尸表每一处损伤放置比例尺，并拍摄损伤细目照，然后测量每一处损伤的长、宽、深，并在尸体解剖记录表上进行记录，尸表损伤检验要遵循前后顺序；从头顶至足底测量尸体长度，尸体需呈仰卧伸直位（见图18-9、图18-10）。

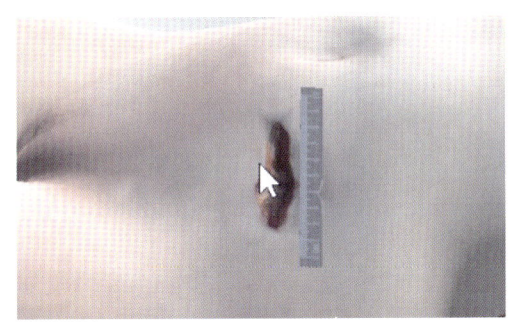

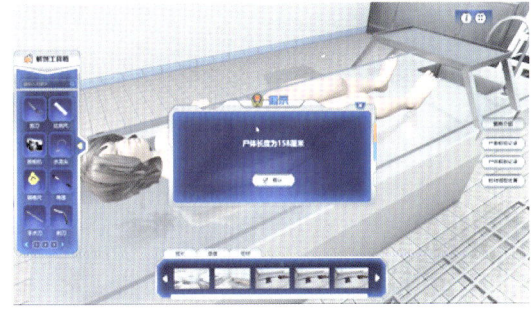

图 18-9　　　　　　　　　　　　　　　　　图 18-10

8. 检查早期尸体现象（尸斑、尸僵），观察瞳孔。判断尸斑部位，查看腰背部尸斑，并拍照记录；选择正确工具对瞳孔进行测量，判断尸僵的程度（见图18-11）。

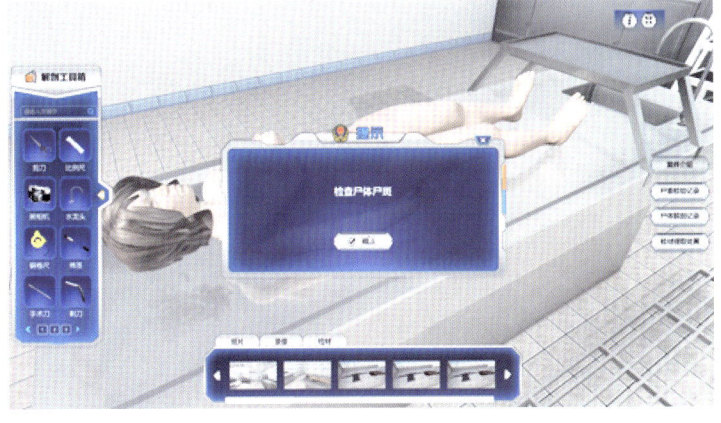

图 18-11

9. 切开尸体。选择正确工具正确的术式切开尸体（见图18-12）。

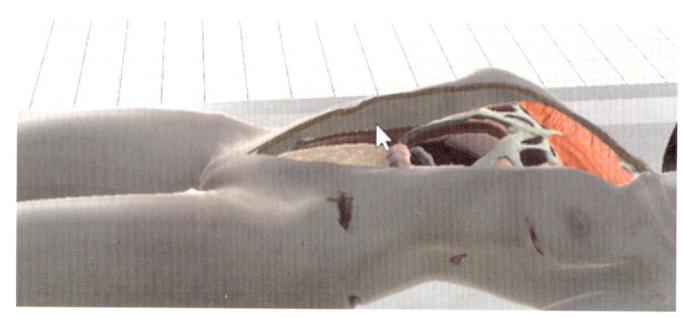

图 18-12

10. 选择正确的工具进行测量并记录，先掀开大网膜，再查看腹腔积液，肝脏的位置测量大小，结合案情及尸表损伤，检查内部伤口，放好比例尺拍摄损伤细目照，并测量大小（见图18-13）。

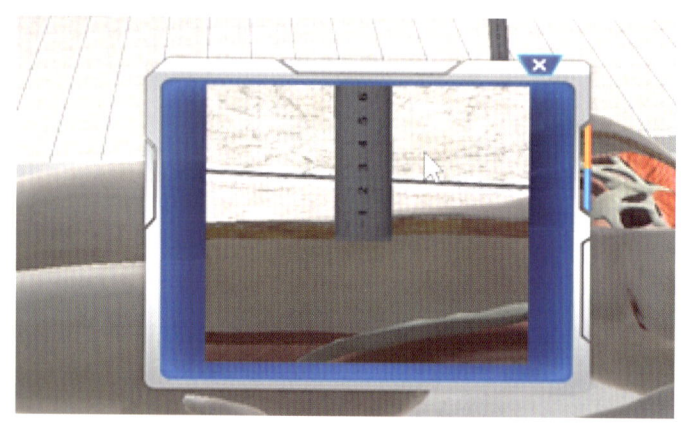

图 18-13

11. 取出胸骨和肋骨，检查胸腔。根据尸体解剖流程，选择正确工具取出胸骨和肋骨，结合案情，查看心包腔有无积血并选择正确工具提取与包装，选择正确工具提取心血；选择正确工具取出心肺，心肺取出时不能分开（见图18-14）。

图 18-14

12. 结合案情及尸表损伤，查看胸腔有无积血并选择正确工具提取与包装（见图18-15）。

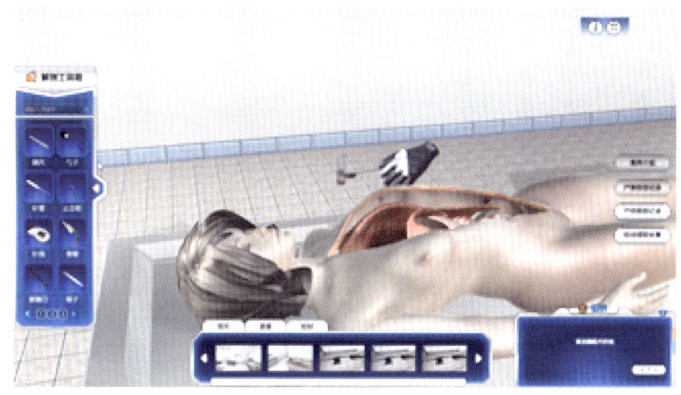

图 18-15

13. 检查腹腔。根据尸体解剖流程，对腹腔进行整体观察，然后对腹部器官进行解剖，先胃和十二指肠，其次大小肠，最后脾脏（见图18-16）。

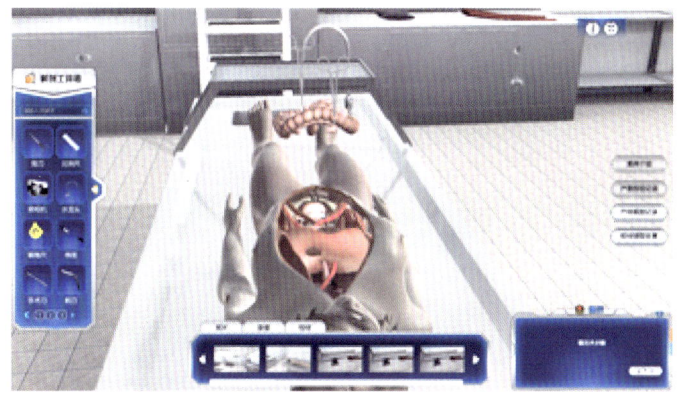

图 18-16

14. 收集尿液。根据解剖顺序，对盆腔脏器进行检查，利用正确工具对尿液进行常规物证采集、包装（见图18-17）。

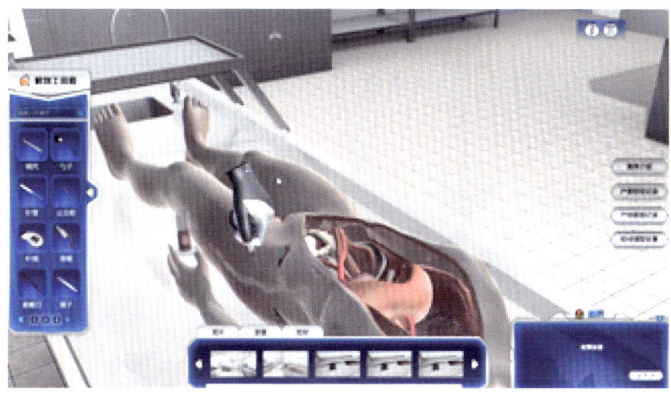

图 18-17

15. 检查盆腔。根据尸体解剖的基本流程对盆腔脏器进行常规检查，选择正确的工具先后取出泌尿系统的肾、输尿管和膀胱，然后取出生殖系统的相应器官，不遗漏腹主动脉的检查（见图18-18）。

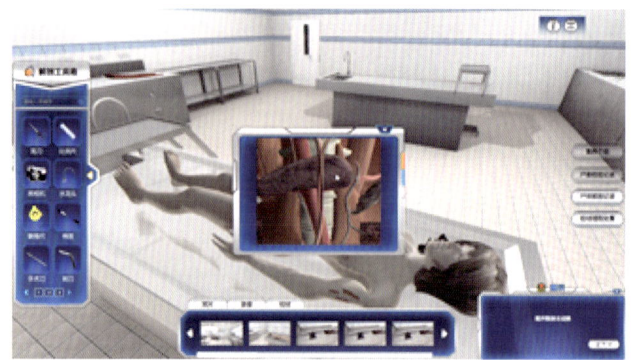

图 18-18

16. 缝合尸体。根据尸体解剖的基本流程，能将取出的胸肋骨归位，然后缝合皮肤（见图18-19）。

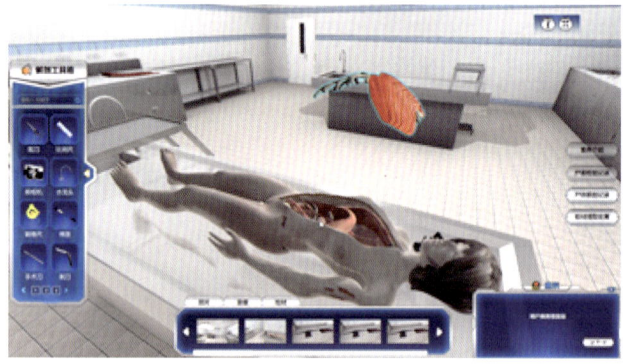

图 18-19

17. 提取毛发检材。结合案情，采用正确的方法提取毛发检材，选择正确的包装方法并记录（见图18-20）。

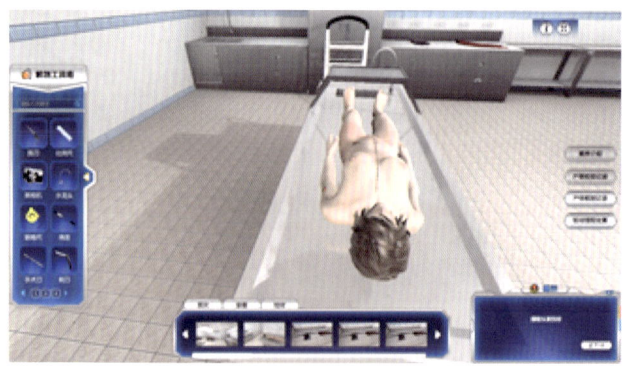

图 18-20

18. 根据尸体解剖规则，在颅腔解剖前剔除头发并观察头皮有无损伤，然后选择正确的工具切开头皮，观察头皮下及颅骨有无损伤（见图 18-21）。

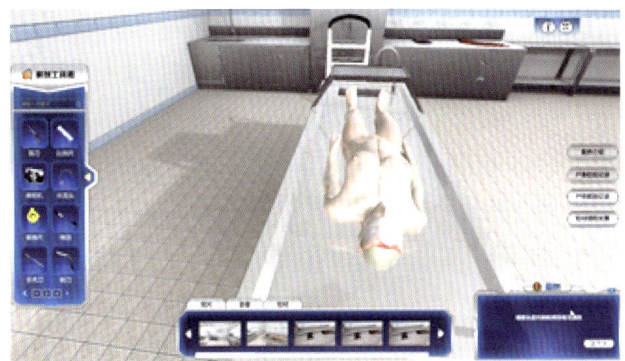

图 18-21

19. 选择正确的工具切开颅骨，然后观察脑组织有无损伤，将颅骨复位并缝合头皮（见图 18-22）。

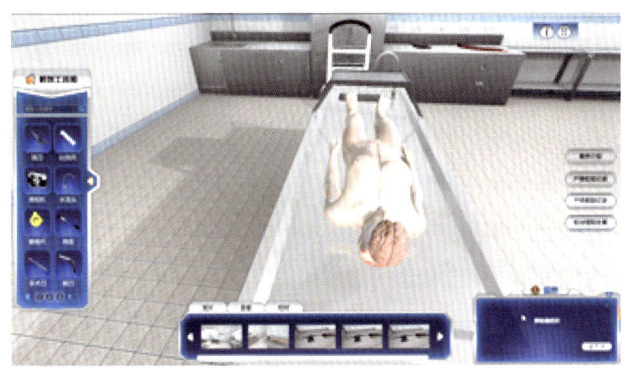

图 18-22

20. 分离心肺，提取心脏损伤部位检材。根据法医病理组织检材处理方法对心脏进行分离，并解剖后观察心脏的重量、室壁厚度，选择正确的工具提取损伤部位的病理检材并用正确的方法保存（见图 18-23）。

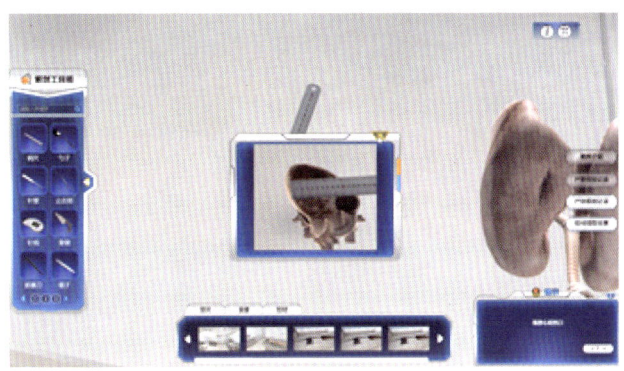

图 18-23

21. 剪开气管，观察肺部损伤。选择正确工具对气管进行解剖，结合案情，观察肺脏上损伤并拍照记录、测量大小，根据法医病理检查处理方法采集损伤处的检材，以及对整个脏器的处理（见图18-24）。

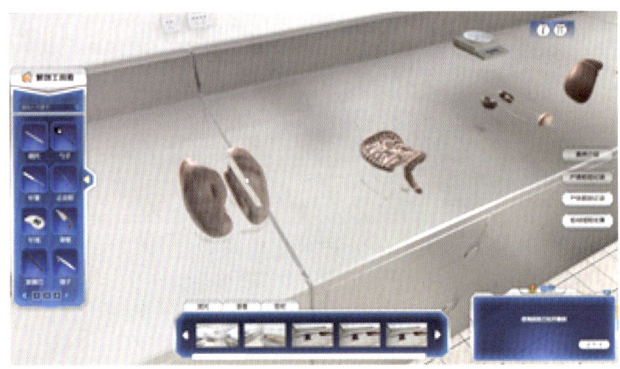

图 18-24

22. 观察脾、肾，处理脾脏。判断脾脏、肾脏是否有损伤并进行观察记录，根据法医病理检查处理办法选择正确的工具对脾脏进行处理（见图18-25）。

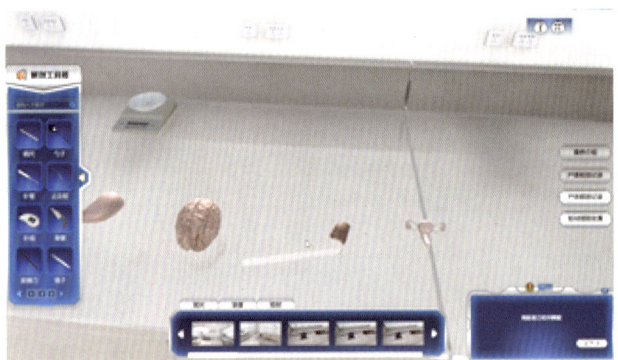

图 18-25

23. 提取肝脏检材，剪开胃。选择正确的工具常规提取内脏组织，选择工具对胃和肝脏进行处理（见图18-26）。

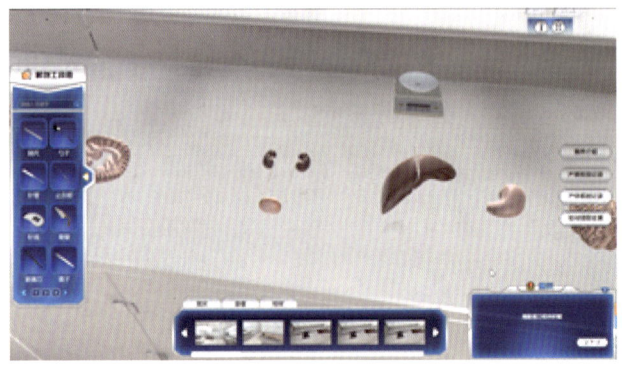

图 18-26

24. 提取胃内容检材。对胃内容物进行检查，选择正确的工具进行提取、包装（见图18-27）。

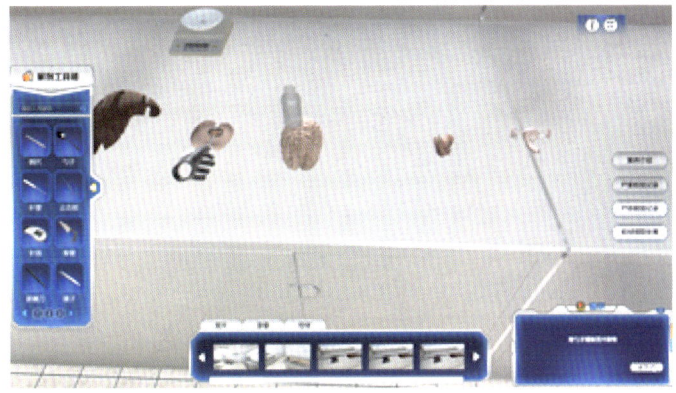

图 18-27

25. 分离大小肠。选择正确的工具分离大小肠，并记录（见图18-28）。

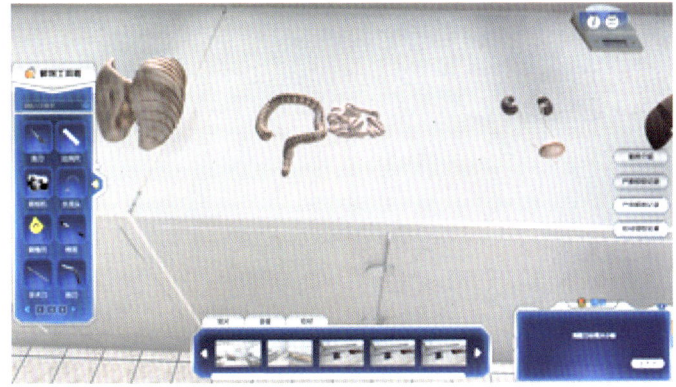

图 18-28

26. 切开肾脏，剪开膀胱，检查子宫。选择正确的工具对肾脏、膀胱及子宫进行解剖，并记录每一步操作（见图18-29）。

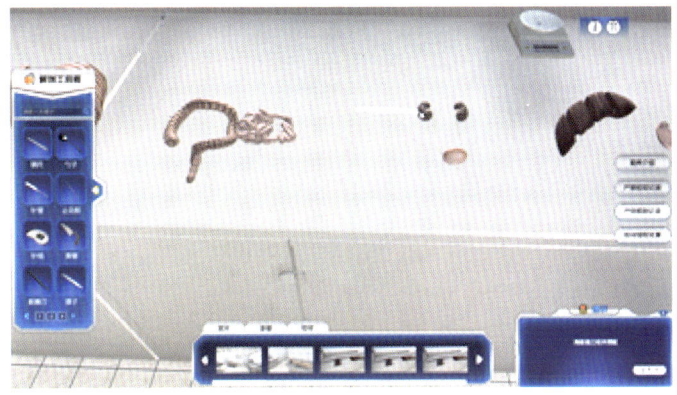

图 18-29

27. 测量脑部重量，切开大脑。根据法医病理检查的处理方法对大脑进行测量与处理（见图 18-30）。

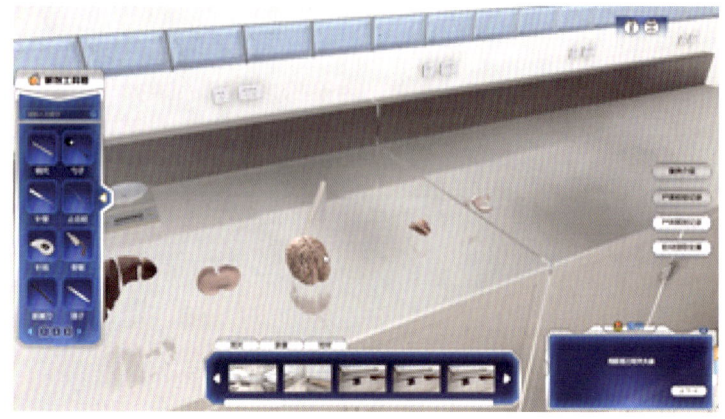

图 18-30

28. 完成尸体解剖记录。系统根据操作记录及得分点得出成绩。

【思考题】

1. 法医进行解剖之前，应完成哪些准备措施？
2. 采取生物物证时应注意哪些问题？

【参考文献】

［1］法医学　尸体检验技术总则（GA/T 147—2019）.

［2］法医学　病理检材的提取、固定、取材及保存规范（GA/T 148—2019）.

［3］法医学　机械性损伤尸体检验规范（GA/T 168—2019）.

［4］法医生物检材的提取、保存、送检规范（GA/T 1162—2014）.